街角の遺物・遺構から見た

パリ歴史図鑑

CURIOSITÉS DE PARIS
Inventaire insolite des trésors minuscules

街角の遺物・遺構から見た

パリ
歴史図鑑

ドミニク・レスブロ
Dominique Lesbros
蔵持不三也 訳
Fumiya Kuramochi

CURIOSITÉS DE PARIS
Inventaire insolite des trésors minuscules

原書房

街角の遺物・遺構から見たパリ歴史図鑑

目次

	序文 ………………………………………………	7
第1章	馬の首都パリ ………………………………	8
第2章	光の都市 ……………………………………	28
第3章	市壁の跡で …………………………………	38
第4章	時の試練 ……………………………………	48
第5章	見事な樹木 …………………………………	60
第6章	カジモドの周遊 ……………………………	66
第7章	不思議な噴水 ………………………………	70
第8章	都市の記号論 ………………………………	78
第9章	奇妙な建物 …………………………………	90
第10章	ロマンティックな廃墟 ……………………	100
第11章	革命のパリ …………………………………	104
第12章	戦争のスティグマ …………………………	110
第13章	異様な墓 ……………………………………	118
第14章	民間信仰の表現 ……………………………	122
第15章	俗信と異教 …………………………………	132
第16章	驚くべきもしくは無作法な彫刻 …………	136
第17章	都市の動物寓意譚 …………………………	146
第18章	セラミックとモザイク ……………………	150
第19章	絞首台と古看板 ……………………………	160
第20章	運命の変更 …………………………………	174
第21章	オ・フュール・エ・ムジュール …………	178
第22章	パリのエジプト ……………………………	188
第23章	地下鉄の記号論 ……………………………	196
第24章	神話的ホテル ………………………………	202
第25章	成熟した壁（ミュール・ミュール） ……	208
第26章	最後のモヒカン ……………………………	218
第27章	なんの役に立つのか？ ……………………	222
	掲載地名呼称一覧 …………………………	230

序文

　パリを歩いて何を見るか？
　気楽な娘は「ブティック」と答え、観光客は「モニュメント」、そしてドン・ファンなら物ほしそうに答えるだろう、「可愛い娘たち」と。だが、冷めきったパリジャンならこう言うはずだ。「自分が歩いた場所」。もし見方を変えてパリを好奇の眼差し、つまり地面や軒先に隠れている奇妙な細部へと向かう眼差しで見たらどうなるか。われわれは「秘儀」を伝授されなければ理解できない、細やかな、そしてとるにたりないような無数のものにとり囲まれている。壁に打ちつけられて錆びた鉄片やはげ落ちた板、斜めになった石…などに、である。
　本書はこうした一見無意味とも思えるさりげないものに目を向けて、それぞれの呼称や来歴を調べ、かつてそれらが何に用いられていたかを明らかにしようとする。読者諸賢に貴重な鍵を提供し、みずから毎日のように発見するものが何なのかを解読できるようにする。本書の目的はまさにここにつきる。たとえどれほどなじんだ通りであっても、そこにはなにかしら驚くべきものがある。試みに、いつもとは異なる歩道を選んだら何が見えるか…。こうした方法は学術的な用語で「隙間観光」とよばれるもので、その狙いは都市の崇高な部分ではなく、むしろ隙間を開拓しようとするところにある。街をわが物とし、その鼓動を感じとるには、これにまさる方法はない。
　いわば首都を美術品や骨董品の巨大な陳列室に見立てる本書は、さまざまな細部やいっぷう変わった眺望ないし外壁などをテーマごとに列挙する。これらは注意を向けさえすれば、ほとんどの場合、自由に近づくことができるものばかりなのだ。いうまでもなく、その大部分はささやかな、そしてしばしばその場所に特有の「遺産」である。多様なオブジェなし建造物からなるそれらは、かつては日常的に用いられていた。井戸やポンプ、車輪よけ、礼拝室ないし小聖堂、玄関の靴拭い、消火用の砂箱などである。しかし、こうしたささやかな遺産は、野良猫よりむしろ血統書つきの猫に厳しくあたる歴史建造物に見下されたまま、都市の風景から消えつつある。
　本書をめくりながら、読者は数多くの残存物に出会うだろう。これらの残存物はけっして時代遅れなものではない。過去を、たとえば何世紀にもわたってなされてきた壁の破壊行為や修復などを、はっきりと目に見える形で今に伝える痕跡だからである。
　筆者がフィールドワークをしている際、ある通行人が立ち止まり、筆者の視線を追いながら、何に関心を向けているのかたずねたことがあった。そして、彼はこう言うのだった。「ばかばかしい。わたしは毎日ここを通っているが、たいしたものなど何もなかった！」。まさにこうした言葉こそが、筆者にとって最大の褒美なのである。
　もとより本書は完璧を期すものではない。ただ、新しい発見をひたすら増やすつもりではある。そして筆者はこうした発見の楽しさを読者諸賢と分かちあいたいと思ってもいるのだ。

アノンシアション通り35番地、16区
(本書p.24参照)

第1章
馬の首都パリ

　さほど昔のことではないが、1900年当時、パリには馬や（種）ロバがおよそ8万頭おり、これらの家畜は必要に応じて整備された首都のなかできつい仕事をさせられていた。この8万という数は、フランス最大の「馬の国」とみなされていた北東部ムーズ県のそれより多かった。
　これらの馬は乗合馬車や辻馬車、さらに家庭のゴミや建設用資材などを満載した荷下車を牽くのに用いられていた。ほとんどの職業組合、たとえば野菜の集約栽培者や消防士、配達人、葬儀人の組合も、仕事に馬を利用していた。なかには厩務員や御者、鍛冶職人、鞍製造人、馬具職人、車大工のように、馬で生計を立てている者もいた。
　こうした多くの輓馬はパリ南西部のペルシュ地方や北仏のブーロネ、ピカルディ地方、あるいはパリ盆地南東部のニヴェルネ地方の産だった。早足で牽引できるペルシュ馬は、乗合馬車やとくにジェルヴェ牛乳の運搬車に用いられ、その姿は1930年代にも見ることができた。より大柄なブーロネ馬は、セーヌの河岸やレ・アル（中央市場）へと向かう大通りを舞台として、並足ながら大量の荷を運ぶのに適していた。一方、純血のイギリス馬やアングロノルマン種は、瀟洒な界隈の舗道を、私的ないし公的な随員を先頭に進む特権をあたえられていた。そして毎週日曜日には、貴族たちが入れ替わり登場するショーウィンドーとでもいうべきブーローニュの森やラ・レーヌ遊歩道に設けられた乗馬道を、ゆっくりと優雅に歩いたものだった。
　邸館は馬や馬車を迎え入れるよう整備され、百貨店は近くに厩舎をもっていた。オー・ボン・マルシェの場合はバック通り、オテル・ド・ヴィルはシテ島に、といったようにである。
　では、これら馬がパリのあちこちにいたことを物語るものとは何か。たとえば馬車門や車輪よけ、彫刻、通りの呼称…など、その痕跡は数多い。馬力を誇る車にとって代わられた馬は、しだいに町の風景から姿を消し、以前なら馬が通ると糞を落とし、これが花の鉢植えに格好の肥料になったのにと、アパートの管理人たちが嘆くようになっている。

馬車の時代

シュリ館、サン＝タントワヌ通り62番地、4区

リール通り97番地、7区

ポーチの裏側右手

　かつてほとんどの邸館には厩舎があったが、通常それらは右手の翼棟、馬車を納めることができるよう、かなり高いアーケードの下に位置していた。今日、これらの邸館に入ると、中庭にはほかの入口より一段大きな扉をそなえた往時の厩舎がすぐに目に入る。とりわけ4区のマレ地区にはこうした邸館が集まっている。ただ、厩舎は一部の邸館の特権ではなく、かつてはつつましやかな建物の中庭にも見られた。

ロミュール通り79番地、2区

アルブレ館、フラン＝ブルジョワ通り31番地、4区

馬車の貸主

　場所をもてなかった者たちは、買い物の際にそれを借りることができた。バック通り101番地のポーチの上には（左手の柱）には、なかば消えかかっているが、次のような文言が記されている。「貸馬車屋」。中庭に足を踏み入れると、その左手、木製の大きな扉の裏側に厩舎があったことがわかる。

バック通り101番地、7区

メゾン・エルメスの技術将校

　高級品で世界的に知られるメゾン・エルメスの創業は1837年までさかのぼるが、最初は馬具や馬のさまざまな装身具を作る工房だった［その顧客にはナポレオン3世やロシア皇帝がいた］。やがて19世紀後葉にフォブール＝サン＝トノレ通りに移って生産量を増やし、乗馬用具や馬衣、絹製の乗馬服、さらに鞍を運ぶための革袋や乗馬靴を提供するようになった。車の時代が到来すると、エルメスはその技術を「中綴じ」のハンドバックやカバンへ向けるようになる。1987年、創業150周年を祝って、エルメスは世界4個所の店舗の屋根に、白馬像を1体のせたが、これにまたがるひとりの技術将校は、過去のさまざまな出来事の化身であり、現代における同社の活動の象徴でもある。

フォブール＝サン＝トノレ通りとボワシー＝ダングレ通りの角、8区

10区のプティット＝ゼキュリ（字義は「小厩舎」）小路は、18世紀に用いられていた国王用厩舎の跡地に敷設されたもの。

宿駅

1873年まで、郵便物の運搬には駅馬をかかえる宿駅の中継システムに頼っていた。これらの宿駅は街道沿いに設けられ、次の宿駅までの距離を駅馬がつないでいた。駅馬が体を休める宿駅には、それぞれ厩舎と鍛冶場、さらに人々が「別れの杯」を干すオーベルジュがあった。宿駅はおよそ9キロメートルごとに置かれ、御者は規約によって馬を長くても1時間以上走らせてはならなかった。だが、1873年、鉄道が発達して、宿駅システムは終わりを告げることになる。フランドル大通りに面したある建物の中庭には、17世紀、こうした宿駅が置かれていた。パリとフランドル地方を結ぶ街道の休憩地だったそこには、乗合馬車が入れ替わり立ち替わりやって来たものだった。この建物の中庭に入って左手、三角形のペディメントを有する棟が最初に建てられた。バラ色や白い漆喰壁をもつほかの棟は、のちに最初の棟を模してつくられたものである。

ルーヴル美術館（ドゥノン翼）、1区

フランドル大通り52番地、19区

ルーヴルの王室厩舎

ナポレオン3世［皇帝在位1852-70］は、1860年、ルーヴル宮内に150頭の馬や4輪馬車を収容できる厩舎を設けている。これらの厩舎には秣小屋や御者および厩舎係の建物、さらに主馬頭管轄下のすべての担当部署も置かれていた。ただ、トゥノン翼［『モナリザ』などが展示されている］のヴィスコンティやルヒュエルの中庭を囲んでいたこうした施設は、10年たらずしか使われなかった。トゥノン翼にある彫刻の間の窓越しに馬蹄形のスロープが見えるが、これは調教馬術練習場につれていくためのもので、この練習場はフォンテヌブローのそれをまねている。また、練習場の扉門のタンパン［アーチと楣で囲まれた半円形の壁］には、駆歩（ギャロップ）する3頭の馬を表したピエール＝ルイ・ルイヤール［1820-81。動物彫刻を数多く制作した彫刻家として知られる］の作品や、馬の頭で飾られたバルコニー――かつては王室の厩舎を差配していた主馬頭の部屋のバルコニーだった――も見える。

街角の遺物・遺構から見たパリ歴史図鑑

きわめて快適な4輪馬車

かつて9区はもっとも馬の多い地区であり、一時はじつに6500頭を数えていた。ピガル通りには、16世紀から1873年まで、宿駅サービスや乗合馬車および引越しの事業まで手がけていた、大規模な「会社」があった。

ピガル通り69番地、9区

この会社はサスペンションが効いて乗り心地がよく、密閉度も高い、二重窓の駅馬車で評判をとった。賃貸料は馬1頭、1kmあたり20サンチームと高額だった。4輪馬車が郵便と同時に乗客も運んだからである。1969年、中庭にあった倉庫は解体されて車庫となったが、馬の水飲み場は保存された。当初それを飾っていた馬頭像は、風雪を避けるため、建物のホールに移された。現在、この彫像は通りからさながら展示品のように見ることができる。ただ、水飲み場の上に置かれているそれは、コピーである。

ガレージからビュランへ

パリ天文台の近くには、バリエール・ダンフェール［字義は「地獄の柵」］の宿駅が設けられていた。17世紀から、オルレアン街道に最初にできたこれは重要な宿駅だったが、20世紀初頭に、その厩舎は芸術家たちのアトリエとなった。彫刻家のポール・ベルモンド［1898-1982．名優ジャン=ポール・ベルモンドの父。2010年、ブーローニュ=ビランクールにその美術館が開館している］は、ここにアトリエをかまえたひとりである。見事な

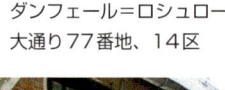

ダンフェール=ロシュロー大通り77番地、14区

プロヴァンス通り7番地、9区

グルネル通り27番地、6区

屋根や玄関が保存されているこの建物全体は、近年、パリ天文台の敷地に組みこまれた。いまもなお芸術家数人がそこに住んでいるが、大部分の車庫は科学的な実験の施設に変えられている。

1日分の秣

鈎がついているといないとにかかわらず、表扉に見えるきわめてまれなこの鉄の柵（上・中図）は、いったい何に用いられたのか。馬の秣を入れておくためである。柵と扉のあいだに秣を入れておけば、馬はさほど体をかがめなくても、この秣桶の餌を食べることができた。

馬の首都パリ

サボ通り角での御者たちの悪夢

サボ通りは1523年にかけられたある看板で有名だった。この看板がサボ（木靴ないし蹄）の形をしていたかどうかはわからない。だが、ベルナール＝パリシー通りと交差する角はかなりの急カーブで、1900年頃には、4輪馬車の御者たちがその操縦技術を試される試験場となっていた。

御者への指示

サルペトリエール病院案内所の車よせ左手の壁には、はっきりそうとは読みとれないが、おそらく御者たちが馬を病院内に入れるよう求めたとおぼしき19世紀の文言が記されている。同様に、パリ市の公営葬儀所の入口にも、かつて霊柩車の御者たちに向けて、「徐行して入れ」との文言がみてとれる。

ロピタル大通り47番地、13区／
オーヴェルビリエ通り108番地、19区

水飲み場での当然の休憩

アブルヴォワール（水飲み場）通りの端は、窪地のなかでとぐろを巻いているようでもある。手すりつきの舗石が敷かれたこの窪地は、かつては牛馬や羊たちの水飲み場で、毎晩、家畜がやってきて喉の渇きを潤し、採石場や畑、あるいは通りでの仕事のあとに、その蹄を洗ったものだった。シナノキの下の水場でこれら家畜たちがはしゃぐ姿を見ようと、そこにはつねに浮浪児や洗濯女、雑談好きの子守、散歩好きのブルジョワ、さらに着想にとぼしい芸術家たちが集まった。

サボ通りとベルナール＝パリシー通りの角、6区

アブルヴォワール通り15番地、18区

街角の遺物・遺構から見たパリ歴史図鑑

オー・エス！

リューマチで関節が硬くなっていたり、スータン［中世のゆったりとした長衣や聖職服］のために体の動きがさまたげられるような場合、ロバや馬などに乗るにはどうすればよいか。高齢者や女性、聖職者はまさにこの問題に直面していた。そんな彼らを救うため、市内のあちこちに踏み石（パ＝ド＝ミュル）が置かれるようになった。ロアン館（私邸）の第2中庭にあるそれは、パリに現存する最後の踏み石である［オー・エスとはかけ声］。

ロアン館中庭、6区

ジョフロワ＝サン＝ティレール通り5番地（上）と11-13番地（下）、5区

馬匹商たちの出会い

馬市場はいくどとなく場所を変えていた。1687年、それはパリの中心部を離れて、すでに豚市が開かれていた、市外区のサン＝ヴィクトル（現在のデュメリル通りとロピタル大通りのあいだ）に移った。そこは縦250メートル、横幅50メートルの広場で、1本の主道と2本の側道が、4重に立ちならぶ木々の下を走っていた。そこにはまた何本もの杭が地面に打ちこまれていたが、それらは家畜をつなぐためのも

のだった。やがて1760年には、ここに事務所（ジョフロワ＝サン＝ティレール通り5番地に現存）や馬市監視員用の宿舎が建てられた。そして毎週水曜日と土曜日の午前は豚、午後は馬やロバ、さらに日曜日には馬車や犬に対する監査ないし視察が行われるようになった。ジョフロワ＝サン＝ティレール通りの11番地にある建物に記された文言は、この市場のことを想い起こさせるものである。

馬市場の存在を今に伝えるマルシェ・オー・シュヴォー（馬市）袋小路の道路表示板、5区

買う前に試して

馬市場とポリヴォー通りを結ぶレセ通りは、17世紀にはマキニョンヌ（馬匹商）通りとよばれていた。通常、買い手たちは隣接する市場で売るため、馬をいろいろ品定めし、こうした慣行が通りに冠せられてエセ（試み）通りとなった。だが、この通りは、1857年、市場を通るサン＝マルセル大通りが開通したときに姿を消した。

ブランソン通りとモリヨン通り、15区

ヴォージラールのホール

1907年、馬市場はヴォージラールの馬の畜殺場近く、ブランシオン通りに移転する。ここでなら、プティット・サンチュール線［1852年から69年にかけて開通したパリの環状鉄道線で、全長32キロメートル。ブランシオン—パリ間は1903年に開通し、76年に廃止されている］の支線を用いて、馬を鉄道で運ぶことができた。この市場はヴォージラール畜殺場と同様、1976年に閉鎖された。跡地は競売にかけられたが、それにはブランシオン通り沿いの馬用ホール2個所（のちに古本市場）と、ブランシオン通りおよびモリヨン通りの角のポルターユ［建物の扉口］にいまも見える、馬の頭像もふくまれていた。

2007年にフィリップ・ミラゾヴィッチ［1977–。セルビア出身の画家］が描いた、ジャック＝ボードリー通りの情景（15区）。このフレスコ画は20世紀前葉に畜殺場周辺で発展した、ヴォージラール界隈の歴史を縮図化している。

街角の遺物・遺構から見たパリ歴史図鑑

エドワール7世広場（9区）には、かつて500頭の馬と200台の4輪馬車を有する小型車両総合会社があった。

世界初の業務馬

毎日何千ものパリ旅行者が乗合馬車総合会社（カンパニー・ジェネラル・デ・ゾムニビュス）［1855年創設。世界初の乗合馬車事業をパリではじめたのは、哲学者のブレーズ・パスカルとされる。なお、バスはこのオムニビュス（omnibus）の派生語］の馬車に乗り、その実働馬匹の数は、1875年から95年にかけて、じつに6500頭にものぼった。同社はアルデンヌやペルシュロン地方の出身者を雇入れたが、それは彼らが着ている服のくすんだ色が、乗合馬車により似あっていると考えられたからである。自分用の秋棚の上にそれぞれの登録番号がつけられていた馬たちは、日に3ないし4時間働き、18キロメートル程度走った。それ以上の酷使は、規約で禁じられていた。ときには休養のために田園地帯につれだされたりもした。このヴァカンスはむろん体力維持のためだった。馬が過酷な仕事を遂行しなければならなかったためである。ただ、会社にとってこれらすべての馬を養うことはやっかいな問題だった。そこで同社はサン＝マルタン大通りに中2階を外に出した厩舎を建てるようになった。

厩肥の排出トンネル

1889年、乗合馬車総合会社は40本ほどの馬車路線を支えるため、パリ市内の約40個所にデポ（支店ないし補給所）を設けていた。これらの40本のうち、もっとも客が多かったのはマドレーヌ―バスティーユ路線で、この1路線だけで日に3万人を運んだ。ブルドン大通りにあったそのデポはもっとも大きなもののひとつで、1000頭以上の馬を擁し、アルスナル港を巧みに利用した。船で運ばれてきた穀物が、袋ごとリフトで岸に揚げられてトロッコに積み替

パリ乗合馬車総合会社の軌道馬車と、屋上席に上がるための梯子をそなえた重量のある乗合馬車。

えられ、トンネルを通っていったんデポの地下倉に貯蔵されてから、各所に配送された。肥料として売られる厩肥もまた、同様に配送されていた。このトンネルの入口は、アルスナル港の壁にいまもみられる。

1913年1月11日、乗合馬車の最後の運行をたたえる群衆。

シャンゼリゼ：馬から自動車へ

シャンゼリゼには自動車の支店や代理店がなぜ多いのか。ごく当然なことながら、これらの店は馬匹商や小型4輪馬車製造業者の跡を継いだからである。シャンゼリゼはブーローニュの森に向かう通りであるため、そぞろ歩きの場となった。1822年頃からは、鍛冶師にくわえて、4輪馬車の製造人や鞍などの馬具職人および皮職人たちがこの通りに工房をかまえるようになり、通り自体は国際的な名声を得るまでになった。1880年代には、シャンゼリゼの馬車製造人たちはイギリスの同業者より優位に立ち、彼らの馬車は快適さと優雅さで抜きんでているとされた。高級レストラン

のフーケがまだ辻馬車御者たちのビストロでしかなかった頃の話である。やがて馬は自動車に凌駕され、職人たちはそのメーカーにとって代わられていった（本書p.223 -「砂箱」参照）。

サン゠シュルピス―ラ゠ヴィレットの楽しい葬儀

1913年1月11日、最後の乗合馬車がサン゠シュルピス―ラ゠ヴィレット路線を走る。人々はそれに無関心だった。そう思われてもしかるべきだが、実際はその反対だった。当時の新聞が証言するところによれば、これを悲しむより楽しむおびただしい人々がつめかけたという。たしかに御者や馬丁といった専門職が必然的に姿を消すことをおしむ声はあったものの、進歩をめざす熱狂的な活力が悲しみを残らずもち去っていったのである。

シャンゼリゼ大通りに面したアルカード画廊（8区）のこの油彩画は、馬とシャンゼリゼの密接なかかわりを想起させる。

街角の遺物・遺構から見たパリ歴史図鑑

車輪よけ

ブート＝ルともよばれる車輪よけ（シャス＝ル）は、壁の角を大小の4輪馬車や辻馬車の車輪やハブから守るための設備である。御者たちが殺到する両開きの正門は、通りの角と同様、この車輪よけをそなえていた。かつて馬車の連結は現代の車よりはるかに長く、操作がむずかしかった。それだけにこうした設備が重要視された。鉄製の輪がつけられた、あるいはそれがない円錐形状の石や、弓状や渦巻き状（いわゆる「オスマン・モデル」）、ボール状、球果状、さらには独特な装飾モチーフの鋳鉄でできている。目を下に向けさえすれば、こうした数百組の車輪よけに出会うことができる。

鉄製車輪よけ
1 ヴィエイユ＝デュ＝タンプル87番地、4区
2 オスマン大通り82番地、9区
3 ヴォージラール通り48番地、6区

金属製渦巻き型

1 タンプル大通り11番地、3区
2 ワシントン通り3番地、8区
3 フィユ＝デュ＝カルヴェール15番地、3区

2基の防御物は1基にまさる

19

馬の首都パリ

4 オートヴィル通り72番地、10区
5 ヴィネグリエ通り55番地、10区
6 ヴォークラン通り13番地、5区
7 キュヴィエ通り57番地、5区

1 アンヴァリッド院内アングレームの中庭、7区
2 フォブール＝ポワソニエール通り58番地、10区
3 ヴィエイユ＝デュ＝タンプル通り106番地、4区
4 ヴォージュ広場15番地、4区
5 パルク＝ロワイヤル通り16番地、4区
6 ヴィエイユ＝デュ＝タンプル通り110番地、4区

カンブロンヌ通り89番地、15区

馬肉食をどう考えるべきか

かつて馬肉食はタブーだった。いや、想像だにできなかった。しかも人々の心性が一転する19世紀中葉までは、教会のみならず、条例によっても禁止されていたのだ。だが、1825年、パリ警視庁の公衆衛生委員会のある委員が、首都の囚人や貧民たちの食料として馬肉を用いることが有効であるとの意見に賛同する。そして1847年、動物学者のイジドル・ジョフロワ・サン＝ティレール（子）［1805-61］と、ナポレオン3世の従軍外科医だったフェリクス・イポリット・ラレ［1808-95］は、さらに一歩進んで、馬肉を人間の食料とすることの利点を示すようになる。彼ら学者たちはさまざまな馬肉食支持者と協力して、味蕾をくすぐるために馬肉の宴会をもよおし、馬肉に対する認識を発展させた。こうした努力は1877年に実を結ぶ。厳しい指導のもとで、獣医者が監督し、まちがいない精肉商が取り扱うという条件つきながら、馬肉食を認める条例が出されたからである。このキャンペーンにかかわっていた動物愛護協会も、こうした措置に異存はなかった。動物愛護の倫理規定は、馬を畜殺場に送るほうが、すべての馬が避けることのできない末期、すなわち解体穴で迎えるおぞましい末期より意味があるものと考えたからである。

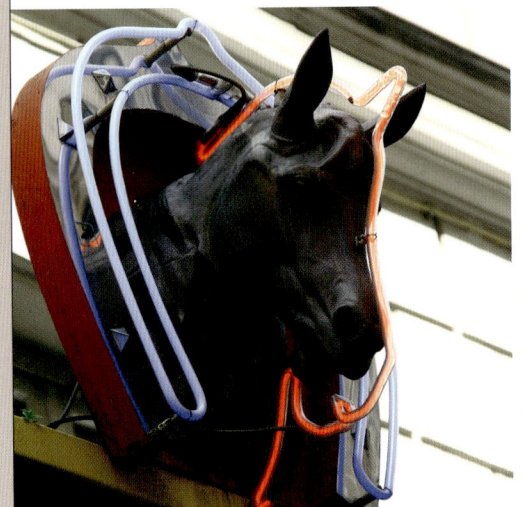

カデ通り1番地の2、9区

不明確…ではない看板

公式な認可が出て1ヵ月後（1866年）、最初の馬肉店が開業し、以後数多くの同業店があいついで店開きをするようになる。そして、1870-71年のプロイセン軍によるパリ包囲によって飢餓状態がひき起こされると、馬肉食に対するいかなる躊躇も霧散する。強壮性があるとする利点がうたわれ、牛肉の半値以下で売られる馬肉は、すぐれて民衆的な食料となったのだ。1905年当時、パリには馬肉店が311あり、各所の市場にも200あまりの販台がならんでいた。これらの商いを伝統的な精肉業と混同してはならなかった。そのため、たとえば1949年の原型をいまも保っているマレ地区のモザイクや、ショーウィンドーのなかの馬の頭像といったひときわ目立つ看板が登場するようになった。

フィゾー通り7番地、15区

ポンスレ通り3番地、17区

ロワ＝ド＝シシル通りとヴィエイユ＝デュ＝タンプル通りの角、4区

馬肉食の普及者

　旧馬市場の近くには、1914-18年の戦争で犠牲になった馬匹関連業者を悼む記念碑が建っており、その裏側には、馬肉の普及者とされる従軍獣医エミール・デクロワ（1821-1901）の胸像がある。

ブランシオン通り、15区

プティ＝カロー通り9番地、1区

ブロンズのたてがみ

オルセー美術館前広場、7区

数多くの広場の中央にはさまざまな馬の像が建っている。騎士や王侯ないし兵士の堂々たる軍馬をかたどったこれら騎馬像には、手綱が結びつけられており、後肢で立った馬はその騎手が戦死したことを示唆している。反対に、前肢の一方が上がった馬は、騎手が暗殺されたか、あるいは戦闘で受けた傷がもとで落命したこと、さらに4つの蹄が地面についている場合は、騎手がベッドで病没したことを意味する。こうした慣例は絵画にもみてとれる。ただ、たとえばヴィクトワール広場［1・2区］にあるルイ15世の騎馬像が示しているように、そこに厳密な規則があるわけではない。この国王は天然痘で病死した［1774年］にもかかわらず、愛馬が後肢で立ち上がっているからだ。しかしながら、馬の「歩行姿勢」、つまり並足で歩く姿が平和と寛大さないし穏やかさを象徴し、後肢で立ち上がったり、ギャロップしたりする姿勢が勝利の力を想起させることは確かである。

ハロー（砕土整地器）の馬

ピエール＝ルイ・ルイヤール［p.11参照］作の鋳鉄製の馬（かつては金メッキがほどこされていた）は、1878年の万国博の際、ネリ・ジャクマール［1841-1912］作の犀やエマニュエル・フレミエ［1824-1910］作の象の彫像とともに、旧トロカデロ宮の庭園にすえられた。この動物群像は1937年にもよおされた展覧会を記念して、オルセー駅［現美術館］前の広場に移された。

ヴィクトワール広場2番地、1区。ハートフォード［衣類関連のチェーンストア］の店舗外壁を飾るメダイヨンの中央に見える、ルイ14世の騎馬像レプリカ。

バヤール伝説

シャルロ通り沿いのCARAN（国立古文書館受付研究センター）の正面にはめこまれたブロンズ製の彫像は、ひときわ目を引く。丸彫り2体の人物像と異常なまでに小ぶりな馬にまたがったもう2体の人物レリーフか

カトル＝フィス通り7番地、3区

らなるこれは、イヴァン・テメル［1944-。チェコ出身の彫刻家で、1968年からフランスで活動している］の作で、通りの呼称となった中世の伝説を想起させる。エーモンの4人の息子（カトル＝フィス）とその愛馬バヤールの伝説である［12世紀末の武勲詩で、この兄弟たちはシャルルマーニュ（カール大帝）と戦い、彼ら4人を乗せた馬バヤールは、乗る人数で大きさを変えたとされる魔法の馬］。

馬の首都パリ

パリ市庁舎の前、セーヌ川に沿って置かれたエティエンヌ・マルセル［1316頃–58。パリ商人頭（市長に相当）で、三部会を指揮して王権の縮小をはかって暗殺された］と、前肢を上げた愛馬像。

マルリの馬

シャンゼリゼ大通りの南端には、馬丁の必死の制止にもかかわらず、後肢で立ち上がる馬の群像がある。これらの馬は「マルリの馬」とよばれている。マルリ城［パリ西方、ヴェルサイユの近郊］の庭園にあった水飲み場を飾るため、ルイ15世がギヨーム・クストゥー［1677–1746］に制作を命じたものだが［1745年完成］、フランス革命期に、おそらく一般民衆も楽しむことができるように、現在の場所に移された。ただし、これはコンクリート製のコピーであり、カララ産の大理石によるオリジナルは、ルーヴル美術館のマルリ中庭にある。おそらくそれは、毎年7月14日の独立記念日にパレードを行う装甲車両の振動を避けるためだろう。

シャンゼリゼ大通りとコンコルド広場の角、8区

ヴィエイユ＝デュ＝タンプル通り87番地、3区

太陽の馬

一部が国立古文書館となっているロアン＝ストラスブール館のペディメント（上図）には、綿雲から飛び出すような馬たちのレリーフがある。これらは太陽の馬で、アポロンの下僕たちが貝殻で水を飲ませている。このレリーフはフランス・バロック期を代表する彫刻家ロベール・ル・ロラン［1666–1743］が18世紀に制作したもので、かつては同邸館の厩舎の門扉を飾っていた。

街角の遺物・遺構から見たパリ歴史図鑑

ボワシー＝ダングル通り28番地、8区（上）
リール通り97番地、7区（左）
アノンシアシオン通り35番地、16区（下）

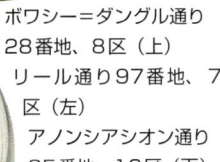

ジョルジュ＝ブラッサンス公園、15区

ラランヌのロバ

本物かまがい物か。遠くから見れば疑わしいが、近くによれば、疑いは霧散する。ブロンズ製のロバである。フランソワ＝グザヴィエ・ラランヌ［1927-2008。家畜の彫刻で知られる。若い助手イヴ・サン＝ローランとともにディオールの店の装飾を手がけたこともある］のこの作品がなければ、おそらくパリにはロバの彫像が皆無となるだろう。

ルイズ＝ミシェル小公園、18区

21歳未満禁止

19世紀初頭、パリに最初にできた回転木馬は子ども向けではなく、大人たちの娯楽用だった。1920年代まで、利用者はもっぱら彼らだけだった。重くて運搬がたいへんだったため、それはつねに駅の近くに設けられ、都会に出稼ぎにやって来る地方の人々にひとときの気晴らしを提供していた。この回転装置に馬が用いられたのは、木馬の乗り手を高尚にするからであり、それゆえほかの動物より頻繁にとりつけられた。やがて大きな遊歩道や公園にそなえつけられた回転木馬は、子どもや大人を楽しませるようになる。

点在する馬頭

馬頭像の存在は、かつてそこに厩舎があったことを示している。おそらくそれは通りから見える場所、もしくは中庭内部の2階ないし人の背丈の高さにすえられ、しばしば馬の端綱をつなぐための鉄輪をともなっていた。厩舎があったことを物語るもうひとつのしるしは、中庭右手の大きな門扉である（p.9参照）。

生きている馬

パリの通りから馬が完全に姿を消した。いったいだれがそのようなことを言ったのか。しかし、馬はまちがいなく生きている。たとえば、大統領や首相といった要人の供をしたり、観光地をパトロールしたり、あるいは森の中を散策したりしているのだ。

馬がまだ存在していることを示すヴァンセンヌの森の小径のレトロな標識。

セレスタン兵舎、アンリ4世大通り、4区

共和国衛兵隊の騎兵隊

セレスタン地区には、フランス軍最後の騎馬部隊である共和国衛兵隊騎兵隊の大部分が置かれており、この地区に近いアンリ4世大通りには、特徴的な臭いが漂っている。その任務は、国家的な公式儀礼の遂行や、観光地および大規模なイベント時におけるスポーツスタジアム近隣の治安の維持にあたることにある。セレスタン地区には馬180頭が飼われており、獣医センターや蹄鉄所、調教馬術練習場、馬場がそれぞれ1個所ある。

カルトゥーシュリ乗馬センター、ヴァンセンヌの森、12区

場外勝ち馬投票（PMU）からかなりの収入を得ているパブは多い。競馬の勝ち馬投票は1881年に合法化されている。

馬にまたがって

いくつかの乗馬場は、首都の市門近くで乗馬のレッスンを行っている。パリ乗馬協会［1942年創立］は、ブーローニュの森の第2帝政時代にまでさかのぼる風致地区に、2ヘクタールもの敷地を有している。ラ・ヴィレット乗馬センターは70頭の子馬と成年馬を擁し、ヴァンセンヌの森の端にあるカルトゥーシュリのそれは、さらに伝統的な乗馬術や曲馬を教えてもいる。

■ほかに

パリ乗馬協会 (Société d'équitation de Paris)、ラ・ミュエット街道、16区
ラ・ヴィレット乗馬センター (Centre Équestre de La Villette)、マクドナルド大通り9番地、19区

猟騎帽と頭絡の探索

鞍や鐙革、鞍下、防護革［馬の肢にあてる］、さらに猟騎帽や頭絡はどこで見つかるか。むろん乗馬をたしなむ者たちが、自分自身や馬のために必要な馬具を見つけることができる専門店で、である。パッド・エトワルやギベール・パリといった店は、優雅に馬を乗りこなす乗馬スポーツのためのあらゆる品を扱っている。馬に関連する資料を集めるなら、カヴァリーヴル書店を訪れてみればよい。

パッド・エトワル (Padd Étoile)、オスマン大通り177番地、8区
ギベール・パリ (Guibert Paris)、ヴィクトル＝ユゴー大通り22番地、16区
カヴァリーヴル書店 (Cavalivres)、センティエ通り21番地、2区

速歩で、駆歩で

ヴァンセンヌには同日に数回、1年に170以上の出走が行われる世界初の競馬場［1863年開場］で、権威のある国際的な競馬が営まれることで知られている。オートゥイユ競馬場［1873年開場］は障害レース［パリ大障害］、ロンシャン競馬場［1857年開場］は駆歩レースの殿堂だが、ヴァンセンヌ競馬場は繋駕速歩競走と騎乗速歩競走を専門とする。そこでは142の厩舎を中心に多くのギルドが活動している。馬の飼育者や調教師、騎手、調教助手、獣医、馬歯科医、鞍・馬具職人、装蹄師などが、速歩馬のために細心の注意をはらっているのだ。

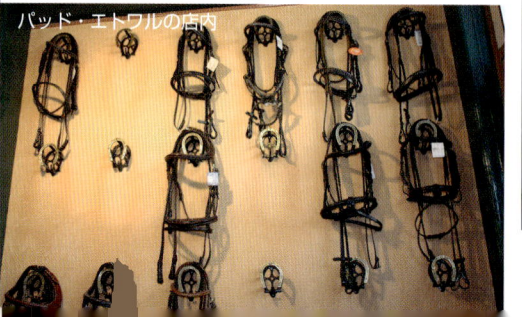

パッド・エトワルの店内

フェルム街道2番地、12区

馬の首都パリ

小型4輪馬車での散策

環境にやさしい交通という動きに支えられて、小型4輪馬車（カレーシュ）が復活した。散策用の馬車サーヴィスを行っているパリ・カレーシュ社は、エッフェル塔を起点に、素朴な馬車ないしシンデレラ型の豪華な馬車による4行程の散策を提供している（詳細はwww.Pariscaleche.comを参照されたい）。

作業馬

1998年以来、ヴァンセンヌの森の保全作業にアルデンヌ地方産の馬が3頭用いられている。これはトラクターほど費用がかからず、よりエコロジックでもある。この馬たちの仕事は季節で異なっており、冬には森の小径から玉切材を集めたり、薪を運んだりする。気候がよくなると、落ち葉やチップ、おが屑、剪定後の残滓、枝などの運搬や、

ヴァンセンヌの森のアルデンヌ馬

スプリンクラーによるホモジェネート（縣濁剤）の樹木への散布、馬場の砕土、さらに樹木や大量の潅木への散水といった作業に駆り出される。そして、夜にはペザージュの野原でしかるべき休息を享受する。同様に、パリ植物園でもポワトゥー産のロバが公園管理人の手助けをしている。

11区のシルク・ディヴェール（冬のサーカス）座は、馬術を重要な演目としている。

第2章
光の都市

市庁舎前広場、4区
(p.35参照)

　中世のパリは、夜の帳が下りると、強盗や追いはぎたちにうってつけの闇に包まれていた。1318年には、公共の角灯はわずか3基しかなかった。1524年、高等法院の裁決によって、富裕市民たちは自宅の窓に自費で角灯をとりつけ、維持するよう命じられる。これは強制的な措置だったが、問題の解決にはほど遠かった。17世紀になると、パリの初代警察総代官［警視総監の前身］のラ・レニ［1625-1709］が、安全性への不安から照明を拡大する措置をとった。だが、ロウソクでは、たとえ風や雨で消えなくても、青白く不安定な光を放つだけだった。やがて1782年、こうした問題の解決をはかるいちじるしい進歩がみられるようになる。シーニュ（白鳥）島［かつてセーヌ左岸にあった島。18世紀末に埋め立てられて7区に編入］でつくられた臓物の油を燃料とするオイルランプ1200基が、市内各所にとりつけられ、明るく長もちする光を放つようになったのである。19世紀中葉には、いよいよガス灯による照明が登場する。そして1878年の万国博時には、都市型の電気照明を用いる32基の街灯が、オペラ大通りを照らした。20世紀に入ると、ガス灯と電灯が併用して用いられ、1962年、最後のガス灯が電灯に変わった。

　今日、パリの通りには、25-30メートルおきに11万あまりの街灯がそなえられている。光の都市パリはこの異名と独自の照明を誇りとしている。たしかにパリには以下のような特徴を有するスタイルがあるからだ。すなわち、首都を二重の光の天幕でおおうため、街頭の高さは車道では9メートル、歩道では4メートルに画一化されている。それらは歩道の邪魔をしないよう、できるかぎり建物の側面に置かれる（約半数はそうなっている）。灯柱には渦巻き型の伸縮ループがのっており、これが闇を照らす光を支えている。さらに、蛍光玉ないしヨウ化ランプが白い光で歩道を照らし、高圧のナトリウム・ランプが車道に黄色い光を投げかけているのである。

オイルランプの名残

左：トロワ＝ポルト通り14番地、5区
右：グラン＝ゾーギュスタン通り8番地と10番地のあいだ、6区

壁龕

建物外壁の石面をきざみ、溝を伸ばした独特の壁龕は、油を用いていた公共の照明システムの名残である。施錠された開き戸をそなえた鋳鉄製の正面玄関にとって、それはいわば小さな戸棚のようなものだった。点灯人は日に2度これらの街灯を訪れた。昼すぎはランプとその板ガラスの維持のため、次は夜になってこれに点火するため、である。この火は燃料がつきればおのずと消えた。点灯人は手にした鍵で開き戸を開け、手まわしハンドルないしクランクを巻上げウィンチの四角い軸に差しこんで、ランタンを作業がしやすい高さまで下ろす。こうした日常的な作業（灯芯やガラスの交換、オイルの補充、板ガラスや銀メッキした銅製反射鏡の掃除など）を終えると、彼はふたたびランタンを引き上げ、開き戸に施錠して、数十メートル先の次の個所に向かうのだった。むろんそこでも同様の作業が待っていた。これらの壁龕はあいつぐ外壁の補修によってほとんどがふさがれ、今日知られているかぎりでいえば、グラン＝ゾーギュスタン通りとトロワ＝ポルト通り（溝はセメントでふさがれている）のわずか2個所に残っているだけである。

油灯の点灯人。柱から出ている1本のロープで固定されたランタンを扱っているが、この作業は建物の外壁にすえられた街灯のそれと同じである（カルル・ヴェルネ［1758-1836］作版画、個人蔵）。

ガス灯の名残

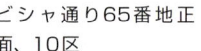

ビシャ通り65番地正面、10区

オデオン座（6区）の通廊には、1815年にフランスで最初にガス灯がとりつけられ、17年にはアーケードつきのパノラマ小路（2区）がこれに続いた。

パノラマ小路11番地にあるコレクション切手店のショーウィンドー越しには、いまも壁にとりつけられたガス灯のバーナー筒口が見える。

蝶型バーナー

ビシャ通りに面したサン＝ルイ病院のレリエ館（42番ドア）、旧レリエ学校のペディメントを飾るこの刺をならべたピコットは、何に用いられているのか。一見鳩返しのようだが、じつは数百個のガスバーナーの筒先をその上にとりつけてならべた、ガス灯の名残なのである。いっさいの保護がなかったため、これらは微風や雨粒に晒されたままだった。ただ、そうしたもろさにもかかわらず、一部は現在まで残った（むろん機能はしていない）。あるいは偶然の一致なのか、ルイ18世［国王在位1814-15／1815-24］が1824年、パリに最初のガス工場のひとつを建設したのが、このサン＝ルイ病院の敷地内だった。

聖レオン

レオンはいまも用いられているフランス唯一のガス灯である。1975年の石炭ガスから天然ガスへの変換期、それまでパリ郊外に残っていたガスによる公共照明網はすべて電化された。マラコフの2個所のガス灯（ティール小路とポンカルム小路）だけはかろうじてそれをまぬがれたが、こうして奇跡的に残ることができたのは、電化に反対した一部のマラコフ住民

のおかげである。ポンカルム小路にあるそれは数年前に修復されたもので、さらにコピーも2基作られている。これら3基の街灯は、逆向きのガス管がついた近代的なバーナーによって機能していたが、2000年代に入って、最終的に電化された。だが、ティール小路のガス灯はアウエル式バーナーをそなえ、いまも現役で、点火と消火のたびに減る1世紀前の古いガスマントルを保つため、昼夜の別なくガスを燃やしつづけている。現在、レオン友の会が維持にあたっているこのガス灯は、明るい板ガラスといい黄金色の光といい、同じ小路の

コメルス＝サン＝タンドレ小路（6区）のランタン内部には、電球がつけくわえられている蝶型バーナーが見える。

ほかの街灯と異なっており、電気街灯と同様に強力である。

壁のケース

ポン・ヌフ（橋）を照らす街灯の台座にとりつけられた優雅な鉄枠は、たんなる飾りではない。それらは故障や修理の際にガスの供給を止めるガス栓が入ったケースを守っているのだ。鉄枠には1854という数字がきざ

ティール小路（マラコフ市）の4番地と6番地のあいだ。この歩行者道路は2つの部分からなるが、レオン灯はより広い方にある。

まれているが、これは今も残る大燭台風街灯が設置された改修年代を意味する。オテル・デ・ザンヴァリッド（旧廃兵院）の回廊にも、張り出したランタンと錆びついた小箱があり、これもまたかつてはガス栓の容器として用いられていた。

ポン・ヌフ、1区

オテル・デ・ザンヴァリッド、7区

光の都市

パレ＝ロワイヤル広場、1区（上）
カスティリョヌ通り、1区（下）

街灯点火人の枝棒

19世紀には、夕暮れや早朝、梯子と長い点火棒をたずさえて、25メートルごとに立ち止まる作業衣姿の人物がみられたものだった。彼の仕事はガス灯の点火と消火にある。一部の街灯は、この点灯人がランタンを手入れする際、梯子を立てかけて固定するための金属製の枝棒をそなえている（点火や消火のときは、梯子は不要）。現在、こうした枝棒をそなえた街灯は4個所、うち1個所はオルロージュ河岸通り、ほかの3個所はポン＝マリ橋にある。街灯点火人たちは1950年代に姿を消し、電化製品の設置や補修で再出発している。

表示板

通りや公園を縁どる一部のアーケードには、古い金属板がいまもみられる。これらは張り出した街灯の来歴を示す表示板である。なかには数字が不備なものもあるが、そこにはパリの頭文字Pや街区の番号、生産番号、パリ市の紋章などがきざまれている。こうした表示板は、たとえばパレ＝ロワイヤル（王宮）公園やリヴォリ通り、ピラミッド広場（いずれも1区）にある。

マリ橋、4区（およびオルロージュ河岸通り3・7番地）

グルネル大通り148番地、15区。銀紙が貼られたこの広告塔は、地下鉄高架線の高架橋を支える柱とまちがえられているが、おそらくこれは街灯点火人が利用したモリス型広告塔第1世代の最後のものである。

モリス型広告塔──ガス文化の聖地

パリ市の広報、のちに劇場ポスターの掲示用としてモリス型広告塔が市内各所に建てられた時期は、1850年頃のガス照明の普及と軌を一にしている。その中空の円柱は街灯点火人たちの資材置き場として用いられ、そこには点火棒や灯油、アルコール・スプレー、作業衣、ガス・マントル、ランプの火屋（ほや）などが収納されていた。やがてこのスペースは通りの清掃具置き場として用いられ、さらに公共トイレや公衆電話も置かれるようになった。

オシュ大通り4番地、8区

保存する建物

モンソー公園にある豪華な建物には、かつてガスが供給されていた数多くの品々が保存されている。たとえばポーチの下に置かれた多灯式枝形つき照明器具や中庭の壁灯、階段室のなかの巨大なシャンデリアなどで、いずれもその仕組みははっきりしている。さながら首飾りの真珠のように、各階の天井に数珠つなぎにつり下げられたシャンデリアの場合は、その電気の燭台と小さなガス・バーナーにそれぞれ電気とガスの二重の供給を受けていた。

つき出た地番

門扉の上の三角形の街灯は、かつてはガス（のちに電気）によって照明していた。第2帝政末期に、パリ市の所有建築物や市有地に建てられた建物は、すべからくこうした街灯をそなえなければならなかった（パリ市は後者の建物を個人や不動産業者に売却したが、そこでは街灯の設置が契約条件のひとつとなっていた）。青みをつけた板ガラスに守られた灯火は、都市ガスを燃料とし、夜になると、ランタン真下のガス栓をねじって灯された。このタイプのランタンはなおも数多く残っているが、残念ながら機能しているものは皆無である。リヴォリ通り70番地を示す地番表示灯は、おそらくこうした内部照明による唯一の型である。形状以外ほかと異なるところはないものの、その下には小さなガス栓がはっきりと見える。

サン＝ジェルマン大通り172番地、6区（左）
サン＝マルセル大通り42番地、5区（中）
リヴォリ通り70番地、1区（右）

オペラ座の寓意

　ガスの全盛期、オペラ・ガルニエ座はまた光の波を大量に放出する「ガスの神殿」でもあった。そこでは光が象徴的に輝いていた。正面玄関を入れば、だれもがすぐに賞賛するが、その2階のグラン・ホワイエ（大ホール）には、円柱群のうえに女性の胸像が4体置かれている。細部を見れば、それらがロウソクやカンケ灯、ガス灯、電灯による照明の寓意であることがわかる。「ガスの女性」は栓をあしらったガス管の首飾りをつけ、縁なし帽のかわりに滑車つきの小粋なガスメーターをかぶっている。さらに、太陽のロトンダ（ドーム）の近くのホール、アヴァン・ホワイエの天井にも、ガスを象徴する有翼の寓意像がある。

オペラ・ガルニエ座、9区

火のないところに煙立たず

　一部の消防署は、たとえば赤地に白抜きで「消防士」と書かれた板ガラスのランタンをもつ、特徴的な街灯を保存している。一方、コスタ＝リカ広場には赤地の板ガラスで円錐形のランタンをかたどったタバコの看板があるが、かつてこの看板にはガスバーナーの筒先がとりつけられていた。

■ほかに
ブランシュ通り26番地、9区
シャトー＝ドー通り50番地、10区
ルイイ通りとディドゥロ大通りの角、12区
フランソワ＝ミエ通り2番地、16区
ブルソー通り27番地、17区

ヴィオレ小公園、15区

コスタ＝リカ広場、16区

光の都市

見事な街灯群

アレクサンドル3世橋

比類のない傑作

　街灯のなかには、パリ市内に1ないし2基、もしくは1個所にしかない形状のものがある。たとえば、ヒュルスタンベルグ広場の街灯は唯一無二の形状をしているが、コンコルド広場の船嘴の飾りがついた円柱や市庁舎の街灯（残念ながらコピー）、あるいはアレクサンドル3世橋（1900年の完成時から電灯）などもまた、稀有な形状をしている。さらに、ヴァンドーム広場の角の建物やフランツ＝リスト広場、ナポレオン小路などにみられる街灯もそうである。オペラ座大階段の下のカリエ＝ベルーズ［1824-87。第二帝政期の代表的な彫刻家・画家で、ロダンの師］の作になるブロンズ製多灯式枝形つき照明器具や、ルイ＝フェリクス・シャボー［1824-1902。ローマ大賞を受賞した彫刻家・版画家］が制作した、ガルニエ宮を囲む女性像の街灯柱などもまた独特のものである。サクレ＝クールの麓、ルイズ＝ミシェル小公園にある、大時計を中に組みこみ、堅琴の彫刻をとりつけた街灯もまた、ほかに類をみない傑作である。

■ほかに
コンコルド広場、1区
市庁舎前広場、4区
オペラ・ガルニエ座、9区
ルイズ＝ミシェル小公園、18区

カルーゼル橋、1区

伸縮式街灯

　カルーゼル橋の四隅にすえられたオベリスクを思わせるアール・デコ風街灯は伸縮式で、電気仕掛けの遠隔操作によって、毎晩高さが12メートルから22メートル［一説に13メートルから29メートル］へと変わる。彫刻家で彫金家のレモン・シュブ［1893-1970］が考案し、1946年に設置されたこの街灯は、日中、ルーヴル宮の眺望をさまたげないという利点をおびていた［設置後まもなくして故障し、そのままになっていたが、1999年に修復された］。そして夜ともなれば、その光は高みから橋全体を照らしている。

街角の遺物・遺構から見たパリ歴史図鑑

光の目印たち

ヴァンドルザンヌ小路、13区

二重の面白さ

　ヴァンドルザンヌ小路の街灯は、二重の意味で興味深い。めったに見られなくなった、ランタンを壁から遠ざける渦巻き文様のコンソール（支え）がついているからであり、近くには人家がなく、壁しかないため、それがここにある存在理由が見あたらないからでもある。いわばこれは近代の気ままな思いつきなのだ。

帆船イメージ

　ムフタール通りにあるこのランタンを支えるコンソールはきわめてめずらしいもので、いまもパリ市の紋章［「たゆたえど、沈まず」を示す帆船をあしらったもの］が見える。サン＝ポール小路（4区）のコンソールともども、最後の型のひとつである。

ムフタール通り104番地、5区

電気の魔力

　トマス・エジソン［1947-1931］が1881年のパリ国際電気博覧会で白熱電球を紹介した際、パリ市民たちは文字どおり目がくらんだ。当時、電気による照明は高価だったため、コメディー＝フランセーズ座やオペラ広場、一連の大通りなど、特権的な公共スペースでしか行われていなかった。

プロヴァンス通り41-43番地（左）
ガザン通り2-4番地（右）

やがて一般の建物もその照明具をそなえ、上の写真にみられるように、正面玄関の下に、オリエンタル・エジソン会社の社名が入った小さな鋳鉄製のヒューズ扉口が登場するようになる。この扉口を開けることができたのは、特殊な鍵をもつ電気技師だけだった。だが、こうした扉口はたび重なる外壁の修復によってまれになった。モンスーリ公園内のある建物の土台には、「配電」とのみきざまれた扉口が残っている。

サン＝セヴラン通り18番地、5区（上）
ノートル＝ダム＝ド＝ロレット通り44番地、9区（下）

ピジョン夫妻の墓

これはモンパルナス墓地でもっとも驚くに値する墓である。ピジョン夫妻の影像はベッドでともに外出着を着ており、妻は横たわっているが、夫は上体を起こしている。なぜか。夫シャルルは妻のレオニが1909年に他界したとき、その墓石を注文したが、当時、彼はまだ元気だったからだ。シャルル・ピジョン［1838-1915］はオイルランプの発明者ではないが、1884年に特許を取得し、不燃性・不爆発性の携帯用照明具をはじめて商業化した人物である。彼はこれを1900年の万国博で展示した。

きわめてめずらしい、そしてすべてが良好な状態にあるさまざまなオイルランプに囲まれたアラ氏。写真は左から右に、太陽灯、カンケ灯、小灯台型ランプ、調整機能つきランプ（白色灯）、ポンプ式ロウソク型ランプ、真鍮製カルセルランプ。

光の都市

パイオニアの時代

「水・ガス全階（供給）」にならって「動力用電気（供給）」と記されたプレートは、建物が近代的な装備をしていることを示す。こうしたプレートのなかには、ほかのプレートとともに、故障を修理する技術者の手引きとして用いられたものもある。

照明博物館

愛想のよいアラ氏は、ねっとりしたオイルランプや怪しげなガス灯を好んで集め、修理している。天井からはシャンデリアやブラケット灯、真珠の縁飾りがついたつり下げ

モンパルナス墓地第22区画、14区

フラテル通り4番地、5区

照明器具、街灯のヘッド、乳白色の電気スタンド笠などが下がっている。これらは1825年から1925年につくられたものだという。ランプの型式や燃焼システムについて語らせたら、氏はとどまるところを知らない。平芯が、安定した炎を、蝶型バーナーが扇状の炎をそれぞれ出すとか、アウエル式バーナーや白熱球が云々…と、とうとうと語るのだ。一度ここを訪れれば、だれであれ心に光が灯り、顔が輝くような感じがするはずである。

第3章
市壁の跡で

　パリという語は男性形か女性形か。長いあいだ、この問題をめぐって議論が重ねられてきた。パリはil [彼の代名詞] と書くのか、elle [彼女の代名詞] とするのか。この首都はいく度となく（正鵠を期せば7度）市壁で囲まれた。とすれば、答えは明らかである。冗談の裏側には否定しがたい真実が隠れている。つまり、パリはさながらひとりの美女のようにほしがられ、つきまとわれてきた。[ティエールが築いた市壁内のコミューンがパリに併合された] 1860年の市域拡張時には、ひとりの貴婦人のように、そのコルセットが砕かれてもいる。こうしたパリの現在の容貌は、かつて軍事的ないし財政的な目的のためにそれをとり囲んでいた、如実な、あるいは見え隠れする市壁や城壁の存在と密接に結びついている。

パリの市壁変遷地図

コロンブ通り6番地、4区

ガロ・ロマン期の市壁

　4世紀にルテティアを守るために築かれた市壁の唯一の名残は、まだシテ島とよばれていなかった島のラ・コロンブ通りにある。当時は蛮族、とくにゲルマン人の侵略にそなえなければならなかった。そのため、巡回路と銃眼を有する、高さ8メートル、厚さ2.7メートルの市壁が島全体を囲んで築かれた。この通りの2段になった舗石は、そうした市壁の場所と厚さを如実に示している。

10・11世紀の市壁

バール通り、4区

　市壁とよばれてはいるが、これはまちがいなく二重に盛土をして柵にしただけのもので、そこにはセーヌ右岸の増水をまぬがれた3個所の自然の堆積もふくまれていた。この市壁には3個所に市門が設けられていた。パリ門（現シャトレ広場）、サン＝メリ門（同名の教会近く）、ボードワイエ門（同名の広場）がそれである。やがてボードワイエ門には、サン＝ジェルヴェ教会が建てられ、楡の木（p.62参照）が植えられ、市場もたつようになった。教会前の市場の存在とバール通りの形状は、かつて市壁がここを通っていたとする仮説を裏づけてくれるが、この市壁にかんしてはなお多くが不明のままである。

サン＝ジェルヴェ教会、4区

フィリップ・オーギュストの市壁（1190-1670年）

　1190年、フィリップ・オーギュスト［尊厳王フィリップ2世（在位1180-1223）。王権の拡大と領土の拡張策でフランスをヨーロッパの最強国にしたとされる］は第3回十字軍を計画した。だが、彼は平穏理に出発することができなかった。イングランド軍がノルマンディを占領したからである。そこで出発前、彼はアミアンやジゾール、エヴルー、パリといった都市を要塞化し、当時どこにも見られないほど巨大な市壁を築くことにした。それは高さ8～10メートル、全長5キロメートル以上、厚さ3メートルもあり、直径6メートルの防御塔（櫓）70基をそなえたもので、セーヌ河岸の4基の塔はとくに巨大だった。そして、夜には鎖を張りめぐらして、水路で侵入する敵を防いだ。こうしたそなえさえあれば、たとえイングランド王がやってきても、手ひどい損害をこうむっただろう。

　この壮大な市壁は家々や教会、王宮だけでなく、攻囲戦でももちこたえることができるよう、畑地や牧草地、ぶどう畑、果樹園までも内側にふくんでいた。そして、防塞として150年ほど用いられたのち、破壊されてより外側の新しい市壁に「貪られ、飲みこまれた」。フィリップ・オーギュストの堅固な市壁は、やがて所有地の境界や欄干、土止め擁壁、境界壁などになり、その塔は宿舎や工房、ときには礼拝堂としても用いられた。いまも数多くの跡が残っている所以だが、私有地内のそれは足を踏み入れるのがむずかしい。ただ、この市壁の跡をたどりながらの散策（自転車を用いるほうがよい）は一興である（次頁の市壁散策地図参照）。

①マランゴ通り　③フェルム小路　⑤ソーヴァル通り　⑦モール小路　⑨ペケ通り
②ペリカン通り　④ヴァルム通り　⑥コメルス=サン=マルタン通り　⑧メネトリエ小路　⑩ティロン通り

⑪クリスティヌ通り　⑬A=デュボワ通り　⑮コルネル通り　⑰マンブランシュ通り
⑫ジャルディネ通り　⑭ドゥラヴィーニュ通り　⑯バイエ通り　⑱クロテール通り

p. 41　市壁散策地図→順路：クロヴィス通り→デカルト通り

セーヌ右岸

→ルーヴル宮カルーゼル・デュ・ルーヴルのブティック街出発。

　ルーヴル宮は12世紀末に築かれた城砦で、フィリップ・オーギュストの市壁から少し外側に位置する強固な要塞だった。壮大な主塔が王権の力を象徴していた城郭は、しかしいく度となく改修され、地上には何ひとつ残ってはいない。1980年代に行われた発掘によって、城郭の地下構造が頑丈なものだったことがわかったが、塔や主塔の基盤は1528年に破壊されている。[写真①]

→パレ＝ロワイヤル広場からサン＝トノレ通りへ。この通りに沿って右へ146番地まで。

　サン＝トノレ通り146番地から150番地にかけての建物は、市壁の跡地に建てられたものである。そのことを示しているのは、斜めになった区画の向きである。通りに直角に交差するかわりに、煙突の屋上突出部分の向きが証明しているように、市壁の跡と平行になっているのだ。同様の配置は左岸のサン＝ジェルマン大通りにもみてとることができる。[写真②]

→サン＝トノレ通りを進んでから、左折してルーヴル通りに。

　ルーヴル通り11番地には、隣接する区画に建っていた塔の窪んだ跡地がある。[写真③]

→右折してコキィエール通りに入り、ジュール通りで左折し、ふたたび左折してモンマルトル通りへ。

　モンマルトル通り30番地にある古い表示板は、かつてモンマルトル門があった場所を略図で示している。[写真④]

→分岐点を右に折れてエティエンヌ＝マルセル通りに入り、16番地のジャン＝サン＝プールの塔へ。

　1409年に建てられたジャン＝サン＝プールの塔は、一部が市壁のうえにのっている。[写真⑤]

→エティエンヌ＝マルセル通りを直進し、ウルス通りとグルニエ＝サン＝ラザール通りを越えてから右折してボーブール通りへ入る。さらにこの通りを左折してランビュトー通り、そしてフラン＝ブルジョワ通りへ向かい、その55-59番地にある公益質店の中庭に。

　ここにある2列の舗石は、市壁の跡を示している。それはピエール・アルヴァールの塔の基部（石の基部だけが市壁の名残）にまで続く。この塔は、隣接する建物を結ぶ階段つけるため、1885年にレンガで強化され、高さも増した。[写真⑥]

→フラン＝ブルジョワ通りを右折してパヴェ通りに入り、リヴォリ通りまで進んで横断する。そしてプレヴォ通りを端までぬうように進み、左折してシャルルマーニュ通りに出る。そこから右手にある遊歩道に沿って、ジャルダン＝サン＝ポール通りへ。

市壁の跡で

ここには約100メートルのもっとも重要な市壁にくわえて2基の塔が残っている。北側に立っているのがモンゴメリの塔（残念ながら、シャルルマーニュ通りの照明のために一部が取り壊されている）と、かなり保存状態がよいモンティニの塔である。市壁の表面には建築作業員たちの痕跡（p.209参照）がきざまれている。［写真⑦］

→セレスタン河岸通りからポン・マリ橋を渡り、ドゥー＝ポン通りを進んで、左岸のトゥルネル橋へ。

セーヌ左岸

市壁がセーヌ川を渡れなかったため、川の両岸に打ちこんだ杭に筏をつなぎ、その上に鎖をとおした。これによって流れをさまたげ、ときには侵略者すらくいとめることができ、物見櫓がこの鎖柵を補完した。こうした鉄柵のひとつは下流のトゥルネル河岸通りにあり、これがセーヌを越えて、対岸のセレスタン河岸通り（32番地）に建てられたバルボーの塔とつながっていた。［写真⑧］

→カルディナル＝ルモワヌ通りに出て、サン＝ジェルマン大通りでいったん立ち止まってから、これを横切る。

市壁は現在のサン＝ジェルマン大通り2・4番地を通り、斜め方向へ走っていた。7番地2号の狭い建物は、煙突の屋上突出部分の向きが証明しているように、かつて市壁があった場所に築かれたものである。［写真⑨］

→カルディナル＝ルモワヌ通りをさらに進んで30番地2号へ。

この地番に位置する郵便局の地下には、高さ5.2メートルのアーチがある。これは1991年に発掘された落とし格子［城壁などの入口にしかけた装置］をそなえていた。かつてここにあった市壁の下をビエーヴル川の分水路が通っていたが、それはサン＝ヴィクトル修道院の庭園に水を供給するためだった（同修道院の見学は、毎月第1水曜日の14時半から）。［写真⑩］

→右折してエコール通りに、さらにこれを渡ってアラス通りへ。

アラス通りは13世紀には市壁の内側に沿っており、それゆえ「ミュール（壁）通り」とよばれていた。9-11番地の庭園には、全長30メートルほどの市壁の一部がいまも残っており、建物の1階の窓越しにそれを見ることができる。［写真⑪］

→モンジュ通りを越えてなおもアラス通りを進み、階段道路を上がって左折し、小路を通り抜けてジャック＝アンリ＝ラルティグ通りへ。

ここでは市壁の一部が消防署の施設に組みこまれ、別の傾斜面も推理小説図書館（Bilipo）の敷地内にみられる。［写真⑫］

市壁の跡で

→カルディナル＝ルモワヌ通りに戻り、坂道を登る。それからクロヴィス通りを右折し、高台の5番地で足を止める。

　ここには、さながらケーキを切り分けたような形状をしたような、きわめてめずらしい市壁の欠片がある。銃眼こそなくなっているが、市壁の高さや厚み、建築法は推測

⑫

⑬

できる。おそらくそれは、大量の切石をかなり硬質なモルタルで結びつけ、前後両面から石の化粧積みで補強する、古代ローマのブロッカージュ工法にならったものだった。少し歩いて7番地まで行

き、その中庭に入ると、市壁内壁の別の遺構を目にすることができる。[写真⑬]

→さらに、デカルト通りを左折して、47番地へ。

　1200年頃、ここには土地所有者の名をとってボルデルとよばれた市門があった。50番地に掲げられている地図からその場所が特定できる。のちにボルデル門はボルデ門、さらにサン＝マルセル門と改称されるが、これはフィリップ・オーギュストの市壁のみならず、後代のシャルル5世の市壁にも用いられた。この市門には1棟の建物があり、脇には跳ね橋とそれに続く落とし格子をそなえた木橋を監視する、2基の巨大なラウンドタワーを擁していたが、1683年に解体されている。さらに、47番地のオートロックで守られた小さな中庭には、2階に続く螺旋階段がみられるが、かつてそこは市壁の出隅と

巡回路があった。[写真⑭]

→右折してトゥアン通りへ。

　トゥアン通りは、1685年に埋められた市壁の堀の上に敷設されている。14番地の建物は1688年、かつての市壁により添うようにして建てられたものである。やがて市壁が取り壊されると、あとに空き地（現在の中庭）と急な壁面だけが残った。[写真⑮]

⑮

→さらにエストラパド通りからフォセ＝サン＝ジャック通りへ。

　1346年、市壁の防御面を改善する時期がきたとみなされて、その土台の外側に、新たに空堀（フォセ・セック）が設

⑭ ENCEINTE DE PARIS ÉLEVÉE PAR PHILIPPE AUGUSTE VERS L'AN 1200.　EMPLACEMENT DE LA PORTE SAINT-MARCEL DITE PORTE BORDET

⑯ 5me ARR. RUE DES FOSSÉS SAINT JACQUES

けられた。フォセ＝サン＝ジャック通りとフォセ＝サン＝マルセル通りは、この旧空堀の上を走っている。これら2本の通りのおかげで、かつての市壁の跡を部分的だがたどることができる。[写真⑯]

→マルブランシュ通りへ。

　かなりの段差があるマルブランシュ通りは、1585年、堀が埋められてまもないフィリップ・オーギュストの市壁近くに開通している。当初、この通りはシュル＝ル＝ランパール（市壁の上）通りとよばれ、やがてフォセ＝サン＝マルセル通りと改称された。[写真⑰]

⑰

→右折してル・ゴフ通りに入り、次いでスフロ通りを左折し、サン＝ミシェル大通りを渡って細いムッシュー＝ル＝プラン

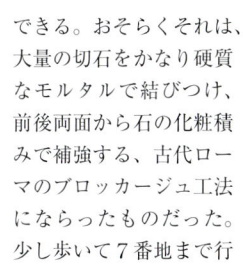

ス通りへ。

　この通りもまたかつての市壁と結びついており、かなりの段差がある。旧サン＝ジェルマン門とサン＝ミシェル門のあいだの外壁路に沿っていた通りで、かつては「フォセ＝サン＝ムッシュー＝ル＝プランス通り」とよばれていた。［写真⑱］

⑱

→右折してアントワヌ＝デュボワ通りの段差に気をつけながら、再度右折してデュピュイトラン通りに入り、サン＝ジェルマン大通りを渡って少し進めば、コメルス＝サン＝タンドレ小路に出る。

　この小路は1735年、埋められた市壁の堀の上に敷設されたもので、4番地にあるレストランに入れば、一方はパリの市内、他方は市外に向いたふたつの門の跡を示す穴があいた市壁の巨大な塔が目に入る。ここでの市壁はサント＝ジュヌヴィエーヴ修道院を内側にふくんでいたが、それ自体要塞化されていたサン＝ジェルマン＝デ＝プレ修道院はその外側にあった。したがって、サン＝ジェルマンの集落は分断されていたことになる。［写真⑲］

→コメルス＝サン＝タンドレ小路を端まで行ってサン＝タンドレ＝デ＝ザール通りを越え、マゼ通りを直進してドーフィヌ通りの角まで進む。

　マゼ通り44番地の表示板は、かつてここにドーフィヌ門があったことと、それが撤去されたようすを物語っている。［写真⑳］

㉑

→ドーフィヌ通りをドーフィヌ小路までまっすぐ進み、それから左折してマザリヌ通りに入り、マザリヌ駐車場を地下2階まで降りる。

　この地下駐車場を建設する際、長さ50メートル以上もの市壁が原型のまま発掘された。今日、市壁は2層にわたって見ることができる。［写真㉑］

→地下駐車場を出てマザリヌ通りを右に折れ、それからふたたび右折してゲネゴー通りに出る。そして、この通りを端まで行き、左折してコンティ河岸通りをコンティ袋小路まで進む。

　コンティ袋小路のつきあたりには、フィリップ・オーギュストの市壁の最後の名残がそびえている。［写真㉒］

→コンティ河岸通りに戻る。

　かつてここにはネールの塔があった。夜間、この塔は対岸のルーヴル宮に近いコワンの塔と鎖で結ばれており、それはセーヌ川の上を、現在のアール橋の高さで越えていた。フィリップ・オーギュストの市壁の輪は、ここで閉じられる。［写真㉓］

㉓

⑲

㉒

発掘されたルーヴル宮の地下、1区

シャルル5世の市壁
（1356-1634年）

　パリ、1356年。市民たちは不安に駆られていた。国王軍がポワティエの戦いでイングランド軍に敗れ、善良王ジャン2世［在位1350-64］が捕虜になったからだ。パリの商人頭［市長に相当］だったエティエンヌ=マルセル［p.23参照］は、札つきのアルビオン（イングランド）軍の攻撃をおそれ、パリの防衛を強化しなければならなかった。フィリップ・オーギュストの市壁は、左岸のウニヴェルシテ地区なら十分に守ることができたが、右岸の守りは手薄だった。それゆえ、以前よりはるかに大規模で効果的な市壁を新たに築かなければならなかった。これはたんなる壁ではなく、一連の障害物、すなわちつき出た三重の土手、高さ30メートルの銃眼壁、さらに幅30メートルの水堀と築堤をそなえた、奥行87メートルの堡塁だった。これにより、当時生まれつつあった大砲の平射用斜堤が確保できた。この市壁は17世紀までパリの市域と市外区（フォブール）との境界ともなった。その痕跡は地名に残っている。たとえばサン=タントワヌ通りは市壁の内側、フォブール・サン=タントワヌ通りは外側といったように、である。同じことはサン=トノレ通りやタンプル通り、サン=ドゥニ通りなどについてもいえる。やがて1624年から34年にかけて、シャルル5世の市壁はルイ13世［国王在位1610-43］の命で解体され、埋め立てられた。その痕跡はほとんど残っていない。壁とはいっても大部分が土でできており、石がごくわずかしか使われなかったためである。

内岸壁

　シャルル5世の市壁は、ルーヴル宮の城砦と対をなしていた。ルーヴル美術館の地下商店街には、1991年の発掘で見つかった長さ200メートルの内岸壁の一部がある。これは石組み壁の「堅固な」部分で、そのうえに木梁や大砲の台座がのっていた。堀には水が貼られていたようで、石の上には水面の跡が残っている。

巡回路

　アブキール通りはシャルル5世の市壁の跡に敷設されている。偶数地番に立ちならぶ建物は、かつて市壁があったところで、通りの下は埋め立てられた堀である。サント=フォワ小路を通って13段の階段を上れば、かつての盛土を越えて巡回路に出る。

牡鹿の跳躍

　さらにここで目を奪われるのは、消失した市壁による土地の起伏である。ポン=トー=ビシュ［字義は「牡鹿（ビシュ）の橋」］の47段の階段が、市壁の上と7メートル下の市域をつないでいるのだ。

フェルミエ・ジェネローの市壁
（1788-1860年）

　この市壁は、防御用というよりは、むしろ税の徴収用に築かれたものである。16世紀以降、徴税は、「フェルミエ・ジェネロー（総徴税請負人）」とよばれた、40人ほどからなる収税請負団体によって行われていた。彼らは国王と契約を結び、毎年税額を定める任務を引き受けて、収税分の一定額を王庫におさめた。彼らはやがて莫大な富を蓄え、パリ市民たちの怨嗟の的となった。ワインや藁、木材、炭、焼き果物、バラ肉など、パリに入って消費されるすべての産物や食料には、実際に入市税が課されていた。むろん、だれもがなんとかこれを免れようとし、18世紀末には、あまりにも不正行為がまかりとおったため、総徴請負人たちは国王からパリのまわりに徴税壁を築く許しを得た。それは高さ3.4メートル、全長28キロメートルも達するもので、そこには鉄柵で閉じられ、入市収税人たちの宿舎や事務所のための、通称「バリエール（収税所）」とよばれた建物をともなう、54個所の市門が設けられていた。今日、この壁の跡地には地下鉄高架線（6・12号線）が走っている。

階段のくりかえし
　アムロ通りと市壁を守っていた築堤の上に敷設されたボーマルシェ大通りのあいだには、5メートルの段差がある。この段差はコロティルド＝ド＝ヴォー、スカルロン、マルセル＝グロメール、シャルル＝リュイゼの通りにある階段によって解消されている。

アムロ通りとボーマルシェ大通り、11区

フォセ・ジョーヌの市壁
（1634-70年）

　ルイ13世［国王在位1610-43］はシャルル4世の稜堡をほどこされた市壁を強化した。セーヌ右岸の東側と南側に新たに稜堡を築き、それまでの150年間、パリ市民たちが市壁の外に日々放棄していた大量のゴミで埋まった、シャルル5世の堀を二重にしたのである。さらに西側には、より大規模な市壁を築いた。この市壁は用いられた土の色から「フォセ・ジョーヌ（黄色の堀）」とよばれた。現在のグラン・ブルヴァールはその跡に敷設されたもので、何個所かに残る名残がそれを今に伝えている。

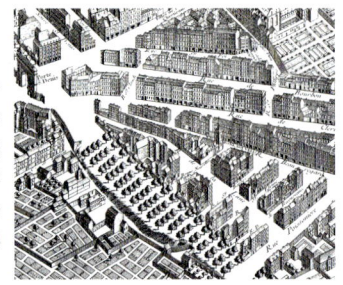

大通り整備後のフォセ・ジョーヌ市壁の第6稜堡遺構（現在のサン＝ドゥニ門）、テュルゴー地図、1734年（個人蔵）

モンソー公園、8番地、8区

ロトンド・ド・ラ・ヴィレット、19区

ルミエ・ジェネローの市壁とその巡回路は、かつては今日の地下鉄の鉄橋と同様の窪んだ曲線を描いていた。一方、このロトンダには横に2棟の別館がついており、これがそれぞれブルゲ街道（現在のフランドル大通り）とパンタン街道（同ジャン＝ジョーレス大通り）に立ちふさがっていた。

併合表示板

ロシュシュアール大通り86番地にある表示板には、1860年に行われたパリ市域の拡張を語る文言が記されている。この市域拡張は周辺の11カ村をパリに併合したもので、モンマルトル村がこうしてパリ市の18区となった。併合にともなってフェルミエ・ジェネローの市壁はもはや不要となり、解体された。

ロシュシュアール86番地、18区

ティエールの市壁
（1846–1919年）

1830年、ナポレオンが敗れて、オーストリアやロシア、プロイセンの軍隊が侵攻すると、首都の軍事的な防衛が喫緊の課題となった。フェルミエ・ジェネローの市壁ではこの役割を担うことができなかった。そこで時の政府は、パリの市外区に防壁を築くことを決め、軍事大臣のルイ・アドルフ・ティエール［1797–1877］が、その工事を監督し、1846年に市壁が完成する。一部とぎれてはいるものの、こうしてできた壁は全長33キロメートル、胸壁は6メートルあった。これは郊外を囲み、国家の命で、ときに一部の村（ジェンティイ、イヴリ、モンルージュなど）を二分した。堀をふくめれば、奥行140メートルにもなったこの防壁は、石敷きの道路（のちのマレショー大通り）もそなえていた。これは都市を囲む防壁としては世界最大規模のものだったが、1870年［普仏戦争時］にはまったく役に立たないことがわかった。そして1920年から24年にかけて、最終的に解体された。1945年からは、この帯状の土地に低所得者用の集合住宅やスタジアム、公共公園、さらに大学都市などがつくられていった。

ティエールの市壁のビセートル門とケレルマン大通り、13区（パリ国立古文書館ランショー文庫）

入市税バリエール

現在、入市税の旧収税所は4個所残っている。シャルトル（モンソー公園）、サン＝マルタン（ラ・ヴィレット）、トローヌ（ナシオン）、アンフェール（ダンフェール＝ロシュロー）である。なんであれ、商品をたずさえてパリに入る者は、入市税を払わなければならなかった。ロトンド・ド・ラ・ヴィレットには、遊歩道をはさむ2面の壁の出隅に、パリの入市税関すべての名前がきざまれている。ここでのフェ

市壁の跡で

第4章
時の試練

ロミュール通り61-63番
地、2区
(p.58参照)

日時計

さほど知られていないが、パリはフランスのなかでもっとも日時計の多い都市である。面妖なことにそれが皆無の17区を除いて、120基あまりが市内各所に点在している。そのうち約80基が太陽時（いわゆる視時）を示し、残りはまったくの飾りもしくは使用不能である。パリ最古の日時計は16世紀までさかのぼるが、これらの日時計にもとづいて、教会の鐘や富裕市民たちの時計が調整されていた。文字盤やグノモン（字義は「影落とし」）には、伝統的にラテン語やフランス語による哲学的な格言ないし金言がきざまれている。快楽主義的なもの（「人生を最大限楽しめ」）や、倫理・道徳観を直截に表すもの（「汝、われを見て歳をとる」、「ああ！汝が見るこの時間は、汝の死の時間とならん」）などである。

こうした日時計が示す時間が、読者の時計のそれと異なっていても驚くには値しない。ここではこの差を生み出す3通りの要因、すなわち均時差（太陽日の長さは季節によって多少異なる）や経度修正（これによって世界標準時が定まる）、同一標準時帯（冬期は1時間、夏期は2時間のずれ）を考慮しなければならない。さらに、日時計によっては午前ないし午後の時間のみ、あるいは1日をとおして時間を示すものがある。

サン=トゥスタシュ教会の古参兵

サン=トゥスタシュ教会の交差廊は、1537年から45年にかけて建てられている。その南門の上、30メートル以上の高さに若干西に傾いてとりつけられた日時計も、同じ頃につくられたパリ最古のものである。指時針はバラ窓の真下にすえられ、壁石に30分ごとの時間を示す線がきざみこまれている。視線を少し下げると、ポルタイユ（装飾扉口）の左手にある柱にも日時計（メリディアンヌ）が見える。だが、これはもはや作動していない。3本の棒針が一点で結びつきながら真昼時の太陽の運行を追う、金属環がないためである。

昼と夜

写真の日時計は、6階建てのアール・ヌヴォー調建物の上方にある。これは目覚める乙女の姿をとった昼と、頭をヴェールでおおった女性像を借りた夜という、二重の寓意を表している。1908

サン=トゥシュタシュ教会、1区

ペレ通り18番地、3区

年に制作されたこの日時計と寓意像は、彫刻家ジュール・ルイ・リスパル［1871-1909］の作である。

正午きっかりに撮影されたこの日時計からは、標準時とのずれが読みとれる。
ジャン=ジャック=ルソー通り68番地、1区。

グルネル通り129番地、7区

恋する哲学者の日時計

　デュパン館（旧ヴァン館）の中庭にあるきわめて「見事な」日時計は、じつは壁に描かれたものである。ジャン=ジャック・ルソー［1706-99］がまちがいなくしばしば見上げていたのがこれである。彼は当初、パリのすぐれた文化人たちをサロンに招いていた、ルイズ・マリ=マドレーヌ・デュパン［1712-78。17世紀末のパリを代表する銀行家サミュエル・ベルナールの庶子］の友人として、さらに1745年から51年までは、彼女の「ノティスト」（一種の私設秘書）としてこの邸館を毎日のように訪れたものだった。ルソーはマダム・デュパンとともに女性にかんする著書を編んでいた。美貌とすぐれた知性の持ち主だった女性であってみれば、ルソーが彼女に恋心をいだくようになったとしても不思議はない。だが、その恋の炎は一方通行だった。彼が出した恋文は、すげなく送り返された。

バビロニック時間と平均恒星時間

　俗人には解読不能だが、リセ・ルイ=ル=グランの正面中庭にある「知的な」日時計は、イエズス会士たちが哲学の第2・第3学年生に対する補助教材として用いていた。

［8基ある日時計のうち］もっとも高い場所にすえられていた2基［ないし1対］からは、古典的な時間、つまり太陽時が読みとれる。下にある2基

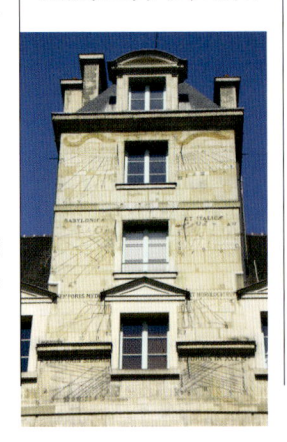

サン=ジャック通り123番地、5区

のそれは仮の時間（1日を日の出から日没まで12時間に分割する）、バビロニック時間（日の出からの時間）とイタリック時間（日没までの時間）を示している。さらに、その下の左手にある日時計は、標準時および太陽時に対する平均時の

変化を表す曲線を、右手の日時計は天体の位置を知ることができる平均恒星時間をそれぞれ示す。

怪しげな正書法

　廃兵院の正面中庭にも、四方の外壁の3面に7基の日時計がある（北側の外壁には大時計がかかっている）。1679年から1770年に設置されたこれらの日時計は、リセ・ルイ=ル=グランのものと同様に複雑である。一見気まぐれとも思える正書法は、啓蒙時代に用いられていた。その怪しげな綴りをあえて読みとれば、以下のようになる。「人為的時間」、「惑星時間」、「夜の大きさ」、「昼

「物事を必要以上にややこしくする」

　この表現［字義は「14時に正午を探す（シェルシェ・ミディ）」］は、1675年頃、現在のシェルシェ＝ミディ通り19番地にあった看板の文言に由来する。この看板は、コンパスで日時計の度を測っている、ローマ風の寛衣をまとった天文学者を描いたものだった。コンパスの2本の脚は正午と14時の上に置かれていた。やがて1874年、看板はレリーフにとって代わられたが、そのモチーフは同じだった。そして1982年、同じ通りの56番地に、「パリの真の正午」をさす日時計がくわえられることになる。

シェルシュ＝ミディ通り19・56番地、6区

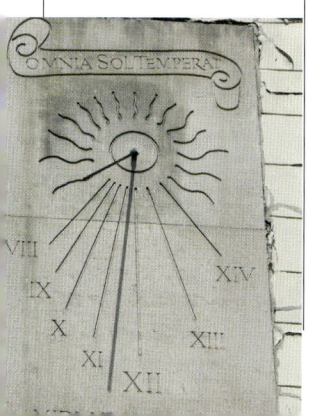

グラン＝ゾーギュスタン河岸通り55番地、6区

晩課の時間

　古いグラン＝ゾーギュスタン修道院は1897年に解体され、かろうじて巨大な日時計がきざまれた外壁だけが残っている。個人所有の裏庭にまわれば、建物の3・4階部分にそれが見えるが、無傷なまま保存されてはいるものの、その形状からして、これはむしろ月時計であり、そこには黄道十二宮もきざまれている。ただ、無遠慮な窓が月時計の中央部をえぐりとっている。

雄鶏とその貝殻モチーフ

　アヴルヴォワー通りの日時計は、次の文言でひときわきわだっている。「おまえが鳴らすとき、わたしが歌うだろう」。この「歌うだろう（CHANTERAY）」の最後のアルファベットYは、古フランス語では一般的であり［現代の表記ではCHANTERAI］、それゆえいかにも古そうな印象をあたえる。しかし、それはまちがいで、これがきざまれたのは1924年のことにすぎないのだ。さらに、「…とき（QV[U] AИD）」にふくまれるИ［現代表記ではN］はキリル文字である。さほど重要ではないが、興味深いことに、この日時計をきざませたかつての家主は、将校で第1帝政の研究家でもあったアンリ・ラシュク（1883-1971）で、彼はとくにナポレオンのロシア遠征に強く惹かれていた。

アヴルヴォワー通り4番地、18区

もうひとつの貝殻

　クリュニーにある司祭館中庭の正面大階段の上には、1674年にきざまれた日時計が見える。その貝殻装飾は、クリュニーの司祭用にパリに邸館を再建したジャック・ダンボワズ［1440／50-1516。クリュニー大修道院院長やクレルモン司教などを歴任した。ソルボンヌに近いこのクリュニー館はクリュニー学寮の教師用宿舎でもあったが、1843年に博物館となった。現在は国立中世美術館］の家紋を想い起こさせる。

ポール＝パンルヴェ広場6番地、5区

難問

　中庭の奥、低い屋根の家の上に1751年ないし57年に設けられたこの傾いた垂直式日時計は、なにやら秘密めいてこみ入っている。見る者にこれが解読できるかと挑戦しているようでもある。

エトワル＝ドール小路75番地、11区

水平式日時計

　ルイイ公園の散歩道には、蝶が羽を広げたような、625平方メートルの広さをもつ日時計がある。1992年に設置された現代の独創的な日時計で、その複雑な動きは白大理石の指時針に詳細にみてとれる。さらに興味深いのは、エミール＝ガレ小公園の日時計で、これは時間を示す10体の石像からできている。

ジャック＝イレレ小公園、12区

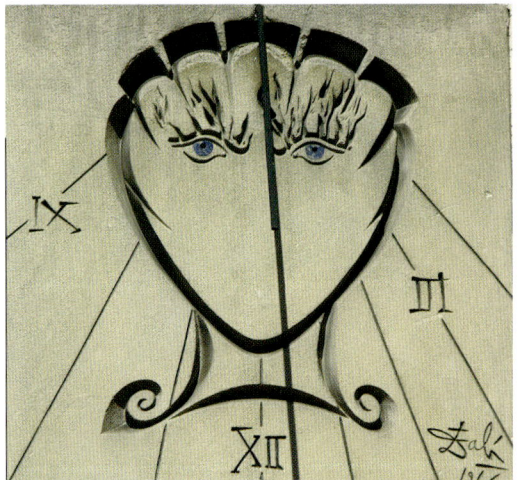

サン＝ジャック通り27番地、5区

ダリのサイン

　道の真ん中にダリがいる！　頬をつねりたくなるような話である。それは柔らかな時計［サルバドール・ダリ（1904-89）は『柔らかな時計』（1931年）にみられるように、溶けてぐにゃりとした時計を好んで描いた］でも、シュールレアリスムの絵でもない。ダリがサン＝ジャック通り27番地にブティックをかまえていた、友人たちのために1966年に彫った日時計の話である。作品の完成はメディアにとりあげられて盛大に祝われた。その際、ダリはもちあげられたゴンドラの上から、おびただしい数のテレビカメラが見守るなか、国立高等美術学校のブラスバンドが奏でる曲に合わせて、自分の名前と日付をきざみこんだ。この日時計の眉は太陽をイメージした炎をかたどり、髪は肩の上に垂れている。

エミール＝ガレ小公園、11区

メリディエンヌ型日時計

　メリディエンヌ型時計は、それが正午だけを知らせるかぎりにおいて、一般の日時計とは区別されるが、ほかの日時計同様、垂直ないし水平に置かれる。

大砲式日時計

　パレ゠ロワイヤル（王宮）のマスコットとでもいうべきミニチュア大砲は、芝生の中央に鎮座している音響式の、つまり音によって正午を告げるメリディエンヌ型日時計である［メリディエンヌの字義は「真昼の昼寝」］。この機能は、「焼けガラス」とよばれる集光レンズを用いるという新機軸で可能になった。18世紀にこれを考案した人物は、ボージョレ歩廊［1区のパレ゠ロワイヤル（旧王宮）内］の95番地で時計商を営んでいた日時計技師のルソー氏。火薬をつめた小大砲は、子午線を通過する太陽に向けられたルーペの下に置かれていた。そして、天頂に達した太陽の光線がレンズに収斂し、砲声が鳴り響く。晴れた日の正午、散策者たちはこの砲声を聞いて時計の両針が正確に重なっているかどうかを確認し、必要なら、針を調整するのだった。パリには同種の大砲式日時計がほかにもいくつかあるが、パレ゠ロワイヤルのそれは国境を越えてまで知られていた。ドゥリル神父［本名ジャック・ドゥリル（1738-1813）。詩人・翻訳者で、訳業にはウェルギリウスの『農耕詩』などがある］に以下のような詩想をあたえたのがこれである（本文は台座の近くにきざまれている）。

　　正午の砲声が
　　パリの王宮庭園で鳴ると…
　　この庭園では花々の影を除いて
　　いっさいのものが出会う。

パレ゠ロワイヤル庭園、1区。また、パリ植物園のグロリエット・ド・ビュフォン（p.92）を参照されたい。

　この日時計は1914年まで日常的に正午を告げていたが、やがてそれも不規則なものとなり、1975年から81年まで、砲声は夏期の毎週水曜日と木曜日に鳴るだけとなった。だが、1990年、厳密さと規律をとりもどしたそれは、毎日正午に作動した。花火製造業者で銃器商のフォーレ゠ルパージュ氏が毎日足を運んで点火していたのだ。ところが、1998年の4月、何者かに盗まれてしまう。悪辣な盗みなのか、それともいらだった住民のしわざか。そこで捜査がなされ、次のことが明らかになった。大砲を好ましく思うものはだれひとりとしていない、ということである。守衛詰所に保管されている陳情書が示しているように、だれもがこれに不平不満をいだいていたのだ。とくにJ氏は、こう不平を述べていた。「正午に鳴らされる砲声のため、孫たちが不安を覚えるようになった」。2003年、行方不明になった本物のかわりに、目立たなくするという条件でレプリカがすえられた。こうしてそれは砲声を鳴らさず、その脆弱なレンズは守衛事務所に保管されるようになった。

シュルピス風グノモン（指時針）

　サン゠シュルピス教会は、交差廊の左袖廊にオベリスク状のメリディエンヌ型日時計を有している。高さ10.72メートルの大理石のそこから、床にはめこまれた真鍮線が40メートル近く伸びている。そして、交差廊南側のバラ窓のステンドグラスにすえられたレンズが太陽光線をとりこんで、正午に真鍮線と交差させる。ただし、その交点は季節や太陽の高さによって多少とも変わる。この科学的装置は1728年、小教区の主任司祭が発注したもので、用途は春分と復活祭主日の日を正確に割り出すことにあった［ダン・ブラウンの『ダ・ヴィンチ・コード』（2003年）はサン゠シュルピス教会にパリ子午線が走っているとしているが、これはパリ天文台の誤り］。

サン゠シュルピス教会、サン゠シュルピス広場、6区

オブセルヴァトワール大通り61番地、14区。
床の大理石面（子午線の南端）にきざまれた文言。

フランスの子午線

　パリの天文台（オブセルヴァトワール）にはフランスの子午線ないし測地子午線が通っており、これはフランスを北のダンケルクから南西部のペルピニャンまで縦断している。この子午線は広域的な地域や地方の地図を作成するうえで基準となり、さらにフランス全土の最初の地図にも用いられた。パリの子午線が確定されたのは1667年、つまりパリ天文台が建設されたときだった。以下はジャン＝ドミニク・カシニ［1625-1712。ニース伯爵領出身で、1669年から1794年にかけてパリ天文台長を代々つとめたカシニ一族の初代。なお、子午線の画定者は司祭で天文学者でもあったジャン・ピカール（1620-82）の計画である。「太陽が穴から楽に入りこみ、床の上に太陽の日々の運行を記すことができるようにするには、大きなホールが不可欠だと思えた…。南壁の中央部には、大ホールの上に向いた小さな窓ないし開口部を設け、舗石の上に子午線だけでなく、時間線を引こうと計画した」。これが現在のカシニ・ホール［子午線ホールとも］であり、白大理石にはめこまれた銅線がホールを貫通している。そして1884年、国際協定が結ばれて、パリより西に位置するグリニッジ子午線が本初子午線とされた。

サン＝ルーのピラミッド

　造幣局の第2中庭（左手）には、石のピラミッド、通称「サン＝ルーのピラミッド」が置かれている。高さ7.8メートルの垂直式メリディエンヌ型日時計で、フランス科学アカデミーのふたりの天文学者、アレクサンドル・ギ・パングレ［1711-96。司祭で、海軍の地理学者もつとめた］とエドム・ジョラ［1724-1803。画家・数学者・地理学者で、ダランベールの死後にパリ天文台の年金受給者となった］が考案したものである。そこには水平に引かれた正午の時刻線にくわえて、黄道十二宮がきざまれている。

コンティ河岸通り11番地、6区

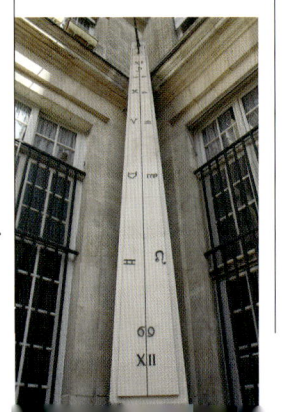

時計

　公共の大時計は19世紀、鉄道や産業の発達・発展と軌を一にして数を増している。それは駅舎や市庁舎ないし役場、学校、病院など、さまざまな公共施設に設けられた。個人用時計がエリートたちに限定されたぜいたく品とまではいかずとも、すくなくとも高価な品物にとどまっていただけに、この大時計はきわめて有益なものだった。

サン＝ジェルマンの鐘楼

　サン＝ジェルマン＝ロークロワ教会の鐘楼にそなえつけられた大時計は、なおも作動しているもののなかでは最初期の大時計である。この鐘楼は1858年、建築家のテオドール・バリュ［1817-85。パリ・コミューンで焼き打ちにあった市庁舎の再建にもかかわった］の図面にもとづいて建てられたが、それより少し前、バリューはサン＝ジャックの塔の修復工事も手がけていた。両者が似ている所以である。黄道十二宮で飾られたこの大時計には気圧計と温度計がそなわっており（横の壁面）、いずれも2004年に修復されている。

時の試練

パレ＝ロワイヤル（旧王宮）、1区

リヨン駅、12区

最初の公共大時計

旧王宮の大時計は1371年、国王シャルル5世［在位1364-80］がパリ市民たちに贈ったものである。美談である。そのおかげで、人々は曇りの日でも時間を知ることができるようになった。それは日時計にはできない相談だった。この大時計は毎時および15分ごとに鐘を鳴らし、遠くの人々もそれをたたえにやってきた。大時計の両側には2体の寓意像、すなわち法（左側）と正義（右側）が配されている。日時計の下にみられる年代（1472年、1585年、1685年、1909年、そして2011年）が示しているように、大時計は今日までいくとなく修復や補修がなされているが、それがこれほど見事に保存されてきたということは、まさに大時計自体の奇蹟といえる。最古の公共大時計であるということだけでなく、原型すら保っているからである。

イルカの掛時計

この掛時計については、それが正面の扉口しか残っていないラウル館（p.101参照）の外壁にあったということ以外、ほとんどわからない。ただ、制作時期が1850年から80年代だったことからすれば、あきらかにそれは邸館建築期よりもかなりあとのものだろう。ここではイルカの木彫2体が、針が6時ちょうどをさして止まっている文字盤をはさみ、その全体を円錐形のめずらしい鉛製庇がおおっている。

ボートレリス通り6番地、4区

リヨン駅の時計塔

1891年まで、フランス各地の都市間には時間のずれがあった。各都市は太陽の南中位置に対する計算にもとづいて定めた、独自の時間を用いていたからだ。これが平均太陽時ないし視時だった。それゆえ、北東部のストラスブールと北西部のブレストでは、45分のずれが生じていた。ただ、上流階級にとってそれはさほどわずらわしいものではなかった。だれもがゆったりと移動していたからである。やがて鉄道が発達すると、事態は一変する。このずれが問題視されるようになったのである。こうしてすべての都市は「常用時」［平均太陽時に12時間をくわえたもの］とよばれる統一的な時間を採用しなければならなくなる。1900年に建てられたリヨン駅の時計塔は、それにこたえた最初期のものである。高さ67メートルのそれは、4面それぞれに大時計をそなえ、その上を巨大な針（分針の長さは4メートル）がまわっている。この大時計は、メカニズムがフランス・アンテル［ラジオ局］の時報に同調しているため、きわめて信頼度が高い。

パレ大通りとロルロージュ（大時計）河岸通りの角、1区

QVAI DE L'HORLOGE

街角の遺物・遺構から見たパリ歴史図鑑

フェルディナン＝ブリュノ広場2番地、14区

法則通りの例外

時計の文字盤と振り子には、なぜローマ数字のIV（4）ではなくIIIIが用いられているのか。これは古時計の専門家たちのあいだで激論がかわされてきた疑問である。ローマ数字がヨーロッパに広まった当初、無文字の人々にも容易に理解できるよう、4はIIIIと記されていたのだ。IVが登場するようになったのはかなり遅く、17世紀になってからである。だが、時計商組合はなおも古いIIIIに忠実だった。それが左右対称で均衡がとれているからだった。IIIIはVIII（8）と対をなし、後者と同様、安定感もあった。さらに、4つの同じ数字を用いれば、3通りのグループができる。まずIだけのグループ［I〜IIII］、二番目はV［VI〜VIIII（5〜9）］と、三番目はX［XI〜XIIII（10〜14）］と組みあわされてのグループに、である。だが、文字盤の上では、IIIとIX（9）のあいだにふくまれる数字が反対向きになる。アラビア数字と異なって、これらのグループは文字盤のまわりに扇状に置かれ、IVとVIは反対向きになる。そのため、誤解が生じやすい。CQFD（よって証明された）。ただ、この法則にならった文字盤はむしろ例外に属する。そのひとつが、14区の区役所に掲げられている大時計である。

透明の文字盤

オルセー美術館の透明な大時計は、それがかもし出す悩ましい美学によ

オルセー美術館、レジョン＝ドヌール通り1番地、7区

って世界的に知られている。空と美術館のあいだに下げられたそこからは、セーヌ川やチュイルリー公園までが見通せる。同様に荘重な館内の大時計は、それにまさるともおとらず重要である。それにしても、ひとつの美術館になぜこれらの大時計があるのか。周知のように、かつてここが1900年の万国博の際に建てられた駅舎だったからである。この内部の大時計は、駅舎の大ホールにあったプラットホームを見下ろしていたのだ。

24時制の文字盤

ベルジェール電話局の大時計はきわめてめずらしいもので、文字盤が24時制となっている。この電話局は1911年から13年にかけて建設されているが、それは同一標準時帯が実施された時期だった。フランスも1914年3月にグリニッジ標準時を、したがって12時間を2倍する12時制に代わって24時制の世界時を採用した。おそらくそれは、黄道十二宮で飾られた鋳鉄製の大時計を設計した、建築家のフランソワ・ル・クール［1872-1934］にも影響をあたえたはずである。この大時計は、建物内部

フォーブール＝ポワソニエール通り17番地ないしベルジェール通り2-10番地、9区

で電話線を支える煉瓦壁にかかっている。フランスにはほかにも24時制の大時計があるが、それらは数字の1が文字盤の最上部に位置している。これに対し、ベルジェール電話局の大時計では、唯一1が最下部にきている。おそらくそれは12を最上部に置くためだろう。この位置は12時制のすべての振り子時計をふくむすべての時計に見られ、それゆえごく一般的なものといえる。

57

時の試練

サン＝ルイ＝ザン＝リル教会、4区（左）
ノートル＝ダム＝ド＝ボン＝ヌーヴェル教会、ボールガール通り38番地、2区（右）

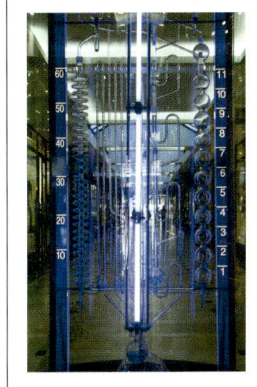

張り出し時計

看板のように、外に張り出した大時計もある。これは、文字盤を見るのに必要な距離がとれないような通りの狭さと妥協するためのものである。たとえば、通りの端から文字盤が読みとれるサン＝ルイ教会の時計や、ノートル＝ダム＝ド＝ボン＝ヌーヴェル教会の鐘楼にとりつけられた時計がそうである。

クラリジュ歩廊、8区

証明する大時計

ルーヴル通りにある中央郵便局の大時計は、仕事を一日延ばしにする者や、公文書の発送をぎりぎりまで遅らせる者たちのあいだでとくに有名である。この大時計は毎日四六時中開いている（朝6時から7時半までは情報システムのメンテナンス時間）、おそらく唯一の郵便局である中央郵便局の日々にリズムをあたえている。それゆえ人々は、郵便物にその日のスタンプを押してもらうため、零時1分前に同郵便局に駆けつける。たとえ配達が翌日になるとしても、である。

1分前！
ルーヴル通り52番地、1区

万人の時間

サン＝ラザール駅前の広場には、ブロンズ製の大時計が楽しくなるほど積み上げられている。アルマン［1928-2005。本名アルマン・フェルナンデス。彫刻家・画家・造形芸術家。とくに製品を用いた「集積芸術」で知られる］の作品で、だれもが独自の時間をもっている…ということを意味する。ただ、トランジットの旅行者たちは、その制作意図がわからず、困惑するだろう。広場の反対側を走るローム小路には、この作品の姉妹作として、積み上げられた旅行鞄がある。これらの作品はそれぞれ『万人の時間』、『終生の一時預かり』という題がつけられている。

アーヴル小路、8区

時の流れを見るための大時計

噴水の芸術デザイナーであるベルナール・ジトン［1935-］が制作した大時計は、おそらくもっとも驚くに値するもののひとつである。彼は水の流れによって時間を示す古代ギリシアの水時計と、正確さを約束する大時計の振り子を組みあわせた。ポンプとサイホン、振り子、さらに色つきの水からなる複雑な装置がたえず作動する作品で、そこでは60まで目盛を打った環縁のある1本の円柱が分、もう1本のいわゆる「球体柱」が時刻をそれぞれ告げる仕組みとなっている。

オルロージュ地区の自動人形

1970年代、非衛生な一角を取り壊して建設されたオルロージュ（大時計）地区は、この新しい地区を飾るため、1975年に自動人形製作者のジャック・モネティエ［1939-］に依頼した、巨大な自動人形時計にその名を負っている。「時間の擁護者」と命名されたそれは、カニや鳥、さらに岩をつかんだドラゴンから攻撃される人間を表している。1980年代、それぞれ海と天と大地を象徴する3体の動物が、毎時定刻になると、人間を攻撃するさまが見られた。砕ける波と吹き荒れる風、さらに鳴動する大地がこの戦いに興をそえていた。とくに12時、18時、22時の3度、人間はこれらの生き物たちに同時に攻撃されもした。だが、2003年以降、大時計が作動しなくなり、この壮大なスペクタクルも見られなくなった。オルロージュ地区は私有地であり、建物や通りの整備は所有者たちの費用でまかなわれているが、彼らは大時計の修復に十分な出資ができなくなっているのである。

ベルナール＝ド＝クレヴォー通り8番地、3区

パンテオンの秘密の修復

アンテルギュンテル・グループ［1980年代初頭に結成された地下組織］は、行政から見放されていた文化遺産のモニュメントやオブジェを秘密裏に修復する、いわば都会版インディ・ジョーンズ団をもって自認している。2004年、彼らはその任務を、1850年にヨハン・ワグネル・ヌヴー［1800-75。ドイツ出身でフランスに帰化した時計製作者・時計商］がつくり、1965年以来働きを停止していたパンテオン内の大時計に向ける。作業は毎週3ないし4夜だったため、1年以上かけて、専門の時計職人の指導のもとでこれを見事に修復したのだ。彼らの組織に手抜かりはなかった。モニュメントの空き部屋に折りたたみ式の木箱をもちこんで、これを本格的な工房にしていたのである。2005年12月25日の深夜、彼らは大時計を動くようにし、パンテオンの芳名帳に茶目っ気たっぷりな献辞を記して退散した。国立記念建造物局は被害届け（！）を出したが、アンテルギュンテルのメンバーたちにはそれもどこ吹く風だった。こうしてパンテオンの大時計は完全に機能するようになったものの、やがてふたたび停止した。15分ごとに鳴るその鐘の音が、地域の静けさを乱すという理由によってである。

ロミュールのバラ窓

ここ何年ものあいだ、ロミュール通りの奇数番地側を通る者はだれでもバラ窓に気づくはずである。このバラ窓とそれをいただくネオゴシック風の建物を見るには、通りを横切るだけでよい。教会か。いや、違う。それは1900年、すなわち建築物にかんするオスマン規定［p.71参照］が撤廃された直後に建設された建物で、建築家のフィリップ・ジュアンナンとエドゥアール・サンジェリが、その想像力の実現に心血をそそいだ成果である。ここでは、大時計のモザイクが教会のステンドグラスに似たバラ窓の中心的な要素となっている。それは時間の装飾モチーフとしてある。すなわち、暦月は文字盤の周囲に環状に配された石にきざまれ、その外側には黄道十二宮が花冠状に広がり、さらに外側ではレリーフのメダイヨンが四季を象徴している。そして、週日開放の階段室にそっと足を踏み入れれば、内側から透明な文字盤の見事さをたたえることができるだろう。

ロミュール通り61-63番地、2区

パンテオン内部、身廊左側、5区

掛時計の小窓

　6区の警察署の正面玄関には、写真にみられるような小さな時計が人の目の高さに置かれている。それはただ門番の役目をしているだけなのか。木箱と金属製の小さな庇で二重に守られたこの掛時計をいつも見てきた職員たちによれば、これは1960年型のシュランベルジェ製時計で、2004年に古くなったそれまでの時計と取り替えられたという。

ボナパルト通り78番地、
6区

話す時計（電話時刻案内）

　パリ天文台はかつての採石場の上にある。正鵠を期していえば、この採石場は地下28メートルにあり、そのグランド・タン［字義は「高精度時計」］とよばれる部屋、現在のフーコー実験室に、1920年、「原初的な振り子時計」がすえられた。それは高精度の装置に不都合な気圧や気温の変化、つまり金属の膨張を避けるためであった。さらに1930年代初頭、天文台への電話による時刻の問いあわせがあまりにも多くなり、電話回線が1本しかなかったこともあって、天文台の業務にさしさわりが出るようになった。そこで当時の天文台長のエルネスト・エスクランゴン［1876-1954］は、基本時計と同調し、新たなトーキー映画、とくに『ジャズ・シンガー』［ワーナー・ブラザーズ社が1927年に公開した世界初のトーキー映画で、監督はアラン・クロスランド］の最新技術を用いる、連続して時間を声で知らせるシステムの開発をブリリエ社にゆだねた。こうして1933年2月4日、世界初の音声応答時計が誕生する。声の主はラジオ・パリの男性アナウンサー、マルセル・ラポルト、通称ラディオロ［1922年11月、フランスではじめてラディオラ局から放送した伝説的アナウンサー］だった。この日、20本の電話回線は飽和状態となり、14万［4万？］の問いあわせのうち、返答できたのは2万たらずだったが、その電話番号ODEON84-00は後代にまで名を残すことになる。電話時刻案内用の最初の「話す時計」は、その後継機ともども、いまもパリ天文台のエスクランゴン・ホールで目にすることができる。

エスクランゴン・ホールは、遺産記念週間に一般公開されている

ただ今より（4秒後に）…時報をお知らせします

　1933年の電話時刻案内は、文字どおり時とともに近代化していった。1991年、それは完全に電子化され、その精度は首都では電話回線との接続による50ミリ秒の遅れ——最悪でも——にとどまるようになっている。

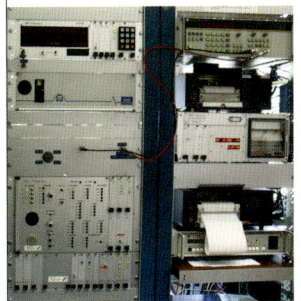

ブランソン通りとモリヨン通り、15区

安全性をかなり考慮した冗長性［故障時のバックアップ用データ複写］ゆえに、時刻案内には実質上4通りある。そのひとつはフランス・テレコムのネットワークと結びついているもの、残りはそれが不調のときに接続するためのものである。現在、3699の電話番号をよび出せば、時刻案内につながる。

第5章
見事な樹木

　たとえどれほど無機質な都市だとしても、パリにはすくなくとも48万4500本の樹木があるという（2011年の調査による）。むろんブーローニュやヴァンセンヌの森の木々30万本を除けば、18万4500本しか残らなくなるが、ともかくもそれらが大通りの並木道や公園、あるいは庭園に影をつくっているのである。たとえば13万3000本だけのロンドンと比較した場合、パリの立木の数はきわめて立派なものといえるだろう。

　この樹木全体のうち、プラタナスやシナノキ、マロニエが80パーセントを占める。昔からその種は頑健だとされている。だが、これらの木々は、セイヨウハナズオウや花を咲かせるコショウボク、鮮やかなバラ色の花が開花するエンジュの木など、さほど知られていない種によって、しだいにテリトリーを失いつつある。くわえて、意外な木をふくむ160以上の種が、パリの地を共有するようになってもいる。本章では、これらきわめて興味深い樹木種のほかに、歴史的な木々、さまざまな記録を打ち破っている木々、思いがけない場所に生えているいささかやんちゃな木々を紹介しておこう。

ヴァレ＝オー＝ルー公園の樹木園、
シャトネ＝マラブリ市（p.63参照）

ICタグ樹木
　通りを彩る並木の1本1本には、幹の内側2センチメートルほどにICタグ（ないしチップ）がはめこまれている。このタグは樹木情報データ用の個体識別番号であり、植樹ないし移植時期や枝下ろし、病状診断、ときに車の振動による外傷などにかんするさまざまな情報の管理に用いられる。

猿たちの絶望
　チリマツ［ナンヨウスギ属の常緑針葉樹］は、

見事な樹木

ハンカチーフを取り出して

4月から5月にかけては、ハンカチノキ（アルブル・オー・ムショワール）が開花することを見逃してはならない。命名はめずらしいまでに派手な白い花が、ハンカチーフのように微風にもゆれることに由来するが、ほかに「ポケットの木」や「鳩の木」、「亡霊の木」ともよばれる［この木は宣教師・博物学者で、パンダの発見者でもあったアルマン・ダヴィド（1826-1900）が、1869年に中国から母国フランスにもたらしたとされる。ラテン語学名のダヴィディア・インヴォルカトラ（Davidia involucrata）は彼の名にちなむ］。

パリ植物園の高山植物園（温室ハウスを出て左側の小径）、5区。ほかに、モーリス＝ガルデット小公園、11区やモンスーリ公園、8区

意外な種

正真正銘のパリのブナ

夏、ブナの葉はさながらイグルー［イヌイットの雪小屋］のように密生し、冬には一転して幹がむき出しになり、曲がり、ねじれた枝がパラソルの骨のように地面にまで達する。こうしたブナは、「エートル・トルティヤール」［字義は「成長につれてねじれるブナ」］や、ランス［パリ北東］近郊のヴェルズィの国有森に世界最多（約1000本）のブナ林があるところから、「ヴェルズィのブナ」ともよばれている。

■ほかに
アレーヌ・ド・リュテース小公園、5区やユット＝ショーモン公園など。

フォッシュ大通り偶数番地側、16区

「猿の絶望」［英語では「モンキー・パズル」など］とよばれている。この霊長類にとっては残念なことに、葉が複雑にからみあい、先もかなりとがっているため、よじ登ることがむずかしいからである。

■ほかに
サルペトリエール病院内庭園、13区やユット＝ショーモン公園（シュイシデ橋近く）、19区など。

右下：サン＝ミシェル大通りの泣き木、5区

モンスーリ公園、14区

歴史的な樹皮

楡の木の下で待て

樹皮をはがすと大量に流れ出る血のように赤い樹液が、殉教者の流した血を想い起こさせるところから、楡の木は初期キリスト教時代から神聖視されてきた。中世フランスのほとんどの村には、教会や領主館の前、あるいは四ツ辻にこの木が植えられていた。だが、たんなる伝統をこえて、アンリ4世の重臣だったシュリー公［マキシミリアン・ド・ベテュヌ、1560-1641。1566年から1626年まで道路管理長官をつとめた］は、1605年、楡の木の植樹を義務化した。やがて人々は楡の木の下で裁きを行ったり、商取引をしたり、貸借を決済したりするようになった。そこから「楡の木の下で待て」［字義は「わたしが来るのをあてにし

サン＝ジェルヴェ教会と広場、4区

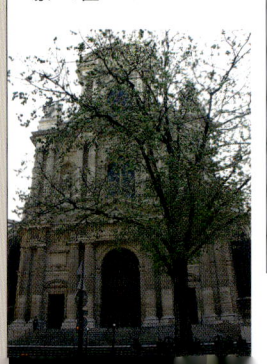

ないで」］という表現が生まれる。パリでは、サン＝ジェルヴェ教会前広場の楡の木がもっとも有名だった。この木は、それなしにサン＝ジェルヴェ教会前広場を想像できないほど、パリの歴史の中に文字通りしっかりと根を張っていた。だが、その名声に陰りが生ずると、新たな楡の木に植え替えられる（現在のそれ

フランソワ＝ミロン通り4-14番地とバール通り17番地、4区

は1936年に植樹）。こうした楡の木への愛着を示す証拠はほかにもある。フランソワ＝ミロン通りやバール通りに面した窓の下枠を飾る、様式化された鋳鉄製の楡のモチーフである。サン＝ジェルヴェ教会の北側に位置するこれらの家は、1737年、教会員たちによって建てられている。同教会内陣の4つの聖職者席にも、同様の楡モチーフがみてとれる。

チュイルリー公園フイヤン・テラス通り、1 (7?) 区

桑とカイコ

カラヤマグワは葉の形状が4通りあるという特性をおびている、つまり、1本の枝から生えでた葉に、多少とも羽裂した4種の「モデル」がみられるのだ。これらの葉はまた、カイコの餌にもなっている。チュイルリー公園のフイヤン・テラス通りに沿ったシナノキが立ちならぶ小径の両端には、桑の木が2本植えられているが、これは1600年、農学者のオリヴィエ・ド・セール［1539-1619。『農業経営論』を著して、輪作などによる農業技術の改善につとめ、「フランス農業の父」と称される］の進言によってこの場所に植えられた、桑の木2万本の名残である。ときの国王アンリ4世［在位1589-1610］が、国内で絹を生産するほうが、外国から高価なそれを購入するよりはるかによいということを理解していたからである。こうしてフランスの養蚕業が発展できるようになった。

レバノンスギ——ドーヴァー海峡を渡って帽子の中へ

ことは嫉妬からはじまった…。イングランドが1630年からもちこんだ数多くのレバノンスギを誇っていた1734年当時、フランスにはまだそれが1本もなかった。それはそれでよかったが、王立植物園［現在のパリ植物園］の学芸員だったベルナール・ド・ジュシュー［1699-1777。医師・博物学者］は、ドーヴァー海峡を越えて（レバノン

見事な樹木

垂れるスギ

16区と環状道路をへだてる緑地帯には、ちいさなブルーアトラススギ［北アフリカのアトラス山地原産］が生えている。通常、スギは垂れないが、19世紀末のある日のこと、自然に遺伝子が変化して、ヴァレ＝オー＝ルーの樹木園のブルーアトラススギが垂れ下がる樹形になった。そして今日、この巨樹の葉叢は680平方メートルもの地表をおおうまでになっている。種子はふつうのブルーアトラススギのものである。だが、接木や挿し木によってその子孫をつくることは可能であり、ドゥビュッシー公園のスギはそうしてつくった子孫である。

ヴァレ＝オー＝ルーの樹木園、シャトネ＝マラブリー［パリ南郊］

クロード＝ドゥビュッシー公園、16区

より近い）イングランドに渡り、垂涎の的であるレバノンスギの種を入手した。ベルナルダン通りの自宅に戻るやいなや、彼は王立植物園におもむいて種を植えようとした。ところが、途中、あろうことか肝心の種を入れておいた壺にひびが入り、砕けてしまったのだ。そこで彼はツボのかわりに帽子を用い、数十粒の種

パリ植物園、5区（迷路園端）

の容器にしたという。この逸話は今では伝説化している。

自由のコナラ

フランス革命時、ひとつの伝統が生まれた。町や村の中心に自由や解放、つまり革命の理想を象徴する木を1本植えるという伝統である。こうして植えられたポプラやコナラの木は、1792年末にはパリの200本をふくめてフランス全土で6万本に達した。むろん、チュイルリー公園には以前からの木があったが、これら自由の木は、しかし復古王政期に大部分が切り倒され、あるいは根こそぎ撤去された。やがて1889年と1989年の革命記念祭に、ふたたび自由の木が植えられた。革命200年祭時に植えられた自由のコナラは、パリ市内ではきわめてまれなもので、

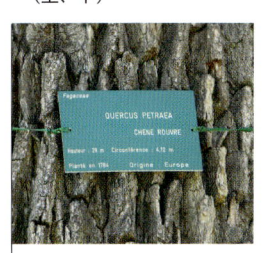

チュイルリー公園フイヤン・テラス通りの下、リヴォリ通り238番地、1区（上、下）

同公園内のほかの立木からはいくぶん離れた小径の中程に立っており、まわりに2基の石の丸いベンチが置かれている。

植林され、伐採され、再植林された森

13世紀初頭、尊厳王フィリップ2世［p.39参照］は、王室の猟場としてヴァンセンヌの森に白羽の矢を立てた。彼はその周囲12キロメートルを塀で囲い、放ったダマジカや鹿の逃げ道がない

ヴァンセンヌの森内、グラン=プリウール道路とシルキュレール道路、12区

ようにした。さらに、ルイ15世［国王在位1715-74］はそこを一般民衆の散歩道として選び、市壁の6個所に出入り用の門を設けた。多くの木を植えもした。だが、フランス革命期、この場所は軍事訓練場に変えられる。軍隊によって166ヘクタールが開墾され、砲兵射撃練習場や弾薬貯蔵庫、兵舎なども築かれた。それから約半世紀以上たった1860年、新しい風が吹く。ナポレオン3世［皇帝在位1852-70］がヴァンセンヌの森をパリ市に譲渡し、ここをブローニュの森と対極的な地にしようとしたのである。ヴァンセンヌのミヌム湖周辺には、1731年頃のルイ15世による最初の植樹の波で植えられた貴重な2樹種が、はたしていかなる奇蹟によるものかは不明だが、革命後の整地をまぬがれていまも生きのびている。赤ブナ（赤壁のメゾン付近）とオウシュウナラ（白いメゾンの周囲）がそれである。

10本の腕でとり囲む

樹齢200年を数えるだけではあきたらないとでもいうのか、1814年に植えられたモンソー公園のスズカケノキは、パリのすべての樹木のなかでもっとも太い幹を有している。その幹周はすくなくとも7mあり［ちなみに、わが国の環境庁の基準では、地上約1.3メートルの位置での幹周が3メートル以上の木を「巨樹」としている］、それをとり囲むには、すくなくとも大人5人が必要である。

破られた記録

フォシュ大通り、31番地正面、16区

雲に親しむ樹木

パリ（森をふくむ）でもっとも高い木は、もっとも幅広のフォシュ大通りにある。高さ45メートルの交雑種のプラタナスがそれで、梢の先端部は6階建て建物の屋根より高い。だが、外見だけでいえば、この記録自体はさほどのものではない。隣接する木々もまたあきらかにそれと同じ高さだからである。

松葉杖の祖父

パリで樹木が文字通り一本立ちするのは容易なことではない。土や水分が少ないばかりでなく、いちじるしい大気汚染や数多くの敵（木を食い荒らす虫や犬の糞尿、車の接触による傷、ポケットナイフによる落書きなど）もあるからだ。平均樹齢は80年から100年で、これは地方の樹齢の半分である。それからすれば、1602年に植えられたヴィヴァニ小公園のニセアカシアには脱帽せざるを

モンソー公園、8区

えない。パリの最古参の老木であるにもかかわらず、なおも大量の花を咲かせているからである。2本のコンクリート製の添え木に支えられ、幹にはコンクリートが注入されているとしても、である。

イズバのなかのカエデ

「わたしは最初にここに来て住みつき、いまもこれからもここにとどまる」。ルクールブ通りのサン=セラファン=ド=サロヴ教会の屋根をつら

ヴィヴァニ小公園、5区

無作法なものたち

見事な樹木

アムロ通りとオベルカンプ通りの角、11区

ルクールブ通り91番地、15区（第2中庭奥）

ぬいて、そのクーポル［通称「ネギぼうず」］と触れそうになっている、カエデの歴史を要約すればこうなるだろう。この教会は、1933年、それまで納屋と2本の木が立っていた庭園の跡地に建てられている。その際、立木を残し、そのまわりに木造の教会（礼拝）堂を建立することが決められた。聖セラファン［ロシア語本名セラフィム・サラフスキー、1754／59-1833］が、自然と語りあいながら森に住んでいた隠修士だったからで

ある。2本の立木のうち、一方は枯れてしまったが（その幹は祭壇の近くになおも立っている）、もう一方はいまも元気溌剌である［イズバとは東欧からウクライナにかけてみられるモミ材を用いた丸木造りの農家のこと］

薄紫色の滝

蔓植物の藤は、冬場こそ枝に生気はないが、春ともなれば薄紫色の見事な花房をつけ、壁の上を這い、格子窓を越えて歩道を芳香で満たす。パリにはとりわけ驚くべき藤が3本ある。そのうちの1本、植物園の近くにあってゆうに樹齢100年を越す藤は、建物の正面玄関をわが物とし、屋根まで飲みこんでいる。もう1本はより小ぶりだが、花房はより数多く、往時のパリの姿をいまも残す

根もとで飲む

アムロ通りとオベルカンプ通りの角、ヴェリブのスタシオン［2007年からはじまった貸出自転車の駐輪場］の近くに立てば、1本のトネリコが、カフェレストランから飛び出しているように見えるはずだ。店の名は「ル・サントネール（100周年）」。ただし、この店名はトネリコの樹齢とは無関係で、店がフランス革命の100年後に開店したことによる命名である。

シテ島の商店を美しく飾っている。さらにリコー通りの藤は建物の壁沿いに7メートルの高さから垂れ下がって、一部のバルコニーをすべておおいつくしてもいるのだ。

前兆の木

根こそぎされて地面に横たわっている全長30

シャノワネス通り26番地、4区（ほかに、キュヴィエ通り14番地、5区およびリコー通り7-9番地、13区）

チュイルリー公園、1区（ボール＝ド＝ロー・テラス通り近く）

メートルほどのコナラの木がある。幹はすでに乾いてごつごつしているが、この木は1999年末の暴風で倒れたもので、あるいは伐採人たちもそれを忘れているのだろうか。じつはこれは古色をほどこしたブロンズ作品『母音の木』なのである。歴史の皮肉というべきか、国はこの作品をイタリア出身の芸術家ジュゼッペ・ペローネ［1947-］に注文したが、それはまさにこの嵐の直前だった。

第6章
カジモドの周遊

カジモド［ヴィクトル・ユゴー『ノートルダム・ド・パリ』の主人公で、ロマ（ジプシー）の女性エスメラルダをしたう大聖堂の鐘つき男］が突然現代につれてこられたら、パリのことが皆目わからないだろう。木や荒壁土でできた中世の家々はすでに煙のように姿を消し、あるいは解体者たちの鶴嘴で残骸となっているからだ。残っているのはただ、時間や侵略者たちの攻撃に抵抗できた神聖ないし強化された巨大建造物のみである。最高裁判所やノートル＝ダム、サント＝シャペル礼拝堂などは、むろんそうした貴重な建物といえる。ここではわれらのカジモドとシテ島で落ちあい、読者を見事な遺構を有する右岸へとつれだしたい。

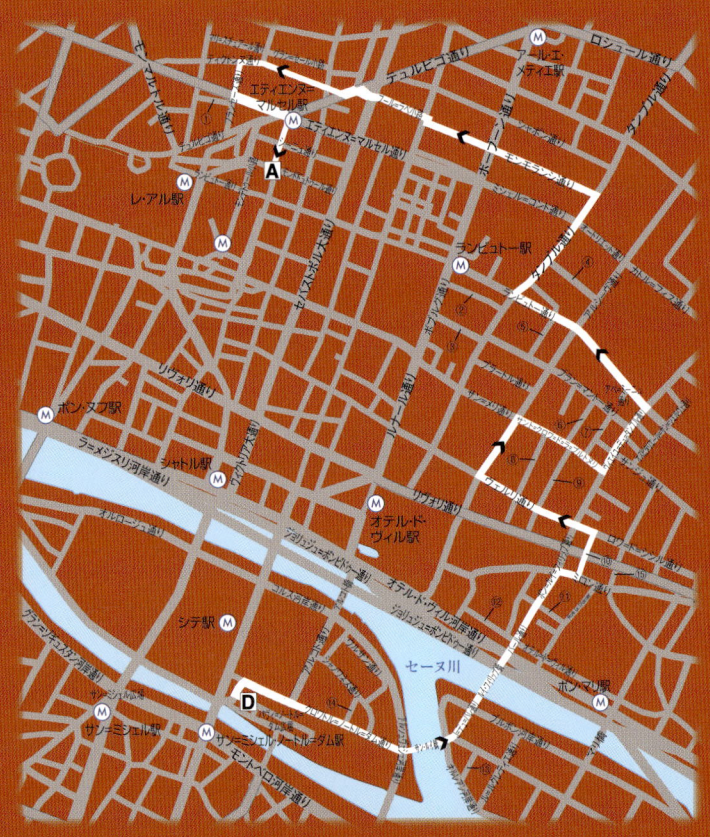

①モーコンセイユ通り
②ジョフロワ＝ランジュヴァン通り
③シモン＝ル＝フラン通り
④ブラック通り
⑤ペレ通り
⑥オブリオ通り
⑦キュミット通り
⑧ムシ通り
⑨プール＝ティブール通り
⑩クロシュ＝ペルス通り
⑪グルニエ＝シェル＝ロー通り
⑫オテル＝ド＝ヴィル通り
⑬ブタレル通り
⑭マシヨン通り
⑮ティロン通り

カジモドの周遊

姿を消した礼拝堂

　1163年に建設がはじまり、2世紀近くたってから完成したノートル＝ダム司教座聖堂の前。当初の周囲はこの広場とは似てもにつかないものだった。聖堂の壮大さを強調するため、広さは今の6分の1と小さかった。大聖堂に近づくには、いくつもの礼拝堂や木骨軸組の家々に沿った迷路状の小路を抜けなければならなかった。やがて大聖堂が見えてくる。まず、堂々たるバラ窓が眼前に立ち上がり、それから見る者を圧倒するような威厳のある全体が出現するのだった。19世紀に建築家のヴィオレ＝ル＝デュク［1814–79］が修復を行った際、広場を拡張して視界を確保するため、大聖堂前の家や商店、礼拝堂などを撤去するとの決定がなされた。だが、それは不運な措置だった。ノートル＝ダムが、まさに「砂漠の真只中ではぐれた巨像」と化したからである。しかし、その広場の帯状につらなる石畳は、かつてそこにあった通りや17の礼拝堂、さらに大聖堂の前身であるサン＝テティエンヌ司教座聖堂があったことを示している。ル・グロ・トゥルノワ、ラグニュス・デイ、ラ・マルグリット、ラ・クロワ＝ド＝フェール…。これらはそこにきざまれた礼拝堂の呼称である。

→出発地点はノートル＝ダム司教座聖堂前広場の、考古学的にも価値のある地下納骨堂の入口［D］近くである。

→アコル通りを進み、シャノワネス通りを右折したらすぐに左折してコロンブ通りに入る。

鳩の伝承

　4番地の地面は、舗石が二重になっている。これはガロ・ロマン期に要塞化された市壁の場所と厚さを如実に示している（p.39参照）。コロンブ（鳩）という通りの呼称は、13世紀のある伝承を想い起こさせる。1羽の牡鳩が廃墟となった家の下に埋もれた牝鳩をなんとか助けようと、口にくわえた種を投げあたえ、藁を用いて水を飲ませた、という伝承である。この才気に満ちた救出劇は、おそらく当時の人々の心をゆさぶった。4番地の建物の門扉とウルサン通りの角にみられるふたつのレリーフは、その伝承を今に伝えている。

→右折して、フルール河岸通りを進む。

エロイーズとアベラール

　9番地には、パリ版ロメオとジュリエットとでもいうべき、エロイーズ［1101–64。パラクレー女子修道院長］の叔父で、アベラール［1079–1142。サン＝ドゥニ修道院長］に部屋を貸していた、司教座聖堂参事会員のヒュルベール［姪とアベラールの年の差がある秘密の

結婚に憤り、人を介してアベラールを襲わせて、その局部を切除させた］が住んでいた。このふたりの恋人たちは、門扉の外壁にあるメダイヨンによって不滅の生を得ている。

→狭いサン＝ルイ橋を渡ってジョアキム＝デュ＝ベレ通りに入り、ルイ＝フィリップ橋を越える。この通りを端まで行ってから、フランソワ＝ミロン通りを右折する。

メゾン・デュ・フォシュールとメゾン・デュ・ムトン

それぞれ「草刈人（フォシュール）の家」、「羊（ムトン）の家」［呼称はいずれもその看板の絵柄から。前者は11番地、後者は13番地］とよばれるこの木骨軸組の高い建物２棟は、15世紀すでにあるが、おそらく原型は14世紀にまでさかのぼる。いずれもこれまで数度改修されている。当初、13番地の建物には張り出した切妻壁があった。しかし、パリのほかの建物同様、17世紀に、崩落を危惧した王令によってその部分が切りとられた。1607年には、やはりほかの建物と同様に、これら２棟にも火災の危険を防ぐために上塗りがほどこされている。そして1967年の修復時、その価値が再評価された。

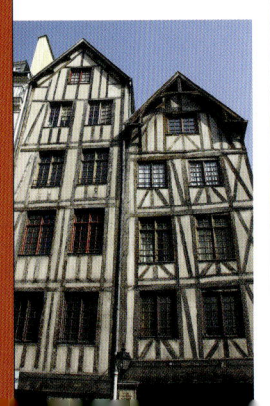

→クロシュ＝ペール通りに入り、リヴォリ通りを渡ってロワ＝ド＝シシル通りを左折し、そのままアルシーヴ通りまで直進する。それから上り勾配のこの通りを22番地まで行く。

ビイェット修道院

カルム＝ビイェット修道院は、原形のまま今に残るパリ唯一の中世修道院である。建物の規模はさほどでないが、多角形の支柱や繊細な彫刻がほどこされたヴォールト（穹窿）の要石が、フランボアイヤン様式の美しさを演出している。

→アルシーヴ通りを戻ってサント＝クロワ＝ド＝ラ＝ブルトヌリを右折し、ヴィエイユ＝デュ＝タンプル通りを左折してフラン＝ブルジョワ通りに出るまで進む。

エルエ館の小塔

円錐形の屋根がのった優雅な出隅の小塔は、16世紀初頭にフランス財務官をつとめたジャン・エルエの邸館［1510年竣工］のそれである。邸館の本体部は1944年８月25日の爆撃でかなりの被害を受け、のちに修復されたが、繊細さとは無縁の修復であり、かろうじて小塔だけが往時の記憶を今に伝えるだけとなっている。

→フラン＝ブルジョワ通りをさらに数十メートル［36番地まで］進む。

アルバレトリエ袋小路

申し分のないほど中世的なこの狭い路地は、かつてはフィリップ・オーギュストの市壁のすぐ外側に設けられていた、弩射手たちの訓練場へと通じる小道だった。1620年に建てられた持ち送り式のふたつの住居棟が、いまもなお路地の両側に沿って立っている。

→フラン＝ブルジョワ通りを戻り、そのままランビュトー通りに入る。それからタンプル通りを右に折れ、モンモランシ通りで左折して、51番地へ向かう。

切妻作りの家

このどっしりとした家は、「ニコラ・フラメルのオーヴェルジュ」という名でも知られ、おそらく現存するパリの建物としては最古のものとされる。1407年に建てられたこれは、作家で錬金術師でもあったニコラ・フラメル［1330頃−1418］とその妻ペルネルの持ち家だった［サン＝ジャック通りの書店主で代書人でもあったニコラは、施療院や教会、あるいは礼

拝堂に多額の寄付をしたところから、ひそかに卑金属を貴金属に変えているとの噂がたった]。ふたりは慈善家としても知られており、ここに貧しい農業労働者を住まわせていた。家賃はいっぷう変わっていた。毎日、主の祈りとアヴェ・マリアを唱える。これが家賃替わりだった。正面入口の胴蛇腹にはそれを証明する文言がきざまれている[「われわれ男たちや耕作人たちは、1407年に建てられたこの家のポーチに住む。各人は毎日１回、主の祈りとアヴェ・マリアを唱えて神に祈り、故人の罪の赦しを乞うことで、面倒をみてもらえる。アーメン」]

→モンモランシ通りを進み、サン＝マルタン通りを越えてブール＝ラベ通りに入る。そして、セバストポル大通りを渡ってブール＝ラベ、グラン＝セールの２本の小路を抜けてから左折してティクトンヌ通りへ向かい、さらに左折してフランセーズ通りに出る。そこからエティエンヌ＝マルセル通りに入ってジャン＝サン＝プールの塔をめざす。

ジャン＝サン＝プールの塔

　中世のパリで要塞化された民間の建造物のうち、唯一原形を完全に保っているこの塔は、ジャン＝サン＝プール[1371-1419。ブルゴーニュ公ジャン１世。豪胆王フィリップ２世の長子で、無畏公と称された]が建てた[1409-11年]ブルゴーニュ館の最後の名残である。彼は１歳年下の従弟で政敵でもあったオルレアン公ルイを1407年に暗殺したあと、「無畏」という異称にもかかわらず、自分の身を守ることに汲々としていた。ここを訪れれば、新鮮な驚きを禁じえないはずだ。螺旋階段の天井ヴォールトが石のレース状となっており、洗練された各部屋には、汚物を管で地下の穴まで落とす快適なトイレまでがそなわっているからである[暖炉の裏に置かれて暖房効果を利用したこの室内トイレは、パリ最古のものとされる]

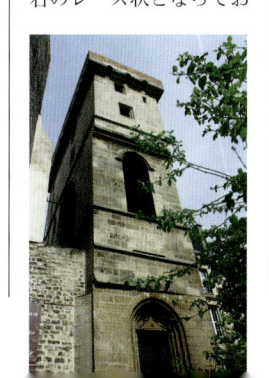

→エティエンヌ＝マルセルの地下鉄駅からピエール＝レスコ通りに入り、グランド＝トリュアンドゥリ通りの交差点まで行く。

ミラクル小路

　グランド＝トリュアンドゥリ通りはかつてパリの12個所にあったミラクル（奇跡）小路のひとつを想い起こさせる。この呼称は、日が落ちると、体に障害をもつはずの哀れな者たちが、足どりも軽く元気に戻ってきたことに由来する。彼らはそれぞれに専門があった。たとえば仮病人は通りの角で失神を演じ、足萎えたちは松葉杖を用いて辛そうに歩き、コキヤール[字義は「着衣に貝殻(コキユ)をつけた者」]はみずから物乞い巡礼者を演じて金銭をせびっていた。なかには癲癇や麻痺をいつわったり、火傷で変形した足で地面を這ったり、傷痍軍人になりすましたりする者もいた。彼らには独自の掟と言葉があり、ラゴ（Ragot）——フランス語の「隠語」（argot）はこの語から派生している[より正確にはarguer「金をせびる」ないしargoter「かっぱらう」から]——とよばれる長もいた。さらに、フランソワ１世の時代［1515-47年］には、グラン・コエストル[字義は「物乞い・浮浪者たちの長」]も登場した。彼ら物乞いたちは毎晩あがりのなにがしかを長に上納し、残りで宴会を開いた。彼らの掟には、翌日には何も残さず、すべて飲み食いに使わなければならないとの定めがあったからだ。都市のなかの町ともいうべきこうした奇跡小路には、1560年当時、４万もの住民がいたという。だが、1667年、これらの小路は、ときの警察総代官ラ・レニ[p.28参照]によってすべて撤去された[奇跡小路の詳細については、蔵持著『シャルラタン』（新評論、2003年、第３章注）やベルナール・ステファヌ『図説パリの街路歴史物語』（蔵持訳、原書房、2010年）を参照されたい]

第7章
不思議な噴水

　中世から19世紀まで、パリの住民たちは下水渠がそそぐセーヌ川の水を飲んでいた。やがて、この川が汚れると、さほど澱んでいない井戸水を飲むようになる。パリは盆地の中央部に位置し、低い地区では4～5メートル、高い地区では6～7メートルの深さに不透水層を有している。そのおかげで、市内各所に多くの井戸を掘ることができた。これらの井戸水はセーヌの川水よりよかったが、そこに投げこまれる動物の死骸や悪臭、汚物などのため、やはり汚染をまぬがれえなかった。

　これに対し、丘の上に位置するメニルモンタンやベルヴィルといった村の住民は、泉の恩恵にあずかっていた。12世紀になると、これらの泉に水路が設けられ、これを用いて右岸の私邸や公共の給水泉に水が供給されるようになった。15世紀初頭には17基あまりだった公共給水泉は、今日では大小合わせて230基を数える。その大部分は第二王政期につくられている。オスマンの大規模都市改造によって灌漑がなされ、真水が大量に入手できるようになったからである。オスマン［1809-91。彼はかねてより支持していたナポレオン1世の甥ルイ＝ナポレオン、つまりナポレオン3世（1808-1873）が、1852年の国民投票で皇帝位につくと、翌年、セーヌ県知事に任命され、パリの大規模な都市改造を行った。これにより、シャンゼリゼ大通りをふくむ凱旋門の放射状道路網などが整備され、パリの交通・物流がいちじるしく改善された］は、土木技師でパリの水利局長だったウジェーヌ・ベルトラン［1810-78］とともに、泉の水を家々に、川の水を公共の用途（噴水、消火栓、道路掃除など）に別々に引くという、先駆的な給水システムを実施した。

　パリ市民によく知られた噴水のなかには、きわめて独創的なものがいくつかある。

イヴリ大通り、13区（p.76参照）

不思議な噴水

サン＝トノレ通りとアルブル＝セック通りの角、1区

裏と表に

　表側はメディシス、裏側はレダ。リュクサンブール公園にはこのふたつの面をもつ噴水がある。正面はメディシスの泉で、長さ5メートルの池に沿って壺がならべられている。その小祠のなかには、自分を誘惑しようとする一つ目の巨人ポリュフェモスから怒り狂った目を向けられた、海の妖精ガラテイアが羊飼いの恋人アキスに抱かれている像がある。1856年、この噴水の裏側に、それまでヴォージラール、サン＝プラシッド、ルガール通りの交差点にあったレダの噴水が移転された。

絞首台の十字架

　1521（1529?）年に設けられたクロワ＝デュ＝トラワールの噴水（給水栓）は、数多く行われた公開処刑の証人である。そこでは贋金作りを釜茹でにしたり、不正直な下働きの耳を殺いだりすることがなされた（1739年まで）。車刑や絞首刑もまた、通行人たちの面前で執行された。噴水のかたわらには十字架が建てられており、死刑囚たちはその前で最後の祈りを捧げていた。そして、この十字架の足もとでは、精肉商や露天の青果商たちが無断で商品をならべたものだった。

キュヴィエ通りとリンネ通りの角、5区

科学知らず

　キュヴィエの噴水は、彫刻家ジャン＝ジャック・フシェール［1807-52。代表作に遺作となったブルボン宮中庭の「法」の寓意像（1852年）などがある］の、巨大なブロンズ製彫像群に支配されている。1840年に完成したこれは、ライオンの背に腰かけた博物学（自然史）の寓意像である。足もとには、ワニやカワウソ、アザラシといった両生類の彫像が集まっている。これらはピエール・ポマトー［生没年不詳］の作である。ただ、彼は博物学にさほど関心をいだいておらず、一生のうち、ワニに近づいたこともなかったはずだ。あるいはそのためか、このワニは首をむりに90度も曲げた姿勢、つまりワニにとって形態学的に不可能な姿勢となっているのだ。

リュクサンブール公園、6区（下、右）

人間、だが、王ではない

　フォンテーヌ（噴水）・モリエールは、君主ではない人物を記念してつくられた（1844年）最初の噴水である。これはこの役者・劇作家［1622-73］が他界した家の近く（リシュリュー通り40番地）にある。彼の彫像には2体の寓意像がそえられている。モリエール作戯曲の題名がきざまれた羊皮紙を手にした、道徳劇と喜劇の寓意像である。

ベルヴィルのルガール

　不浸透性の粘土質の土でおおわれたベルヴィルの丘の上には、さまざまな源泉をもつ小川が流れている。ここにブドウ園を有していたサン＝マルタン＝デ＝シャン修道院の修道士たちは、12世紀、水路を掘って小川を貯水槽まで導いた。こうして現在国立工芸院［1794年創設。3区］が建っている場所にあった、彼らの修道院に水が供給されるようになった。この水路は複雑なもので、ところどころに「ルガール」［字義は「視線」］、すなわち水の流れを監視する小建築物が置かれていた。商人頭［現在の市長に相当］や市参事会員たちは、それぞれ年に1回、監視の役を引き受けなければならなかった。彼らはルガールの中に入って水の清浄度を検査し、味見をし、さらに水路沿いの住民が隠れて流れを変えたりしていないことを確認していた。今日、こうしたルガールは18基残っているが、そのうち8基は外見でそれとわかり、残りは建物の陰になっているか、上からおおわれている。簡単に近づくことができるのは、ランテルン、メッシエ、ロケット、ルリジュー・ド・サン＝マルタンのルガールで、後3者はカスカド通りにならんでいる（17、41、42番地）。

鉄分をふくむ水

　1830年代から、技術

ルリジュー・ド・サン＝マルタンのルガール。カスカド通り42番地、20区

ランテルヌのルガール。ベルヴィル通り213番地、20区

地名はベルヴィルやメニルモンタン地区（20区）の浄水の記憶を今に伝えている。カスカド（滝）通り、マール（水溜り、沼）通り、リゴル（水路）通り、デュエ（湧水）通り、クール＝デ＝ヌ（小川の庭）通りなどのように、である。

ポール＝ヴェルレーヌ広場、13区

RER（首都圏高速道路網）のポール＝ロワイヤル駅、シャトレ方面プラットホーム、14区

ルイイ公園、12区

賞賛すべき注意

　1895年、ポール＝ロワイヤル駅が建設されたが、その作業員たちは、多くの妊産婦が、1890年に創設された新しいボードロック産院におもむく際、駅舎のプラットホームを通ると考えて、細心の注意をはらった。プラットホームの上に広い部屋を用意し、その中央に鋳鉄製の給水栓をそなえたのである。だが、妊産婦たちがそこで咽喉の渇きを癒したのは短期間だった。時がたつにつれて水がはっきりと変質してしまったからである。ポール＝ロワイヤル駅の赤く塗られた給水栓の張り札には、それを物語る次のような文言が記されている。「危険ゆえ、飲むべからず」。今日、この給水栓からは1滴の水も出ない。水がすっかり干上がっているからである。

泡立つ水

　2010年9月、ルイイ公園の公共給水栓が炭酸水を放出しはじめる。格別の水脈が見つかったわけではない。パリ水系の水をあらかじめ冷やしておき、小屋のなかで、これに人工的に炭酸ガスをくわえたものである。この操作の目的は、パリ市民たちが、エコロジーとはほとんど無縁のボトル入り水を買うより、こうして改良された市の水を消費するよう促すところにあった。

が進歩して、パリでも6個所以上で掘り抜き井戸（自噴井）を掘ることができるようになる。それには深さ600メートルにあるアルビアン帯水層まで掘らなければならなかったが、これにより、多少鉄分をふくんだ浄水をパリ市民に供給できた。こうして1841年、最初の井戸がグルネル地区で、ついでパシー（1861年）で掘削され、後者の水はブーローニュの森の灌水とその沼への注水に用いられた。さらに1866年には、新たにパリに併合された地区に水を供給す

ラマルティヌ小公園、16区

るため、ビュット＝オー＝カイユの井戸の掘削もはじまった。あまった水は、暑い夏季にしばしば水が枯渇するビエーヴル川を満たすべく送られることになったが、掘削作業はさまざまな困難をかかえて思うように進まず、ようやく初期の予定が達成できたのは、1903年になってからだった。そのあいだ、幸いにも地区の家々は流水を利用でき、ビエーヴル川は一部暗渠化された。こうして利用可能になった1日あたり6000立方メートルの水を用いて、1924年には入口にシャワーを常備し、水泳指導も義務づけられた水浴場がつくられるようになる（いまもなおこれはプールとして用いられている）。グルネルの井戸はすでにないが、パシーとビュット＝オー＝カイユでは、今でもぬるく鉄分をふくんだ水を味わうことができる。

ウァラスの給水栓

ストラヴィンスキー広場、4区

　1871年のプロイセン軍によるパリ攻囲は、市民を青ざめさせ、文字通り渇かせた。数多くの水路が破壊されたため、飲料水が不足し、値段が高騰したのである。酩酊への誘惑も、とくに貧しい者たちに著しかった。幸いなことに、当時は慈善の空気が強かった。イギリス人でフランス好きな大富豪の跡取りリチャード・ウォーレス（ウァラス）卿［1818-90］もまた、そうした空気に貢献したひとりだった。バガテル［ブーローニュにある城館で、世界的に知られるバラ園がある］の所有者でもあった彼は、パリ市民たちに「50個所の公共水飲み場」を提供する。みずからその雛形をデザインし、素材には丈夫で大量生産が容易な鋳鉄を選んだ。製作は、オート＝マルヌ県のヴァル＝ドーヌにあるいくつかの鋳物工場が担当した。こうして1871年、ラ・ヴィレット大通りに最初の水飲み場が給水を開始し、「4人女のカフェレストラン」の水をわれ勝ちに味わおうとする者たちで混雑した。熱狂は瞬時に起こり、長く続いた。1876年、一部の地区の通行人たちは、これら水飲み場にそなえつけのカップを手にするまで、5分ものあいだ列を作って待たなければならないと苦情を申し立てていた。たしかに最初期の「ウァラスの泉」には、衛生上の理由で1952年に撤去されるまで、錫製のコップが鎖でとりつけられていた。ウァラスの泉には4通りのモデルがあり、それらがパリの舗道を互いに分けあっていた。「グラン・モデル」、小円柱型モデル、壁にはめこみ式モデル、そして単純型モデルである。

もっともけたはずれな噴水

　だれもストラヴィンスキーの噴水ないしオートマト（自動人形）の噴水に無関心ではいられない。これはロシアの作曲家イゴーリ・ストラヴィンスキー［1882-1971］に捧げられたもので、彼は1913年5月29日、シャンゼリゼ劇場での『春の祭典』初演時に世間の驚愕をかっている［この上演ではディアギレフとニジンスキーがチームを組んだ］。その前衛的なリズムや挑発的なふりつけに衝撃を受けた批評家たちは、当時、これを「春の災典」とまで酷評した。

　ストラヴィンスキーの噴水ではすべてが動き、回転し、水しぶきを上げている。水で動く16点の作品は、1983年、ジャン・タングリ［1925-91。スイス出身の彫刻家・画家・デザイナー。とくにキネティック・アートで知られた］とニキ・ド・サン＝ファル［1930-2002。女流歌手・画家・彫刻家・映画監督］の想像力から生まれたものである。ふたりは生活をともにしながら、しばしば共同制作も行い、後者は「紙粘土」のようにポリエステルを細工した極彩色の彫刻、前者は幻想的な機械仕掛けを請け負った。この噴水にみられるそれぞれのオブジェは、ストラヴィンスキーの作品に依拠している。たとえば、ト音、ナイチンゲール、火の鳥、おどけて長い鼻であいさつする象、螺旋状にとぐろを巻く蛇、丸く回転する赤い恋心…などである［「噴水のダンス」（p.148）参照］。

不思議な噴水

セーヴル＝ルクールブ駅、15区

レミュザ通りとミラボー通りの角、16区

ジョフロワ＝サン＝ティレール通り59番地、5区

「グラン・モデル」

　高さ2.71メートルのこれは寓意的なもので、そこでは4体の女像柱、すなわち目を開けた像、閉じた像、膝をついた像、チュニックをまとった像が鱗紋のドームを支えている。これらの女像柱はそれぞれ善意、節制、慈悲、素朴さを象徴する。パリにはこうした給水栓が108個所ある。

小円柱型モデル

　もはや2基しか残っていないため、このレミュザ通りとミラボー通りの角にあるモデルはさほど知られていない。比較的小さなサイズ（高さ2・

アラン＝シャルティエ通り、15区。ここには数メートル離れて、ウァラスの2通り（大小）の給水栓が設けられている。

5メートル）で、「グラン・モデル」の妖精たちは、制作コストを抑えるためか、優美な柱にとって代わられている。

壁はめこみ式モデル

　現在、はめこみ式モデルの給水栓は、かろうじてジョフロワ＝サン＝ティレール通りに1基残っているだけにすぎない。

単純型モデル

　パリ市内の小公園入口には、押しボタンつきの給水栓が21基あり、それぞれが散策者たちの咽喉の渇きを潤している。これらの上には、若干の例外を除いて、規約にしたがってパリ市の紋章がきざまれている。アンヴァリッド広場とルイイ公園のそれは例外で、側面には何もない。

巻貝文に飾られた貝殻状の水盤で、その台座にはヴァル＝ドーヌにある鋳物工場の名が読みとれる。これらの給水栓はかなりの成功をおさめ、鋳物工場同士は互いに競合しながら市場を独占し、次々とコピーをつくっていった。

色彩コード

　リチャード・ウォーレスがパリ市に給水栓を提供することを決めた際、市当局はこれを喜んで受け入れたが、その色については主張を曲げなかった。当時数を増しつつあった小公園の植生と調和するように、給水栓は地味な緑色でなければならない。そう主張したのである。やがてだれもがこうした給水栓を日々目にするようになる。それゆえ、突然ウォーレスの赤や黄色、さらにバラ色の給水栓が登場したときは、皆驚きを禁じえなかった。この奇想は2011年の春、3基の給水栓を設置した13区の意図によるもので、それぞれの色が設置場所と直接関係づけられていた。すなわち、赤い給水栓はアジア人の居住区に、黄色のそれは巨大な風車がまわる場所の麦として設けられた。ただ、バラ色の給水栓は国立図書館近くに置かれた。なぜか。あるいはそれは「バラ色文庫」[アシェット社が1856年から刊行をはじめた子ども向け叢書]ないし好色文学を暗示しているのか。いずれにせよ、こうした新型はたんに一時的なものとしか思えない。

■ほかに
イヴリ大通り、13区（p.70参照）、ピエール=ヴィダル=ナケ遊歩道、13区

ジャン=アヌイ広場、13区

井戸

記録的な井戸の数

　1875年の調査によれば、当時、首都の井戸は3万を数えていたという。まさに記録的な数である。だが、以後、その数は建物への給水設備が普及したこともあって減少の一途をたどった。全仏歴史・地方遺産保全委員会は現在もなお見事なリストを作成しているが、それによれば、地上にあって見えるもの、あるいは個人宅の地下に掘られたもの、石組み（補修された）ないしそれ以外のもの、縁石があるものないしないもの、円形ないし卵形のもの、滑車がついているものないしないものなど、あわせて358基が現存しているという。

1 シェル=ルコント通り16番地、3区。14世紀のオーヴェルジュの一部だった田園風中庭に残るキヅタにおおわれた共用井戸。

2 クリュニー館中庭の井戸。ソムラール通り24番地、5区。縁石と鉄製の枠は15世紀のもので、かつてここは、アンボワーズ近く、シャルル8世の居城で銀食器監督官をつとめていたフランソワ・ソヴァージュ[生没年不詳]の邸館だった。

3 パリ植物園の高山植物園、5区。めずらしくなった井戸がなお健在で、庭師たちがそこから散水用の水をくんでいる。ただ、その滑車は現在使われておらず、クレマチスの茂みに隠れている。

4 デュスー通り25・27番地。通りに面して小さな石造りの井戸が2基あり、その一方にはなおも木製の滑

揚水ポンプ

　自由地下水が10メートルより浅いところにある地区（マレー＝タンプル地区）では、16世紀末から揚水ポンプが広く用いられてきた。たしかにこのポンプは、井戸水をくみ出すためにロープや滑車を使うより簡単かつ実際的だった。こうした揚水ポンプが、1880年頃には2000基を数えるまでになった市内の給水栓に水を送っていたのである。これらは大部分が建物の敷地内にあって、住民たちの便に供せられてきたが、通りや小公園にも設置されていた。やがて20世紀初頭に建物の階上部にまで加圧水が届けられるようになると、揚水ポンプは時代遅れなものとなり、第1次・第2次世界大戦時に大量に撤去・解体される。鉄素材を軍事用に用いるために、である（その機械部は鉄製で、銅で囲まれていた）。今では原形をとどめるポンプはどこにも見られないが、それでも一部の要素が多少とも手つかずないし切断された83基の「遺物」が、なおも中庭や裏庭に残っている。

車がついている。
5 ヴィヴァニ小公園、5区。旧リオン館にあった半月形の井戸。
6 ロアン小路［作曲家サン＝サーンスが生まれたここには、画家バルテュスがアトリエをかまえていた］、6区。ここには鉄の滑車と一段高くなったガーゴイルつきの縁石がある（小路が1メートルほどもちあげられたため）。

■ほかに
ピクピュス通り35番地

1 マイユ通り25番地ないしポール＝ルロン通り7番地。2区
2 タンプル大通り10番地（中庭内）、11区
3 サン＝タンドレ＝デ＝ザール通り47番地、6区

■ほかに
フォブール＝ポワソニエール通り58番地、10区やカルディナル＝ヴェルディエ小公園、15区

不思議な噴水

第8章
都市の記号論

散策者の目を奪うほどの驚きをあたえてくれるのは、巨大建造物の構造や壁面の装飾だけではない。道路の表示板もまた首都パリの波乱に富んだ歴史を大いに語ってくれるのだ。番地の表示法もきわめて示唆的である。あるかあらぬか、気がつくと、古めかしい文字で記された琺瑯引きの表示板を、さながらだれか顔なじみでもあるかのように探したり、偲んだりしている自分がいる。

モンカルム通り14番地、18区
（p.89参照）

通りの表示板

プルティエ（Poulletier）通り（4区）は、サン＝ルイ島の不動産開発業者だったクロストフ・マリスとともに島を開発した、ル・プルティエ（Le Poulletier）［もとはスイス衛兵隊の会計係］にちなんで命名されている。

石版

1729年、通りの名前を建物の外壁に組みこまれた石版にきざむべしとの条例が出される。だが、それはただきざめばよいというものではなかった。文字は黒い線刻で縦2プース半［1プースは約27センチメートル］、石版は1本の溝で枠取りされなければならなかったからだ。こうした類似の石版は、したがってこの時代のものといえる。

古い呼称

通りの名はときに改称されもした。とくにそれがいちじるしかったのは、

モルテルリ通りはオテル＝ド＝ヴィル（市庁舎）通りとなった。この道路表示版は95番地にいまもみられる。（左）

ウィエイユ＝デュ＝タンプル通りは、かつてヴィエイユ・リュ・デュ・タンプルとよばれていた。（右）

フランス革命期と1860年の周辺地域のパリ併合時である。革命期では、国王や聖人を想起させることがうとまれ。そうした危険をおかした不運な道路表示板は、通りの名が完全に削りとられた（次項参照）。併合時には、周辺村落を市域に組みこんだために大きな混乱が生じた。これにより、パリには教会通り10本と同名の大通り5本などが生まれた。しかじかの名士をたたえるため、あるいは善意から通りの名が改称されることもあった。いったいだれがポワル＝オ＝コン［字義は「愚か者の毛」］通りに住みたいと思うだろうか（この通りはのちにペリカン通りと改称された）。ただ、こうした場合、混乱を避けるために、表示板を変えただけで、除去したりはしなかった。それゆえ、ときにはふたつの異なる呼称、つまり新旧の名でよばれる通りがみられた。市吏たちの悪ふざけなのか、あるいは軽率さに由来するのか。おそらくはむしろ、歴史的ないし審美的な旧称の特徴を残そうとする、賞賛すべき善意によるものだったと思われる。

■ほかに

ルジャンドル通りとル通り、旧サン＝ルイ通りとオルレアン通りの角［17区］にある道路表示板。

ヴォルテールの怒声

カンディード［ヴォルテール作『カンディード或は楽天主義説』（1759年）の主人公］の生みの親が、よけいなお節介をするまで、アンパス（袋小路）は「キュル＝ド＝サック」［字義は「袋の尻」］とよばれていた。「わたしが思うに、通りは尻にも袋にも似ていない。それゆえ、崇高で音の響きもよく、知的で、しかるべきアンパスという語を用いてほしい」。1759年、ヴォルテールがそう激しく力説したのだ。やがてこの提言は受け入れられたが、それでも一部の「キュル＝ド＝サック」は網の目をかいくぐって存続した。今ではその道路表示板を、「アンパス」と記された新しい道路表示板の脇に目にすることができる。

ブフ・キュル＝ド＝サック（4区）は一度たりとアンパスに改称されることはなかった。（上）
オテル＝ダルジャンソン袋小路、4区（下）

■ほかに
ポワソヌリ袋小路、4区、エリゼ＝ドリヴォン（旧サランブリエール）袋小路、5区

都市の記号論

革命時のかき削り

　1792年8月14日、国民公会は「封建制と俗信のしるしの削除」を求めるデクレ（行政命令）を議決する。こうして公共建造物にきざまれたフルール・ド・リス［フランス王権を象徴する百合（正確にはアイリス）の紋章］をはじめとする王権の象徴が消され、道路表示版に記された通り呼称から、聖（人）を示すSaint（サン）ないしSt.という語も削りとられた。同様の措置は地下の採石場（！）でも実施された。Roi（国王）という文字も削除された。国王が地上における神の代理だったからである。規定通りに行われたこの措置の名残はいまもみられるが、やがてナポレオン1世はカトリック教会との協約の証として、1802年、聖人名の復権を認めた［1801年、皇帝ナポレオンはローマ教皇とコンコルダート（政教協約）を結んでいる］。そこで石工たちはSとT(t)の文字を、かつてそれらがかき消された個所にふたたびきざむようになった。だが、一部の表示板について、その作業を忘れてしまった。サン＝セヴラン通りとエリズ＝ドリヴォン袋小路の角にある表示板のように、である。

1 サン＝ジャック通りの地下廊、5区
2 サン＝タンドレ＝デ＝ザール通り、6区
3 サン＝マルタン通りとヴェルリ通りの角、4区
4 サン＝セヴラン通り、5区

残存物

　こうした虐殺をまぬがれた王権の象徴は数少ない。バイユ通りとアルブル＝セック通りの角にきざまれたふたつのフルール・ド・リスは、奇跡的に残ったものである。そこにはSGの文字が記されているが、これは18世紀に国王の命で実施された道路調査時に用いられた目印である。コンコルド広場とボワシ＝ダングラ通りの角にあるクリヨン館の外壁には、1826年から28年までこの広場の呼称だった「ル

ディストリクトとセクシオン

　1789年のフランス革命当時、パリは60のディストリクト（区）に分けられており、90年には48のセクシオン（自治区）に再編された。1795年10月11日の法律によって、それはさらにそれぞれ4つのセクシオンからなる、12のアロンディスマン（現在の区）にあらためて再編されている。石壁にきざまれた一部の道路表示には、いまもディストリクトやセクシオンの地番がみられる。

ヴィド＝グセ通り、2区。かつてここはマイユ・セクシオンに属していた。

イ16世広場」の名を記した表示板が、ガラス板で守られていまも貼りつけられている。これは革命期にまでさかのぼる表示の最後のひとつである。

ささやかなファンタジー

　一部の反抗的な道路表示板は、それ自体にくわ

バイユ通りとアルブル＝セック通りの角、1区
右下右：コンコルド広場とボワシ＝ダングラ通りの角、8区

都市の記号論

プロヴァンス通り22番地、9区

えて、その独創的な美しさでもきわだっている。建築家ないし家主のこだわりを示すそれは、一方で規則的な記号性をおびてもいる。これらの表示板はとりわけ瀟洒な地区にみられる。メルスド大通りはコロネル＝ボネ大通りに改称されているが、それまでの青色と金色のモザイクからなる見事な表示板を、だれひとりとりはずそうとは思わなかった。一方、アガール通りはほとんどがエクトル・ギマール［1867-1942。フランスを代表するアール・ヌーヴォー様式の建築家。代表的な建築に16区の低家賃集合住宅「カステル・ベランジェ」（1898年完成）がある。第23章参照］の設計になるもので、彼は細部にまで気を配り、道路表示板まで独特のものにした。パリ＝ドルオ郵便局の外壁に貼りつけられた道路表示板は、プロヴァンス通りの名が青地に白抜きの文字となっている。そのまわりの文様は、あるいは南仏プロヴァンスの太陽を表しているのだろうか。

火山石、鉄…そして木製の道路表示板

1823年、それまでの石板による道路表示板に代わって、黒地に白抜き文字の鉄製の表示板が、ついで44年には、群青色の地に白抜きの文字を配した、琺瑯引きのヴォルヴィック産火山岩の表示板が用いられるようになる。そして1876年、デクレ（行政命令）によって、通りの名の上に当該区の番号を記すことが

サン＝ポール通りとアン＝タントワヌ通りの角にある木製道路表示板、4区（上）
サン＝ポール通り28番地のヴォルヴィック産火山岩製表示板、4区（下）

定められた。1932年になると、この形式はさらに進化する。すなわち、地の青色を群青色に変え、緑がかったブロンズ色の枠は細い白と黒の線で陰影効果を出し、さらに琺瑯引きの鉄板の四隅をロザス（円花文）で飾るようになるのだ。これ以後、市当局は木製の表示板を設置することはなかった。その理由は容易に理解できるだろう。ただ、面妖なことに、マレ地区に残る表示板は木製である。経年の風雪で表面が傷んでいるこれは、あきらかにかなり古いものといえる。石壁の組積にすっかり同化しているからである。

新旧対立

コンピュータがなかった時代、道路表示板はほぼ手作りで生産されていた。そこでは表示板のサイズと呼称文字のレイアウトをいかに調和させるかの配慮がなされた。
　コンピュータが登場するようになると、文字を等間隔にならべただけの、審美性を無視した至極平凡なレイアウトの表示板が作られるようになる。歩道の反対側からでも読みとれる特性も優先されなくなった。たとえばフォブール＝モンマルト通りとシャトーダン通りの角にある表示板がそれで、そこでは文字の間隔をつめて青地の枠内に入れているかのようでもある。同様の見苦しさは、ノートル＝ダム＝ド＝ルクーヴランス通りの表示板にもみられる。通りの名の長さに比して表示板のスペース不足。まさにこれがパリの問題となっているのだ。

ジャコブ通り、6区（上）
フォブール＝モンマルト通り、9区（下）

石工の誤り

器用さと細心さ、さらに正確さが求められるむずかしい職業である石工が、あろうことか誤りを犯している。グラン＝オーギュスタン河岸通りとセギュイエ通りの角の道路表示板がそれで、あるいは疲労困憊していたためか、石工がNを逆にИときざんでしまったのだ。ジャン＝ボージール通りの表示板を手がけた石工も、スペースの計算をまちがえている。そのため彼は、ボージール（Beausire）のRの上にEをきざまなければならなかった。さらに、サン＝ペール通りの表示板では、サン（Saints）の略称をきざみなおす作業を請け負った石工が、正書法にのっとって作業したものの、この表記では通常は複数形をとるSaintsが、じつは単数だったことに気づいていなかった。

グラン＝オーギュスタン河岸通りと
セギュイエ通りの角、6区

ヴィクトル＝ユゴー大通り
124番地、16区

「その大通りのユゴー様」

詩人・作家のヴィクトル・ユゴー［1802-85］は、生前から宛名にこう記された手紙を受けとった唯一の人物である。80歳の誕生日からまもなく、彼が住んでいたエロー大通りは国民祭と同様に盛大に祝われ、ヴィクトル＝ユゴー大通りと改称された。その124番地にある道路表示板と彼の顔がレリーフされたメダイヨンは、1881年から84年まで、彼がそこに住んでいたことを想い起こさせる（ただし、番地は同じだが、建物は解体・再建されたものである）。

地下の誤字

どれほど経歴を積んでも、それからはのがれられない。おかしな誤字・誤植である。「舗石の下…」の文言がきざまれた道路表示板は歴史を担っている。最初の4行は石工の工房できざまれたため、まっすぐでよくまとまっている。やがて、この表示板は地下ないし地階にすえられたが、大通りが命名されると、そこに呼称の文字列が傾いたままくわえられた。彫師たちはしばしば無筆だったため、一文字ずつ手本をまねした。彼らがまちがえれば、親方がそれを直した。地下にはこの種のできそこないが数多く眠っている。わけても傑作な乱調は数字で、たとえば「1874年」という年代が、「8174年」（！）となっているのだ。

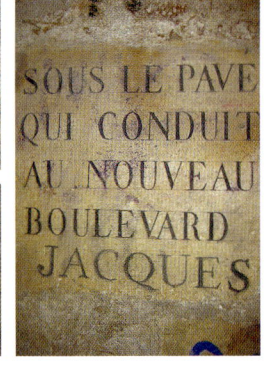

番地

想像力不足？

ＡＡ／12通り…。歩行者用の道にしてはいささか奇妙な呼称で、どことなく小惑星のそれを思わせる。さらに驚くべきことに、どうやら市当局は、ドメニル大通りとシャラントン通りを結ぶ全長60メートル、道幅6メートルのこの小路に、名前をつけようとしなかったようである。車両通行帯が敷設されたものの、いかなる呼称も思いつかなかった市吏たちは、1ないし2文字のコードとスラッシュ、そして街区の番号だけで命名したのだ。今日、こうした命名法は環状道路の進入ランプにしばしば用いられているが、市域内ではきわめてまれである。

ＡＡ／12通り、12区

コンコルド広場2・4番地、8区

位置情報としての色コード

18世紀まで、家には番地がつけられておらず、人は看板だけを頼りにしなければならなかった。1779年、ようやく番地が登場するが、それは今日のものとはまったく異なるものだった。家の上に記された番地は、通りの片側を連番で続き、端で折り返して、反対側に続くものだった。1805年、セーヌ県知事ニコラ・フロショ［1761-1826］はこうしたシステムを完全に変え、セーヌの流れに垂直な通りでは、その川岸を背にして左側は奇数番号、右側は偶数番号を向きあう形で対置させ、セーヌに併走する通りの場合は、上流から番号をつけ、下流に向かって左側が奇数、右側が偶数とした。これにより、人々の習慣化した方向感覚は混乱をきたしたが、この新しい原則をよりよく理解させるため、並走通りの番地はオーカー色の地に赤い数字、垂直通りのそれは同じ色の地に黒い数字で示すことにした。こうした色コードを用いた番地表示板はコンコルド広場にいまも残っている。しかし、これは変則的なもので、数字が赤や黒色ではなく、白抜きとなっている。

■ほかに
サン＝ジャック通り167番地、5区、サン＝ペール通り2番地、7区、コンコルド広場6・6の2・8番地、8区

グランシエール通り2番地、6区

ガランシエール通り1096番地

さほど長くないはずの通り［全長220メートル］に、なぜこれほどまでに大きな数の番地がつけられているのか。なかば消えかかっているその数字がきざまれたのは、フランス革命時のことである。当時、通りの番地はディストリクト（p.80参照）ごとにつけられていた。大きな数の番地が生まれた所以だが、いまもサン＝シュルピス教会の外壁にみられるこの1096という数字は、番地としてはほかに例がない。

ビエーヴル川の亡霊

ビエーヴル川が地表を流れていた時代、ギトン＝ド＝モルヴォー通りはそれと直交する形で走っていた。やがてこの川が暗渠化されると、通りは土地を獲得し、川幅10メートル分の上に10棟の家が建つようになった。今でも25番地から29番地にかけて、かつての番地（15-19番地）がみてとれるが、現在の11番地は往時の1番地に相当する。

ギトン＝ド＝モルヴォー通り25・29番地、13区

都市の記号論

街角の遺物・遺構から見たパリ歴史図鑑

ブランシュ通り82番地、9区

番地表示板

　油性ペイントでつけられた番号は、大雨ですみやかに消えてしまった。そこで1847年、青い琺瑯引きの番地表示板にとり替えられる。一方、石壁にきざまれたりレリーフ状に盛り上げられた番号も数多くみられる。番地の表示には、こうしてさまざまなファンタジーが君臨しているが、パリ市は番地が読みとれさえすれば、との条件つきで、それを積極的に認めている。ときにはサン＝ドゥニ袋小路［全長34メートル、道幅2.8メートル］のように、道幅があまりにも狭い通りでは、番地が建物の外壁から張り出している。同様の表示はアンジュー通りやマテュラン通りにもある。ただし、これらの通りはとくに狭いというわけではない。

サン＝ドミニク通り5番地、7区

■ほかに
トルビヤック通り16番地、13区
オテル＝ド＝ヴィル通り52番地、4区
フィユ＝デュ＝カルヴェール通り11・13番地、3区
マテュラン通り53番地、9区
コンヴァンシオン通り170番地、15区

不可解な番地

　パリの道路にかんする論理には、ときとして不可解なものがある。もっとも有名な事例がレンヌ通りのそれである。セーヌ左岸の再整備は河岸からはじまり、サン＝ジェルマ＝デ＝プレで終わった。その結果、レンヌ通りは途中で分断され、もともとの番地がそのまま残って、41・44番地からはじまることになった。サン＝ジャック通りも同様で、33番地の次が55番地となっている。これは通りがサン＝ジェルマン大通りによって分断されたことによる。アンジュー通りもまたしかりで、番地が唐突に39番地から51番地へととんでいる。奇妙な事例はほかにもある。サント＝マルト通り34番地はいきなりシャレ通り26番地となる。ヴィネグリエ通りは20・23番地からはじまる。通りの一部がジャン＝プルマルシュ通りとなった

サン＝ドミニク通り5番地、7区

ブルターニュ通り44番地（旧60番地）、3区

からである。その証拠に、ランクリ通りとの角には2枚の番地板が重なって貼りつけられている。前述のサン＝ドゥニ袋小路14番地には、たしかに番地を示す数字はある…が、入口がない［サン＝ドゥニ通り177番地のポーチから入る］。さらに、ヴィエイュ＝デュ＝タンプル通り110番地には、126という番地もきざまれている。サン＝ドミニク通りとブルターニュ通りでも、新旧の番地を併置することがより賢明だとみなされていた。

■ほかに
トルビヤック通り16番地、13区
オテル＝ド＝ヴィル通り52番地、4区
フィユ＝デュ＝カルヴェール通り11・13番地、3区
マテュラン通り53番地、9区
コンヴァンシオン通り170番地、15区

グロ・ニュメロ

　娼館を撤廃させたマルト＝リシャール法が施行されるまで、メゾン・クローズ［娼館。字義は「閉ざされた家」］はグロ・ニュメロ［売春宿。字義は「大きな番地」］とよばれていた［1946年に施行されたこの法律の呼称は、娼婦やスパイ

芸術家たちのパラダイスで

　ジュノ大通り3番地の入口を守るデジコード［暗号化した文字や数字を打ちこんで玄関扉を開ける装置］の居住者リストによれば、ここにはモディリアニやロダン、ルノワール、ゴヤ、藤田嗣治、ラファエル［むろん、すべて仮名］などが住んでいることになる。なんとすばらしい世界か。ここはまさに芸術家たちのパラダイスではないか。じつはこの建物は、平穏さを守るために逃げ道を見出した、映画や演劇関係のVIPたちのパラダイスなのだ。

ジュノ大通り3番地、18区

フォブール＝ポワソニエール通りにはほとんどつねにオテル・ド・パス（娼館）が立ちならんでいた。やがてそれらはド・パスの言葉が落ちてオテル（ホテル）となった。写真はフォブール＝ポワソニエール通り47番地、9区。（上）
サン＝シュルピス通り36番地、6区。この入口の狭い建物には、かつて娼館が入っており、金色と群青色のグロ・ニュメロがそれを告げていた。（下） 

から政治家になった提案者のマルト＝リシャール（1889-1982）にちなむ］。それまでの条例は、これらグロ・ニュメロに店構えをひっそりとしたものにするよう命じてきた。だが、隠れた顧客たちは通りに面したいくつかのしるしでそこが娼館であることを見定めていた。赤いランタンないしネオン、光沢のないガラス窓、光をとおさない鎧戸、格子越しないし「大きな番地」の上にあるのぞき穴などによって、である。このグロ・ニュメロは、文字どおり隣家の入口に貼りつけられた表示板の番地より大きなものだった。あるいはそれは行政の表示板に審美的な手がくわわった番地だったのかもしれない。

■ほかに
ラフェリエール通り3番地、9区
バリュ通り32番地、9区

古びた琺瑯引き表示板

カファレリ通り16番地、3区。琺瑯引き表示板に記された大量の情報［文言は上から「張り紙禁止、全館水道・ガス完備、16番地、全館ガス完備」］

全館水道ガス完備

かつてパリ市のガスは建物1階の管理人室やホール、さらに中庭の作業場にしか通っていなかった。やがて各階に立上がり管がそなえつけられると、各部屋にガス管が引かれるようになった。建物の正面に「全館ガス完備」と書かれた表示板が一気に開花したのは、まさにこの時期だった。それはアパルトマンの豪華さを証明し、その快適さと近代性をうたうものだ

水道が階上に通っていない場合は、この写真が示しているように、中庭ないし階段下の給水栓まで水をくみに行かなければならなかった。ドゥー=パヴィヨン小路、1区

った。借り手を惹きつけるぜいたくな生活のはじまりでもあった。同様に、セーヌ右岸では1865年、左岸では75年から全館に水道が引かれた。この水道の到来は、下水道の合流式（1894年に義務化）とともに普及し、中庭の給水栓まで水くみに行く労力を不要とした。排水溝の不快さも解消した。ただ、「全館ガス完

■ほかに
ジュマプ河岸通り84番地、10区
サンブル=エ=ムーズ通り52番地、10区
クロワ=ニヴェール通り160番地、15区
タルデュー通り8番地およびジャン=バティスト=クレマン広場8番地、18区
ガンベック大通り17番地、20区
フォブール=ポワソニエール通り13番地、10区
ノートル=ダム=ド=ロレット通り41番地、9区

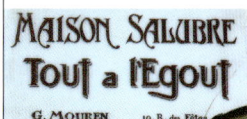

ムトン=デュヴェルネ通り18番地、14区［文言は「一部家具つきの家」］（上）ボートレイリス通り9番地、4区［「メゾン・サリュブル、下水道合流式」］（下）

備」の表示板がかなり広まったのに対し、水道のそれはさほどでなく、双方を貼りつけた建物はむしろまれだった。もしかすると、こうした表示板は、それを売って現金化するために盗まれてしまったのかもしれない。

近代的設備完備の家

ピガル地区には、建物が水道・ガス・電気のみならず、さらに一種のセントラルヒーティングまでそなえていることを自慢するかのような、青い

ペチオン通り12・14番地、11区［文言は「全館湧き水・セーヌ水」］

サン＝トノレ通り93番地、1区

琺瑯引きの表示板がある。かつて石炭ボイラは地下室にあり、その熱気は、壁にはめこんだ通気管ないし水道管によって階上に運ばれていた。グルネル地区の賃借人たちは、電気が通っていると自慢したものだった。現在、11区の幸運な住人たちは「全館湧き水・セーヌ水」を供給されている。さらにベルヴィルやマレ地区には、「メゾン・サリュブル」［健康な生活に適した家］に住むチャンスがある。ただ、アレジア地区の一部の住人にとって、快適さは不確定なものとしてある。「一部家具つきの家」に住んでいるからである。

マダム通り29番地、6区。不死鳥とともに表されているドラゴンは、火災保険会社のマスコットである

全リスク保険

最初の保険会社は18世紀に登場しているが、それが本格的に発展するのは19世紀に入ってからである。この時期、無数の保険会社が生まれ、その対象は難破や雹・霰ないし畜疫による被害など、しばしばきわめて細分化した分野に特化していた。たとえば、1838年に創設されたラ・セーヌ社は、馬や馬車による事故、1819年創設のル・フェニクス社は火災への保障を請け負った。さらに1828年開業のリュニオン社は生命保険、64年創設のプレゼルヴァトリス社はすべての事故を保障した。これら保険会社の社名入り看板は、その管理責任によって守られている建物の上に花開くようになるが、それは部屋を借りるかどうか迷っている者を安心させる、一種の宣伝効果をおびた方法となった。こうした看板や表示板は、多少とも内容がはっきりしている。

たしかに「MACL」という略称から、それが火災保険会社（Maison Assurée Contre l'Incendie）を意味している

リシュリュー通り45番地、1区［文言は「大保険会社ラ・コンフィアンス」］

アレクサンドル3世橋、右岸、8区

ことをいったいだれが理解できるか不明だが、同じ保険会社のラ・コンフィアンス社は、足元の左側に商品の包み、右側に農具を置いたまま、標柱にもたれかかっている若い女性をロゴに選んでいる。

■ほかに

ペルネル通りとサン＝マルタン通りの角、4区

エティエンヌ＝マルセル通り34番地、1区。建物はユニオン保険会社所有

ラグランジュ通り7番地、5区

サン＝セヴラン通り24番地、5区

モーブージュ通り15番地、9区

パラディ通り33番地、10区

ルクールブ通り61番地、15区

モンマルトル通り15番地、1区

禁令に注意！

効力があろうがなかろうが、禁令のなかには笑いを禁じえないものがある。たとえばサン＝ドニ通り226番地［ここには1685年に建てられたサン＝ショーモン女子修道院があった］の表示板は、

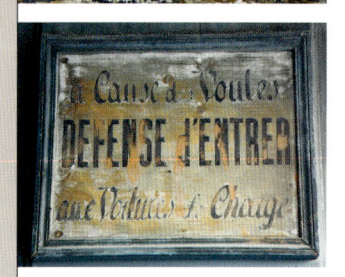

バロー小路、13区［文言は「バロー小路、私道、重量3000キログラム以上の車両（通行）禁止」］

サン＝ドゥニ通り226番地、2区

乗合馬車でポーチの下をくぐり抜けるという危険をおかす者に警告している。場所のルーフに積んだ商品がポーチの低い天井にぶつかって傷む惧れがあるからだ。アレクサンドル3世橋の下にも、ずうずうしくもここでカーペットの塵芥をふりはらう者にも対する警告板がある。3トン以上の乗り物で、無謀にもバロー小路に入ろうとする者は不運である。採石場の名残である穴があちこちに空いている地面が、その重さで陥没しかねないからである。さらに、ノートル＝ダム司教座聖堂の南塔には、次のような警告板がある。「壁や鉛板に落書きしたり、無断で鐘を鳴らしたり、塔の上からなにかを投げすてたり、ゴミを出したりすることは厳禁。違反者には罰金を科す」。同じ文言からなる警告は、ほかにも2個所にみられるが、いずれも19世紀にヴィオレ＝ル＝デュク［p.67参照］によって聖堂が修復されたときに記されたものである。

減速せよ：プルボたち

イル＝ド＝フランス自動車クラブが、テルトル袋小路に貼りつけた表示板、「減速せよ、プルボ［モンマルトルの腕白小僧］たちに注意」は、いささか笑えるものである。日中は歩道に人の群れがあるため、いかなる車もそこにあえて進入するわけにはいかないからだ。ただ、この表示板はモンマルトルとフランスの自動車産業との結びつきを強調している。テルトル広場とノルヴァン通りの角にあるもう1枚の表示版には、1898年12月24日、ルイ・ルノーの運転する石油燃料のヴォワテュレット（小型車）が、ばたばたエンジン音をたてながら、ルピック通りをそこまでよじ登ることにはじめて成功したことが記されているのである［1898年にみずからの名を冠した自動車メーカーを創立したルノー（1877－1944）は、このプロトタイプをヴォワテュレットと名づけた。なお、この日の試運転で、彼は坂を登れるかどうかの賭けを友人たちとし、見事それに勝ったという］。これはルノーが開発したばかりの4輪のディオン車で、トランスミッションをそなえていた。この勝利をかちえた試運転のあと、ルノー社には次々と注文が舞いこみ、これが同社の輝かしい出発となった。

■ほかに
テルトル広場とノルヴァン通りの角、18区

信頼の統治

安全への配慮はけっし

テルトル袋小路、18区

都
市
の
記
号
論

カスティリオーヌ通りとサン=トノレ通りの角、1区（上）
フラン=ブルジョワ通り53番地、ノートル=ダム=デ=ブラン=マントー教会正面、4区（下）

て昨日はじまったわけではなく、民間初の警備会社は19世紀末に登場している。これらの会社は巡回を行ったり、顧客の家で警護や監視をしたりするための要員を雇っていた。パリのあちこちの外壁で目にする、直径10センチメートルほどの白い琺瑯引きの円形ステッカーは、当該建物が警備や監視の対象となっていることをしめしている。通常、そこにはパリ警備会社（SPS）ないしBP総合警備会社の名がしるされているが、両者とも鍵を社章としている。

たっぷりと

かつて琺瑯引きの表示板は、消防士たちが考えたコードを用いて、消火栓（BI）の正確な場所を示していた。右の写真にみられる表示板（上）は、上水道網に挿しこむかたちで設けられた、直径100ミリメートル（150ミリメートルのもある）の消火栓があることを物語っている。その水はヨンヌ川の支流であるヴァンヌ川から直径150ミリメートルの配水管で導かれていた（写真下のクリーム色の表示板には、飲料水ではないことを示すマークがある）。赤い線は、この消火栓を正確に見つけ出すための向きをさしている。すなわち、表示板から0.7メートル離れて後ろを向けば、2.4メートル先の右手に消火栓があるというのだ。商業的な目的のために凝った作りとなっているこうした旧式の琺瑯引き表示板は、今では姿を消しつつあるが、それとは別に「第2世代」の表示板も登場していた。より新しく曖昧さを排除したこれらの表示板には、100BI［直径100ミリメートルの消火栓］や150BIといった表記が上部や中央に記されていた。今では消防車にGPS機能をそなえた詳細な地図を利用しており、消防士たちは消火栓をたやすく見つけ出せるまでになっている。パリでは100BIが同じ歩道に約100メートル間隔で配置され、反対側の歩道にも、50メートル間隔でそれがすえられている。それゆえパリの通りには、消防車に水を送る100BIが50メートルおきに設けられていることになる。

第9章
奇妙な建物

傾いた、もしくは階段状の家、窪みないし突起を形づくる建物、傾いた窓、時代錯誤の外壁ないし正面…。建築家の美学はしばしば常軌を逸して、われわれには理解しがたいものがある。

アンリ＝バルビュス通り8番地、5区3階の説明不能の不均整。西側はより美しく見えるのだろうか？

鐘が鳴るしかけ

奇妙な建物

アカシアのための窪み

19世紀、ラスパイユ大通り周辺には、有名な美術学校である現在のアカデミー・グランド＝ショミエール［1904年創設の私立学校で、教授陣にA・ブールデルやF・レジェなどがおり、ホアン・ミロやイサム野口、バルテュス、モディリアニ、菅井汲などが学んだ］まで続く広大な公園があった。「グランド＝ショーミエール（田舎の大別荘）」とよばれたこの公園は、そこで催される田園風の舞踏会や、恋人たちの浮かれ騒ぎにかっこうの隠れた一角があることで知られていたが、時がすぎ、都市化の波に徐々に侵食されていった。ある日、そのわずかな土地に建物を建てることが話題となった。そこには、理由は不明だが、ヴィクトル・ユゴー［1802-85］が植えたとされるアカシアの木が1本生えていたからだ。当時、この文豪がそこからさほど離れていないラスパイユ大通り177番地に住んでいることはわかっていた。だが、彼が実際にこの曲がりくねった木を植えたのかどうか、証拠はない。たしかなのは、沿道の住民たちが建物を建設中の所有者にこの木を残すよう働きかけた、ということである。建物の正面に曲がった木のために窪みをつくるという、奇妙な配慮がなされた所以である。当初のアカシアはすでにないが、同じ場所には、より小ぶりなアカシアの木が植えられている。

ラスパイユ大通り229番地、14区

ピエール＝ドゥムール通り19番地、17区

大きな穴の空いた城

壮麗な建物の1階の出入り口に道路が走っている！この不合理さは1778年に装飾が見事なテルヌ城（p.101参照）を買いとった、建築家で投機家でもあったサムソン＝ニコラ・ルノワール［1733-1810］の所業にほかならない。彼はなんらためらうことなく城から高価な家具を取り去り、庭園を数多くの区画に分割して投機家たちに売り、道路をとおすために1階に穴を開けたのである。ただ、それはあまりにも狭かったため、4輪馬車とすれ違う通行人たちは、壁にはりついてこれをやりすごさなければならなかった。

レコレ小路18番地、10区

ブルボン河岸通り15番地、4区。斜向かいになった窓。これはサン＝ルイ島の調和がとれた美しいたたずまいのなかの亀裂といえる。

レンガとブロック

　それは、フォブール＝サン＝マルタン通りからレコレ小路に入ると目を引く。亜鉛屋根のメゾネットが、さながら敷石のあいだに生えた雑草のように屋上にのっている、レンガの建物のことである。その全体がかもし出す奇妙な印象は、ジャック・タルディ［1946-。リュック・ベッソン監督作品『アデル／ファラオと復活の秘薬』（2010年公開）の原作者］の漫画、あるいはシルヴァン・ショメ監督［1963-］の映画、たとえば『ベルヴィル・ランデヴー』（2002年）や『イリュージョニスト』（2010年）のデザインを想い起こさせる。この建物には、建築家ルイ・ボニエ（1856-1946）［パリの都市改造やトゥルネル橋の再建などを手がけた］のサインがあるが、彼はビュット＝オー＝カイユのプールを設計してもいる。

独特の外形

　ベリジェールの丘の頂上には、驚くべき風景が待っている。散策者の目から完全に隠れた、目立たない、だが魅力的なマンション村があるのだ。この村は1925年から30年にかけて、回転木馬や珍品小屋などをそなえて、1914年まで観客を楽しませていた遊園地、「フォリー・ビュット」の廃墟の上に建設されている。丘の側面にしがみつくような階段の一部は、モンマルトルのそれと同じように険しい。バルレ＝ド＝リクー通りの家並は、窪地に位置する建物の中庭を区切る、かなり高い傾斜壁の上に立っている。あきらかにこれは、地質学的な特性のために土台を強化せざるをえなかった、大規模な型枠工事の結果である。

アドヴェント・カレンダー

　子どもたちが嬉々として次々と小窓を開け、中に隠されていたさまざまなサプライズを見つけ出すアドヴェント・カレンダー［クリスマス前4週間の待降節期間中に作られる紙ないし布製の暦で、クリスマスまでの各暦日に小窓やポケットがついており、それを開けると菓子などが出てくるしかけとなっている］を想像してほしい。12月中旬に作られるこのカレンダーには、開閉する小さな鎧戸が10枚ほどついている。ダレラック通りの建物も、こうしたカレンダーと似ている。その窓は統一性などまったく気にせずに、半分ないし4分の1が大中小の雑多な大きさとなっている。漆喰の色もまた雑多である。その効果は予想を超えて面白い。建物の裏側はショワズル小路に面している。

バルレ＝ド＝リクー通り、19区

ダレラック通り28-38番地、1区

時代錯誤

無作法なミルフィユ

　1967年、古い建物の嵩上げを請け負った建築家のポール・シュモトフ［1928-。1980年の全仏建築大賞受賞者、レ・アル地区の再開発事業などを手がけた］は、歴史建造物委員会からの次のような指示書を厳密に理解した。「石造りの正面、高い窓、マンサール風［バロック様式］の屋根」。建設に際して、彼は1904年につくられた既存のオスマン風土台を用いなければならなかったが、その各階の構造は1914年の戦争のためにばらばらとなっていた。しかし、こうした制約をものともせず、彼は驚くべき建物を築き上げた。裏をかかれた都市改造局は、指示書を文字どおり遵守したこの計画を差し止めることはできなかった。

エペ＝ド＝ボワ通り12番地、5区

中世らしさを打ち出した虚実の家

　写真に見るウルサン通りのこの建物は、見かけほど古くはない。これは、建築家のフェルナン・プイヨン［1912-86。第2次世界大戦後の代表的な建築家で、彫刻家や陶芸家、景観デザイナーなどと協力しての建築や安価な社会住宅の設計で知られる］が鋳鉄製の格子窓や彩色ガラス、交差リヴの窓といった、中世的要素を用いて1958年に建てた、一種のパッチワークといえる。建物の階段右手に設けられた小さな扉は、いろいろなことを考えさせる。いったいこれはいかなるグノーム［地中に住んで地中の宝を守る矮人］が通ることを想定していたのか。5番地の窪地には、一見「中世風」のガレージの扉が開いている。同様の罠はヴォルタ通りにもあり、そこには、1979年の調査によってその真の築造年代が明らかになるまで、長いあいだパリ最古とみなされてきた家が建っている。これは1644年にパリの富裕者が注文した中世風をイメージした「贋作」である。

ウルサン通り1-3番地、4区

■ほかに
ヴォルタ通り3番地、3区

連想をかき立てる廃墟

　建築家の錯乱か。あるいはそうかもしれないが、感性を失っていたわけではない。ED建築事務所によって築かれた現代風の技巧を凝らした、ピエール＝ニコラ通りの建物は、あきらかにまがい物の廃墟の上に建っている。この廃墟は、ルテティアの初期キリスト教徒たちが聖ドゥニ［3世紀のパリ初代司教・殉教者。切り落とされた自分の首をもって歩いたとされる］を中心に集まった、はるか昔の集会場としての礼拝堂がそこにあったことを今に伝えているかのようである。ただ、南仏から宣教のためにこの地にやってきたドゥニは、ガロ・ロマン時代の広大な墓地に隣接する採石場の穴の中に身を隠していたという。ローマ人によって捕まり、その殉教がはじまったのがここだったともいう（p.123参照）。

ピエール＝ニコラ通り11番地の2、5区

奇妙な建物

記録

街角の遺物・遺構から見たパリ歴史図鑑

シャトー＝ドー通り39番地、10区［写真にかろうじて看板の上部だけが写っている問題の店の名はシャマコ（Chamacco）。ジーンズなどを扱っている］

ベルトン通り、16区

シャ＝キ＝ペシュ通り、5

争いから生まれたもの

　粗末な窓の階下にある小さな店は、7階建ての建物にはさまれている。これは、パリで最小の家として、リストにその住所がのせられてしかるべきだろう。大きさはどれほどか。横1.1メートル、高さ5メートルである。かつてはシャトー＝ドー通りとフォブール＝サン＝マルタン通りを結ぶ通廊を一部占めていた。だが、遺産争いの結果、所有者たちは通廊をふさいで上にメゾネットを建てたのである。住むにはあまりにも狭すぎるため、このメゾネットは1階の店のために用いられることとなった。

ビュフォンの東屋（あずまや）

　周知のように、ビュフォン伯ジョルジュ・ルイ・ルクレール［1707-88］は博物学者で、王立庭園（フランス革命期に植物園となった）の責任者だった。しかし、彼が冶金学者ないし技術者でもあったことはさほど知られていない。何にでも手を出したがる彼は、金属科学にも情熱を傾けていたのである。ブルゴーニュ地方にある祖先の名を冠した町の鍛冶工場を

パリ植物園、5区

受け継いだ彼は、その経営に全力をそそいだ。1786年、のちにパリ植物園の迷路状の丘に建てられる、そしてフランス最古の鉄製建築となる東屋の部品を作ったのが、ほかならぬこの工場だった。ちなみに、この東屋には1786年から93年まで、子午線用のゴング状の音響計器が置かれ、正確に正午を告げていた。ハンマー代わりの地球儀が、太鼓を12回打っていたのである。これは重しで動く地球儀で、ルーペで集めた太陽光線で重しを支えていた糸毛が焼き切れ、落ちた重しの反動で地球儀が作動するしかけとなっていた。それゆえ、しかけを作動させるため、毎日糸毛を取り替えなければならなかった。

もしもそれが狭かったなら…

　最狭隘部で道幅2.5メートルたらずのシャ＝キ＝ペシュ通り（5区）は、パリでもっとも狭い通りとしてしばしばとりあげられている。だが、これはまちがいである。より狭い通りがあるからだ。マレ地区のプレヴォ通り（1.8メートル）、パシー地区のベルトン通り（1.5メートル）、そしてとくにポルト・ド・ヴァンセンヌ付近のメリシエ小路（0.87メートル！）などである。これら3本の視覚的な効果は、それぞれ104メートル、206メートル、100メートルというその短さによってさらに強調されるのだ。そんな小路を通るときには、両側の壁が迫ってくるような危険すら覚える。サン＝ドゥニ（1区）やエリズ＝ドリヴォン（5区）、ブヴァール（5区）といった袋小路の道幅もまた同様で、かろうじて腕1本分広いだけである。

奇妙な建物

尋常ならざる住居

デュランタン通り40番地、18区

コンコルド広場の哨舎

　コンコルド広場の周囲、車が轟音をたてながら走る場所には、かつて広場本体を囲んでいた幅20メートルほどの堀にはさまれるようにして、八角形の見晴台があった。欄干が堀を見下ろし、6個所の石橋がその堀の上にかかり、広場の四隅にある哨舎に隣接した階段を登れば、見晴らし台に出ることができた。19世紀初頭、堀はパリ市民お気に入りの散策コースで、ときに宿舎としても使われた2階建ての哨舎もかなり人気があった。その階上は三方の円窓から光が入り、カタツムリ状の階段が1階に通じていた。そこには憲兵隊伍長や海軍大臣の側近が雇った人物、あるいは治安判事や清涼飲料売り…などが住んでいたという。彼らはだれも必要とせず、そしてだれからも抗議されることなく、田園風の天国を享受できた。1798年から1828年までの約30年間、ルイ15世広場［コンコルド広場の旧称］が放棄され、土地所有者も見つからなかったからである。事実、フランス革命以降、この広場はもはやパリ市に帰属していなかった。だが、こうした遺産の曖昧さは、1828年8月20日の法律によって霧消する。それはパリ市に広場とシャンゼリゼを返還し、5年のあいだ、その美化工事を行うよう定めた法律だった。こうして1838年から、建築家のジャック・イニャス・イトルフ［1792-1867。もと宮廷建築家。ヨーロッパ各地を旅して、古代建築の多原色の実測図を遺している］が工事を指揮し、国内の主要都市［革命に貢献したリヨン、マルセイユ、ブレスト、ルーアン、ストラスブール、ボルドー、ナント、リールの8都市］の寓意像をいただく哨舎を、広場の四隅に、それぞれの都市がフランスの地図上で位置する方角に応じて配した。1853年頃、ナポレオン3世［皇帝在位1852-70］が堀の埋め立てを命じると、パリ市民たちはそれを残念がった。しかし、こうした想いがより強かったのは、そこで毎夜、みずからの芸を発揮する娼婦や、夏、冷気や緑を愉しむ散策者たちだった。今日、石造りの欄干は、これら姿を消した堀の幻の輪郭を示している。一方、哨舎には、地下が駐車場となっているブレストとルーアンのそれを除いて、市清掃局員たちの箒や散水ホースしかない。

中庭の記憶

　デュランタン通り40番地の高い格子門の奥には、二重階段で結ばれている復古王政期の建物に囲まれた、壮麗・深遠で壮大な中庭がある。今日、これは「ユダヤ人の中庭」ともよばれている。第2次世界大戦中、ここに住んでいたすべてのユダヤ人が一斉検挙され、ヴェル・ディヴへ、やがて絶滅収容所へ送られたことを偲んでの命名である［1942年7月16-17日に実施されたこの検挙で、子どもをふくむ約1万3000人以上ものユダヤ人が逮捕された。なお、ヴェル・ディヴとはヴェロドローム・ディヴェール（冬期競輪場）の略］。

コンコルド広場、8区

パリの生活協同体

1851年にルイ＝ナポレオン・ボナパルト［ナポレオン3世］の肝いりで建設されたシテ・ナポレオンは、パリで最初の労働者向け集合住宅地区である。対象となったのは、近隣にできた新しいガス工場の作業員たちだった。この慈善的な集合住宅は、シャルル・フーリエ［1772-1837。空想主義社会主義者で、ユートピア的労働共同体ファランジュを唱えた］の影響を受けたもので、時代の先端を走っていた。中庭の周囲に配された住居は風通しがよく、家賃は60-180フランだった。乾燥機つきの洗濯室や託児所、無料診療所、浴場といった共同の施設は1階に置かれていた。たしかにすばらしい構成だったが、それには裏面もあった。100あまりの項目からなる強制的な規則が適用されており、そこには格子門が夜10時に閉まること（それ以降は自宅に入れない）や、住民たちの品行や道徳心を調べるために監視官が来ることなどが定められていたのである。「ロシュシュアールの兵舎」ともよばれたこのシテ・ナポレオンは、やがて労働者たちの不満の的となり、各地区に1個所それを設けるという計画はすみやかに廃止され、数人の共同所有者に分割されるようになる。そこにはいまも給水栓や粗末な庇、凹んだ木造りの階段などが残っている。

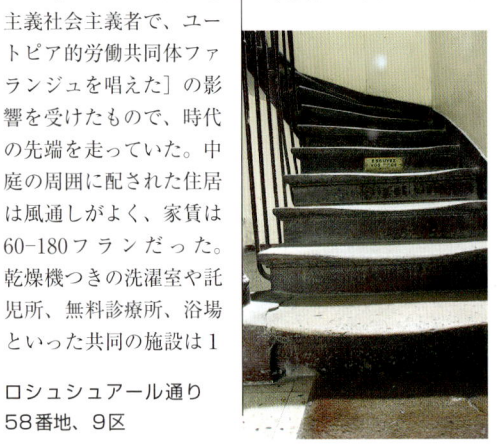

ロシュシュアール通り58番地、9区

愛する人よ、わたしは働きに出る

1階と中2階の小さな工房と階上のきわめて快適な労働者家族向け住居、そして、その全体に地下にそなえられた200馬力の蒸気機関がエネルギーを供給する。これは機関車を製造する実業家で、労働者階層の生活改善に取り組んでいたジャン＝フランソワ・カイユ［1804-71］の卓抜した考えだった。彼もまたフーリエ主義者だったのだ。1872年、彼はその計画を木工職人たちが多く住んでいたフォブール・サン＝タントワヌ通りで実現する。そして、鋳鉄製の小円柱でリズムがつけられた正面玄関を有する職人用住宅19棟が、完全な1列をなして立ちならぶようになる。それより数年前の1866年、カイユは10区に同様の事業を展開していた。北駅の鉄道員用住居の建設である。その規模ははるかに小さかったが、こうした彼の活動をたたえるため、10区の通りにその名前が冠せられている。

イムーブル＝ザンデュストリエル通り、11区

グラビーの天文台

1865年、ハンガリー出身の科学者で、医学微生物学の提唱者でもあるデイヴィット・グラビーは、モンマルトルにあった自宅のテラスに個人用の天文台をつくった。そして、日中の仕事中は際限なく小さな星、夜の暇な時間は際限なく遠い星を観察したのだった。1870年の普仏戦争とプロイセン軍によるパリ攻囲中、彼から天文台を提供されたフランス軍は、その強力な望遠鏡を用いて、敵軍の動きを監視することができた。

ルピック通り100番地、18区

この中庭は数多くの映画に登場しているが、その代表的なものとしては、とくにロズリヌ・ボシュ監督［1961-］の『一斉検挙』（2004年公開）がある。

薄板状の建物

パリには、ずんぐりと角張っており、土台にしっかりと固定されて、大通り沿いに規則的に立ちならぶ、オスマン時代の建物が数多く残っている。だが、オスマン［p.70参照］の登記簿には、まさに面くらうような建物がほかにも記載されている。

これらは薄板状ないし切り立ったような切妻、あるいは研いだカミソリ刃のような建物である。その輪郭はいささか名状しがたいもので、いったい中に何を入れることができるのだろうか。テーブルか、斜めになったベッドか。だれがそこに住んでいるのか。PTT（小柄な人物（ペルソンヌ・ド・プティット・タイユ））か、それともロジェ・カイヨワ［1913-78。社会学者・文学批評家・思想家。主著に『人間と聖なるもの』などがある］が1977年に著した、『亡霊用の15区小案内』で示唆したようなエクトプラズム［トランス状態にある霊媒の頭部から出る白い液体状の心霊体］か。たしかに彼は、この街区には面取りされたような家が集まっていることに着目していた。しかし、注意してほしい。こうした建物の面白さに驚いているだけではなく、楽しい歩道にも目を向けなければならないのだ。

ヴィラ・ベルヴュ、19区

ムーザイアの家並

花で飾られた袋小路や横道が続くムーザイア界隈は、その美しさを建設用の旧採石場に負っている。この採石場はボールガールの丘の中腹にあり、13世紀から19世紀まで採掘されていた。だが、採掘のために丘の地下はもろくなり、さながらグリュイエールのチーズ状となってしまった。それゆえ、丘の中腹に重い建物を建設することなど問題外だった。これに対し、土壌はかなりしっかりしており、前庭と後庭をそなえた2階建てのメゾネットなら、十分に支えることができた。もともと労働者用の住宅だったこれらのメゾネットは、やがてかなり人気のある住居となり、その価格は高値をよぶまでになっている。大きな敷石が配されたヴィラ・ベルヴュは、坂道を滑り落ちたりしないよう、互いに地面にしがみつくかのように階段状に家がならぶムーザイア通りに沿って、もっとも魅力的なたたずまいを示している。

亡霊、できれば15区のアパルトマン希望

パリでもっとも広い15区には外壁の張り出した建物が数多くある。見ようによっては、これらの外壁は厚みがなく、まるで1枚だけで立っているようでもある。こうした事例としては、たとえばラオース通り1番地（通りの2番地から見た場合）やエミール＝ゾラ大通り91番地（ルルメル通り56番地から見た場合）、あるいはオーギュスト＝ドルシャン通りの建物（クロワ＝ニヴェール通り55番地から見た場合）などがある。この3番目の建物の外壁面には、控え壁と同じ大きさで「BAINS-DOUCHES（公衆浴場）」の文字が縦に記されている。

■ほかに
オーギュスト＝ドルシャン通り、15区

ラオース通り1番地、15区
エミール＝ゾラ大通り91番地、15区

奇妙な建物

街角の遺物・遺構から見たパリ歴史図鑑

ポワント・トリガノ

写真にあるサンティエ通りの船首を思わせる細い建物は、すでに1900年、ウジェーヌ・アジェ［1857-1927。写真家。人影のないパリを被写体とする幻想的な写真や、ユトリロ、藤田嗣治、ジョルジュ・ブラックらの肖像写真で知られたが、貧困のうちに没した］の好奇心をかき立て、暗室のなかで、彼はその写真と

ポワント・トリガノ、2区

向きあっていた。建物自体はクレリ通りとボールガール通りの交差点にあり、パリでもっとも短いグレ通りがそこを一方から他方へと平然と通り抜けている。この6階建てのポワント［字義は「先端」］は賃貸の共同アパルトマンで、地下にキッチン、1階にサロン、各階ごとに1室、さらに屋根裏に浴室がある。心臓

トゥアン通り14番地、5区

病で関節炎もわずらっていたアンドレ・ド・シュニエ［1762-94。高踏派の詩人だったが、革命期に反ジャコバン分子として処刑された］は1793年、ここの最上階に住んでおり、かつては1階でワインが売られていた。数十メートル先のボールガール通りとボン＝ヌーヴェル大通りの角には、屋上がとがっているもうひとつの建物がある。

■ほかに
ボールガール通りとボン＝ヌーヴェル大通りの角、2区

偶然の結果か、熟慮の結果か

おそらく角がとがった建物は、都市計画のさまざまな制約と妥協しようとした、自発的な熟慮の結果なのだろう。たとえばサン＝トノレ通り203番地2号に立てば、真向かいの建物は、目を傷つけたりしないよう、建築家が角を丸くしたよう黄土色の薄板にしか見えない。これとは逆に、隣接

していた建物が解体されたため、あきらかに望んでいなかった結果もある。レコレ小路8番地の建物がそうである。この建物の裏側は撤去され、情けないことに外壁だけがそこに置き去りにされたという。フォブール＝サン＝マルタン通りから見れば、それがはっきりとわかる。同じことは、ソール通りとフランクール通りの角にある建物についてもいえる。フランクール通り24番地の前に立

生身を削る、荒療治がなされた建物

トゥアン通りは、1685年に埋め立てられた、フィリップ・オーギュストの市壁（p.39以下参照）の堀の上に敷設されている。通り沿いの家の1軒（14番地）は、1688年、中世の壁によりかかるようにして建てられたものである。その狭さと斜めの形状は、壁を広げる余地がほとんどなかったことによる。やがて市壁が解体されると、空隙（のちに中庭）と急峻な壁だけが残された。エストラパダ通りから来ると、そのありようが確認できる。

てば、隣の建物と共存するしかない、美しい隅石がみてとれるはずだ。

レコレ小路8番地、10区
サン＝トノレ通りとデュポ通りの角、1区
ソール通りとフランクール通りの角、18区

代表的な扉

以下に紹介する代表的な扉は、都市をさりげなく飾る装飾要素への関心をかき立ててくれるはずである。

1 ヴォージラール通り58番地、6区。

2 ラベ河岸通り94番地、12区。この84トンもある巨大な扉はレール上を滑らせる引き戸式のもので、DASES（社会活動・児童・衛生局）の建物への出入り口となっている。設計者は建築家のエメリク・デュブルナ［1936–。フランス芸術アカデミー会員］で、竣工は1992年。

3 デュランタン通り20番地、18区。歩行者用扉がこうした装飾の対象となるのはめずらしい。

4 ラップ大通り29番地、7区。性的シンボリズムの共鳴者でもあった建築家のジュール・ラヴィロット［1864–1929。フランスのアール・ヌーヴォー様式を代表するひとり］は、逆さになった男性器の形に仕立てるという大胆な手法でこの扉をつくった（1901年）。

5 ソムラール通り24番地、5区。クリュニー中世美術館の門扉に隣接するこの手のこんだ扉は、その金具や犬の頭をしたよび鈴のボタンが特徴的である。

6 アルベール1世大通り40番地、8区。ステンドグラスと宝飾品のマイスターだったルネ・ラリック［1860–1945］の邸館扉。成形・圧縮加工された白いガラスで、モチーフは雪の重みでたわんだ松の枝。

奇妙な建物

第10章
ロマンティックな廃墟

　ポルタイユ（門扉、扉口）は、はたしていかなる歴史、想像を超えていると同時に孤独な歴史をおびているのだろうか。これら切りとられた円柱ないしばらばらになった柱頭は、どのような出来事の結果、この公園の奥まりにたどり着いたのか。開き戸、ペディメント（破風）、アヴァン＝コール（建物正面の張り出し部）…。これら見すてられた古い石は、しかし置かれる場所にロマンティックな彩をあたえている。パリでは時代の流れのなかでたえずなにかが建設され、解体・再建されてきた。こうしたたえざる混乱は、オスマンの大都市改造工事よりかなり前からみられたのだ。とりわけ1830年代には、古い建物や教会、邸館が数多く取り壊しにあっているが、その一部は見事な建築物を有していた。それをどうすればよいのか。現状のまま保存できないことがわかると、これらの建築物はもとの建物から切り離され、ほかの建物に再利用されるか、石碑の収蔵所に置かれるようになったのだ。

国立高等美術学校、ボナパルト通り14番地、6区

ジョルジュ＝カン小公園、4区

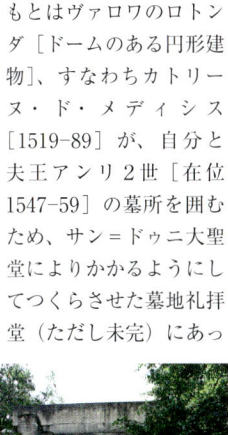

モンソー公園、8区

石碑収蔵所

　パリにはおもな石碑収蔵所が4個所ある。そのうちの1個所、国立高等美術学校には、1880年代、1871年に火事で破壊されたチュイルリー宮のさまざまな彫像や、解体された邸館の遺物が置かれている。一方、クリュニー館の庭園には消滅した複数の教会のポルタイユが移され、その近くにあるポール＝ランジュヴァン小公園には、やはりパリ・コミューン時［1871年］に焼失した市庁舎のルネサンス様式の壁龕が避難している。カルナヴァレ博物館（パリ市歴史博物館）に隣接するジョルジュ＝カン公園にも、チュイルリー宮から移されたほかの残骸がみられる。ただ、これらの収蔵所には、残念なことに残骸がどこから来ているのかを示す説明板はない。

サント＝シャペルの消失したライバル

　アベイ通りのヴィエルジュ（聖処女）礼拝堂は美しかった。建築家のピエール・ド・モンルイユ［1200-67］は、サント＝シャペル［最高裁判所敷地内の礼拝堂で、ゴシック・レイヨナン様式の華麗なステンドグラスで知られる］を建てる直前の1245年頃、この礼拝堂の建設に「着手」した。ゴシック・フランボワイヤン様式の傑作が、こうしてあいついで建てられたのである。だが、ヴィエルジュ礼拝堂はフランス革命時に穀物倉庫に使われ、1802年にはサルブリュヌなる医師がこれを買い受けて解体し、その建築物の一部を、アベイ通りに建てた自宅の正面ないし外壁に再利用した。ヒュルスタンベール広場に駐車場をつくる際に出土したほかの残骸は、サン＝ジェルマン＝デ＝プレ教会に隣接する小公園に置かれている。

モンソー公園の残骸

　パリ・コミューンで焼失した市庁舎の残骸は、19世紀末、パリ市が所管する数個所の公共の場分散されている。モンソー公園には、とくに円柱の一部が移され、2個所にあったポーチの一方のアーケードが、公園内のノーマルシュ（模擬海戦）池近くに、柱廊として置かれている。これはコリント様式の列柱で、もとはヴァロワのロトンダ［ドームのある円形建物］、すなわちカトリーヌ・ド・メディシス［1519-89］が、自分と夫王アンリ2世［在位1547-59］の墓所を囲むため、サン＝ドゥニ大聖堂によりかかるようにしてつくらせた墓地礼拝堂（ただし未完）にあったものである。1719年、オルレアン公フィリップ2世［1674-1723。ルイ14世の甥で、ルイ15世の摂政として政治の実権をにぎった］はこの大理石の円柱を撤去し、モンソー公園内の自分の所有地に移した。画家のカルモンテル［1717-1806］はその「空想上の建物」や残骸を多用して、幻想的な景観を描いている［『シャルトル公にモンソー公園の鍵を渡すカルモンテル』（1790年）］。

ロマンティックな廃墟

街角の遺物・遺構から見たパリ歴史図鑑

冗談のテーブル

　1個の石灰岩塊からつくられ、パリ植物園に置かれているこの大きな円卓は、いったいどこから来たのだろうか。じつはシャンティイイ近くの森からで、1885年頃、プレザントリ（冗談）という名のきわめて直感力に富んだ牝馬が、この森でそれを「発見」していた。リスの森を散歩していたプレザントリは、突然立ち止まって地面をくい入るように見つめ、蹄でそこをかいた。掘ってみると、地下2メートルほどのところに埋まっていた、直径2メートルの円卓が

パリ植物園、5区
（ビュフォン通り18番地から入ると、小径の端の右手に見える）

出てきたのである。馬に乗り、猟犬を駆って行く狩猟の際、獲物をその上で切り分けるために用いたものだろうか、それとも百年戦争［1336-1453年］のさなかに破壊された中世のボーラリ城から運ばれたものか。いずれにせよ、こうして見つか

ったそれは、いつのまにか消失してしまった（！）。ただ、競馬や狩猟の風景を専門的に描いていた動物画家のアンリ・カミュ［生没年不詳］が、1885年から1950年のあいだに、これを自然史博物館［パリ植物園内］に寄贈したことだけはわかっている。それにしても、未完成の臼を思わせる形状といい、周囲と上面の磨き具合といい、脚部の中途半端な仕上げといい、たしかに興味深いものである。驚くべきことに、このテーブルは指でたたいただけでも音がよく反響するという。

異国的な廃墟

　ヴァンセンヌの森の周辺には、かなり古びた木造りのポルチコが、遠い植民地から招来された植物（カカオやヴァニラ、バナナ、コーヒーノキなど）を研究するために

ベル＝ガブリエル大通り46番地2号、ノジャン＝シュル＝マルヌ

1899年に創設された、古い熱帯農学公園に向いて立っている。1907年、ここには前年にマルセイユで開かれた植民地博覧会のパヴィリオンが、数棟移されている。公園をアフリカ部とアジア部に分割し、インドシナやコンゴの村、スーダンの農場、トゥアレグ族のテントが整備されたのが、ちょうどこのときだった。だが、時がたつつともに、中国の小塔や虎の罠、クメールの橋、ダホメの温室、ギアナのキオスクといった施設は忘れ去られ、2003年、パリ市長は公園全体を国から買いとり、廃墟化していた公園とパヴィリオンを改修した。

ルノワール市場の大共同洗濯場

　使われなくなった舞台の書割を思わせるこの正面扉の裏側から、洗濯婦たちの叫び声や笑い声が聞こえることはもはやない。1830年代、コット通り9番地に木と鉄を骨組みとし、換気用の鎧戸に

コット通り9番地、11区

コナラの心材で作った乾燥機、ボイラ、レンガの煙突をそなえた共同洗濯場が設けられた。そこには、看板代わりに、施設の特徴を示すトリコロールに色分けされた鉄板製の旗がかけられていた。ここは公共の場だったが、有料であり、この最後の洗濯場がコインランドリーに変わる1960年まで、洗濯婦や家政婦たちがそこで仕事をしていた。1987年にここが店じまいすると、安価な社会住宅が建てられるとの噂が広まった。沿道の住民たちは店の解体に反対して行動を起こした。やがて妥協案がみつかる。それは、正面を保存して40メートル移動させ、隣接する学校の囲い壁に組みこむという案だった。移動に際しては、外壁の石を1個ずつ移すのではなく、その全体を金属製のコルセットに入れて、レールの上を滑らせる方法がとられた。それゆえ、作業は午前中だけで終わった。

フランシスコ会修道院

　サント＝クレール＝ル

ルシヌ教会のフランシスコ会修道院は1289年［1270年？］、クララ会［1212年にアッシジの聖フランチェスコが聖女クララと立ち上げた女子修道会］の修道女たちを受け入れるために創設された。だが、その歴史はけっして平穏なものではなかった。フォブール・サン＝マルセルに位置する修道院は、指呼の筒にあるビエーヴル川が氾濫するたびに浸水被害を受け、1589年のパリ攻囲戦では国王アンリ4世［在位1589-1610］に劫掠され、さらにフランス革命では分割の憂き目にあっているのだ。かろうじて残った建物には皮なめし職人や漂白職人たちが住み、1834年にはルルシヌ病院となった。そして1972年、病院は整備され、近代的なブロカ病院となっている。旧修道院のゴシック様式になる食堂の一部や共同大寝室の窓、円柱の柱身や柱頭など、いまも庭園にみられる遺物や遺構が出土したのが、まさにこの時期だった。こうした修道院の跡地は敷石で明示されている。

ブロカ病院の庭園、パスカル通りとジュリアンヌ通りの角、13区

ピエール＝ドゥムール通り17番地、17区

テルヌ城

かつてこの場所には2基の塔や跳ね橋、納屋、家畜小屋、ブドウ園、鳩小屋、ブドウ圧搾機、生け簀、野菜畑、果樹園などを有する、要塞化された巨大農場があり、人々はここをテルヌ城とよんでいた。だが、1778年、この地は投機家のサムソン・ニコラ・ルノワール［p.89参照］に買いとられ、その意のままに置かれるようになる。彼は城からめぼしい家具を運び去り、道をとおすために1階の出入り口をとりのぞいた。さらに、農場をいくつもに再分割して投機家たちに売却もした。今日、1対のポーチだけが、両側に壁もないまま立っている。これが往時を偲ばせる唯一の名残である。

旧ラウル館

ボートレイイ通り6番地には門扉が1対、とり残されたように立っている。粗塗りがはげ落ち、大量のグラフィティ（落書き）が描かれたこの門扉は、1606年頃、ポール・アルディエ［1568-1638。シャンパーニュ地方塩税総請負人やアンリ4世の中央財務官、国務評定官などを歴任した］が建てた邸館の中庭に向いている。以後、邸館は次々と所有者を変えたが、その大部分は権力者や高官だった。そして1810年、特許をとったヤスリの製造で財をなしたジャン＝ルイ・ラウルがこれを買い受けた。この実業家は中庭に商売に不可欠な鍛冶場や作業場、鉄床、鞴などを設けた。1845年頃、ラウル館は分割されていくつかの賃貸住宅となり、1929年には21家族がここに住むようになった。しかし、ジャン＝ルイ・ラウルの相続人たちが所有していた建物は時とともに老朽化し、1960年に解体された。門扉だけはなんとかそれをまぬがれたが、その運命の先はみえない。門扉のある区画は、建物が1棟建てられているほかの共同所有者の区画とは独立していて、ラウルの子孫たちが所有している。この門扉の改修話はたえずもちあがるものの、一向に実現せず、主役（子孫、慈善家、職人など）が実情をよく理解してくれるのを待っているところである。

ボートレイイ通り6番地、4区。

第11章
革命のパリ

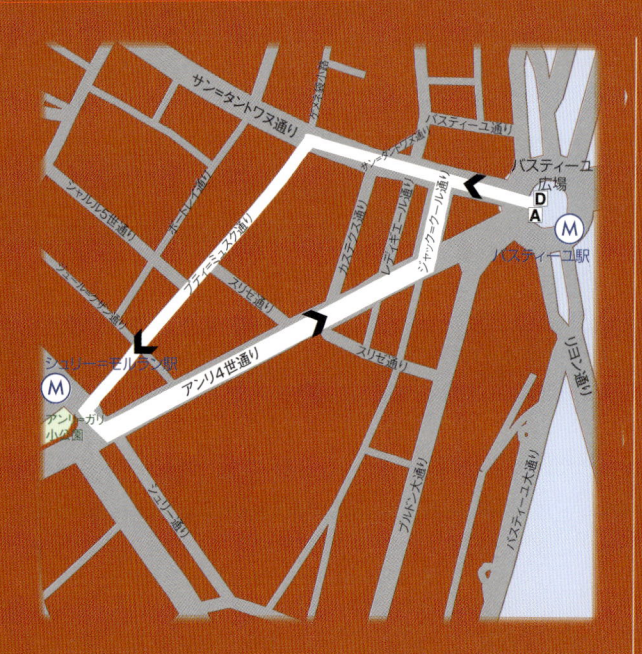

あらためて指摘するまでもなく、革命期のパリの名残はバスティーユ広場周辺に数多くある。だが、それはまたほかの地区、たとえばフォブール＝サン＝タントワヌ地区からセーヌ左岸のカルチェ・ラタン地区まで広範にみてとることができる。

バスティーユ監獄

バスティーユ要塞監獄の存在は、完全に破壊されつくしたにもかかわらず、なおも表立ってというわけではないが、名残や暗示といった形で残っている。これらに会うには、地下鉄のバスティーユ駅（D）から出発するのがよいだろう。そこがまさに現地だからである。

バスティーユ駅、1号線（ラ・デファンス方面行き）

ジョレス駅、2号線（ナシオン方面行き）（上）
コンコルド駅、12号線（中）
バスティーユ駅、5号線（ボビニ方面行き）（下）

地下鉄一瞥

　地下鉄1号線でバスティーユ駅に降り立てば、プラットホームの壁にさまざまな人物がレリーフ状に描かれた陶製のフレスコ画が目に入る。5枚の画面からなるこれは、最初期の思想的な高揚からバスティーユ監獄の奪取および民衆のヴェルサイユ行進まで、革命期の重要な出来事を示したものである［フランス革命200周年を記念して1989年に制作された］。この多色の作品には、リリアヌ・ベランベールとオディル・ジャコのサインがある。真向かいのアルスナル貯水池は、セーヌの川水をバスティーユの堀まで引くかつての堀が拡張されたものである。さらに、同じバスティーユ駅の5番線のプラットホーム上に引かれた黄色の線をたどっていけば、バスティーユ要塞堀の外岸壁の名残もみられる。地下鉄駅にはほかにも革命の記憶を今に伝えるものがある。高架駅ジョレスの彩色グラスの上にひるがえる三色旗や、その文字がプラットホームのヴォールト（穹窿）を飾るコンコルド駅の人権宣言などである。後者の句読点は下部のフリーズに集められ、客のひとりひとりにそれを正しい場所に置くようしかけているのだ。

→地下鉄駅を出て、サン＝タントワヌ通りに入り、ジャック＝クール通りの角で立ち止まる。

ICI ÉTAIT L'ENTRÉE DE L'AVANT COUR DE LA BASTILLE PAR LAQUELLE LES ASSAILLANTS PÉNÉTRÈRENT DANS LA FORTERESSE LE 14 JUILLET 1789.

サン＝タントワヌ通り5番地、4区［表示板にはこう記されている。「ここには、1789年7月14日に襲撃者たちが要塞に侵入したバスティーユの前庭があった」］

要塞への入口

これまで信じられてきたように、要塞は現在のバスティーユ広場にはなく、じつは少し西に寄ったところにあった。要塞の前庭、つまり1789年7月14日に襲撃者たちが侵入した入口は、現在のサン＝タントワヌ通り5番地にあった。そこにかかっている表示板がそのことを証明している。

塔のシルエット

地面には、ほかより規模の大きな敷石の線が設けられ、これがかつてのバスティーユ要塞の輪郭を画定している。サン＝タントワヌ通りからアンリ4世通りまで走るこの痕跡からすれば、要塞の規模はそれほどでなかったことがわかる（約66メートル×30メートル）。円柱状の自由の塔［かつてバスティーユにあった8基の塔のひとつで、14世紀後葉に建立され、18世紀末に解体された］の円形の礎石は、サン＝タントワヌ通り1番地のバス停前にある。バジニエールの塔は現在のアンリ4世大通り49番地に建っていた。さらに、バスティーユ広場を進むと、3番地の建物の外壁に要塞（監獄）の見取り図が描かれた表示板がある。この場所にもまた、控え壁として用いられていたトレゾール（「宝物」）の塔が建っていた。

子どもだましの砲弾

監獄の見取り図からさほど離れていない建物の2階部分の外壁に、小さな砲弾にえぐりとられたという窪みが残っている。そこには「1789年4月14日を記念して」という伝説的な文言がきざまれている。観察力のある目なら、その少し先の右側に、もうひとつの文言、すなわち「実業家A・デュボワ、1871年5月26日」［普仏戦争終結後16日目］とあるのに気づくだろう。この日付は建物の竣工日をさしている。

アンリ4世大通り49番地、4区

PLAN DE LA BASTILLE · COMMENCÉE EN 1370 PRISE PAR LE PEUPLE LE 14 JUILLET 1789 ET DÉMOLIE LA MÊME ANNÉE.

LE PÉRIMÈTRE DE LA FORTERESSE EST TRACÉ SUR LE SOL DE CETTE PLACE 14 JUILLET 1880.

サン＝タントワヌ通り1番地、4区（上）
バスティーユ広場3-5番地、4区（下）

サン=タントワヌ通り17番地、4区

だが、時代錯誤は明らかである。あるいはこれはばかげた冗談なのか、それとも1789年の革命の砲弾がはまりこんだ石を、建物の建設時に再利用したものか。詳細は不明とするほかない。

→アンリ4世大通りからセーヌ川に向かう。その川岸に出る直前、アンリ=ガル小公園に立ちよりたい。

移された石

1898年に最初の地下鉄路線を敷設する工事がなされた際、サン=タントワヌ通りの地下7.5メートルで自由の塔の基石が発見された。監獄の塔に「自由」とはいささか不似合いな呼称だが、その由来は、囚人たち（重要人物や著名人）がなんらかの特権を享受できる

監獄の獄舎に幽閉されていたことにある。彼らは街側に面した塔の先頂に「自由」にのぼって、外気を吸いこんだり、友人たちにあいさつしたりすることができた。サド侯爵［1740-1814。1784年から11年間、バスティーユに投獄された］もまたそうした囚人のひとりだった。この基石は要塞のもっとも重要な名残であり、おそらくはここに移されたはずである。もうひとつの名残もまた移されている。それは1791年に建設されたコンコルド橋の上部の石で、もともとは破壊された要塞にあった。

→プティ=ミューズ通り

アンリ=ガル小公園、4区

コンコルド橋

からサン=タントワヌ通りに戻り、17番地で立ち止まる。

公権力の法と行為

フランス革命期に没収された聖母訪問会女子修道院の礼拝堂は、ヴィジタシオン=サント=マリ教会（プロテスタント）になる前の一時期、共和派の集会所として用いられていた。文字が消えかかってはいるものの、外壁にかけられた掲示板は、そこが市民たちの集会場

「公権力の法と行為（Loix et Actes de l'Autorité Publique)」だった時代を想い起こさせてくれる。かつてこの掲示板は、総会での投票時、その結果をだれもが見られるように告示するためだけに使われた場所にかけられていた。いわば官報のはしりでもあった。同様のものは他の都市にもあったが、パリではロワイヤル通り2番地にある海軍省の壁（ポーチ左手）にもみられる。

→巡回が終わり、出発地点のバスティーユ広場に。

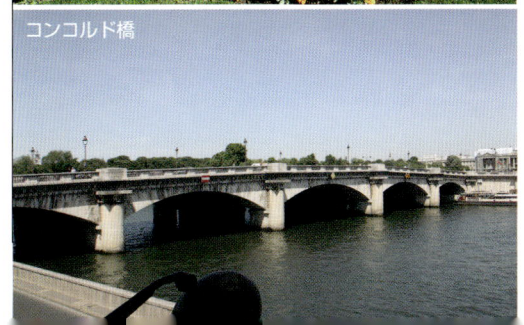

街角の遺物・遺構から見たパリ歴史図鑑

革命のその他の名残

コロンヌ通り、2区

半旗の建物

　革命期にできた建物はさほど多くない。たび重なる政治的な混乱が建築の増加に適していなかったからである。そうしたなかにあって、ジャコブ通り46番地の建物はこの時期に建てられた数少ないもののひとつである。その装飾として、壁龕の中に、フリジア帽［革命時に民衆が自由の象徴として用いた帽子］をかぶったマリアンヌ像がみられる［マリアンヌ像はフランス共和国を擬人化した象徴的な女性像。公共・行政施設などに置かれ、フランスの国章やユーロ通貨、切手などにも描かれている］。証券取引所近くのコロンヌ通り

ジャコブ通り46番地、6区

にも、新古典主義様式を用いた革命期の建物がある。

宮廷人のいない宮廷（クール）

　コメルス＝サン＝タンドレ小路は革命時の一大中心地だった。シュミット（次頁参照）のアトリエは、マラー［1743-93。山岳派のリーダーとなるが、入浴中、ジロンド派支持者のシャルロット・コルデーに刺殺された］が1793年に革命新聞《人民の友》を刊行していた印刷所の隣にあった。19世紀、このアーケー

ドの小路はサン＝ジェルマン大通りと結ばれ、現在の地下鉄オデオン駅まで伸びた。ここにはダントン［1759-94。ジャコバン派の指導者のひとり。恐怖政治に反対したため、ロベスピエールに粛清された］の影像が立っているが、そこから数メートル離れたところには、彼

が1789年から94年3月30日に逮捕されるまで住んでいた家があった。カフェー・プロコープは、百科全書派の、のちに革命派の会合場所となった［パリのカフェー文化発祥地。ディドロとダランベールはここでの話しあいから『技術と科学に関する普遍的な百科全書』、

コメルス＝サン＝タンドレ小路、6区

モンターニュ=サント=ジュヌヴィエーヴ通り4番地、5区

ミラボーとミラベル

これは、ルイゾン［ルイの指小辞］やヴァシスタス［字義は「開閉式小窓」］、ヴーヴ［「寡婦」］ラゾワール・ナシオナル［「国家の剃刀」］、あるいはモーント=ア=レグレなどと同様、ギロチンにつけられた異称である。このギロチンは、ドイツ人の大工ないし機械工トビアス・シュミットが、1792年、医師アントワヌ・ルイ（ルイゾンの異称は彼にちなむ）の図面にもとづいて、前述のコメルス=サン=タンドレ通りの工房で製作している。一方、医師のジャゼフ・ギヨタン［1738-1814］は憲法制定議会通称『百科全書』の編纂を思い立ったとされる。詳細は蔵持著『シャルラタン』、新評論、2003年、第3章参照］。1792年6月20日のチュイルリー宮攻撃の命令は、ここから出された。フリジア帽をかぶる風も、ここからはじまったという。を説得して、平等かつ平明で失敗のないこの処刑法を普及させようと動いた。ロアン小路で羊たちに対して行われた試験は、まさに申し分ないものだった。革命期にグレーヴ広場［現在のパリ市庁舎前広場］で用いられた、本格的なギロチンの刃は鋼製で重く、9キログラム近くあった。現在、これはパリ警視庁博物館に保存されているが、そのかたわらにはギロチンの復元ミニアチュアがある。博物館員の話によれば、このギロチンは一度も使われたことがなく、刃は慈悲深く途中で固定されている［標題のミラボーは、雄弁をもって知られた革命家で、自由主義の貴族として、平民身分である第3身分の三部会代表に選ばれたミラボー伯（1749-91）をたたえた呼称。ミラベルはミラボーを女性形にしたもの］。

ルイゾンが通ったあと

ギロチンの犠牲者たちはきちんと埋葬しなければならなかった。彼らのうち、1794年6月にバスティーユ広場で処刑された93［73？］人は、旧サント=マルグリト教会の小教区墓地、現在の司祭館中庭に埋葬された（この中に入るには、教会の受付から許可をもらう必要がある）。墓石のひとつにL…XIIのものがある（p.120参照）。ピクピュス墓地にもまた、1794年の夏にトローヌ広場、現在のナシオン広場でギロチン刑に処された不運な遺骸が葬られている。こうして全体で1306人が2個所の共同墓穴に急いで埋められた。夜ともなれば、遺骸を積んだ放下車がいまもなお立っている荷馬車口を通っていった。やがて死刑執行人の助手たちが、礼拝室（その名残は草むらのなかにみてとれる）に変えられた人工的な洞窟内で遺骸から着衣をはぎとった。こうした場所に平然と立ち止まることは、とてもできる相談ではない。

サント=マルグリト教会、サン=ベルナール通り40番地、11区（左）
ピクピュス墓地、ピクピュス通り35番地、12区（下）

革命のパリ

109

第12章
戦争のスティグマ

歴史書は戦場や侵略、軍事的制圧などの話で満ちている。こうした話はたしかに記録化されてはいても、戦争や戦闘のしかじかの名残と実際の紛争を直截に喚起する力はもちあわせていない。だが、パリは血なまぐさい過去のスティグマを背負っている。目立たないながら維持されてきたこれらの痕跡は、見る者の心を深いところで少なからずゆさぶらずにはおかない。前章でみておいたフランス革命の名残もまた、すべてがこの戦いの時期とかかわっている。

シュリ館、サン＝タントワヌ通り62番地、4区

戦争のスティグマ

1795年の王党派の反乱

ロックへの一斉射撃

　しばしば一緒くたに混同されがちだが、じつは石にはさまざまな来歴がある。サン＝ロック教会のポーチに発疹のように見えるのは、まちがいなく砲弾のあとである。フランス革命後、共和政が宣言されたが［1792年9月21日］、王党派は敗北を認めていなかった。1795年10月5日、彼らは蜂起を試みる。しかし、たちまち将軍ナポレオンに鎮圧されて退却し、この教会に逃げこむ。そんな彼らを、ドーファン袋小路（サン＝ロック通りから南に伸びた通り）に配属されていた兵士たちが一斉に射撃する。2時間の戦闘後、双方に400人の戦死者が出た。

サン＝トノレ通り296番地、1区

1830年の革命の日々

象嵌された砲弾

　サンス大司教館の南側外壁にめりこんだ小さな砲弾は、歳月や壁の補修を超えて今もある。おそらくこれは、「栄光の3日間」［1830年の7月27日から29日までの7月革命］、より正鵠を期していえば、1830年7月28日（砲弾の下にこの日付がきざまれている）のアヴ・マリア兵舎攻撃の際の流れ弾だろう。7月革命後、シャルル10世［1824年に即位し、極端な反動的な政治を行った］は退位して、「「フランスの王」ではなく」、「フランス人たちの王」ルイ・フィリップ［シャルル10世の従兄弟。絶対王政を否定して立憲君主制や責任内閣制などを敷いたが、やがて強権政治でしだいに国民の支持を失い、1848年の2月革命で玉座を追われた］にその座をゆずった。ただ、この砲弾については、いささか疑問が残る。かなり端正な砲弾のありようと、それを説明する年代とがいかにも不つりあいだからである。

フィギエ通り1番地、4区（左、右）

コミューン

街角の遺物・遺構から見たパリ歴史図鑑

パリ植物園、5区

サクレ゠クール大聖堂（18区）は、パリ・コミューン後の1873年、殺戮の贖罪として建立された。

東屋のグラフィティ

　1870年9月、パリ・コミューンはまだ宣言されていなかったが、すでに怒りは渦巻いていた。プロイセン軍がパリを包囲しはじめると、パリ市民たちは敵の略奪を避けるために備蓄を行った。家畜はすべて植物園に囲いこみ、羊飼いや牛飼いにこれを監視させた。ビュフォンの東屋に入って正面、円柱の溝に次のグラフィティをていねいにきざんだのは、おそらく彼らのひとりだった。その文言は神の加護を願ったものである。「永遠なる神がプロイセン軍を追いつめて勝利をもたらしてくれますように」。綴りは不鮮明だが、かなり達筆な人物の手になる文字は、鋭利な道具を用いて点線できざまれている。円柱の台座にも別の祈願文がみられるが、こちらの方はより判読しがたい。

身廊のスローガン

　アドルフ・ティエール〔1797-1877。マルセイユ出身の弁護士。7月革命でルイ゠フィリップを玉座につけ、みずからは内相や首相となるが、1851年、ナポレオン3世のクーデタで追放される。普仏戦争直前に政界に復帰し、アルザス・ロレーヌ地方の割譲とひきかえにプロイセンとの和解を実現して、1871年、第3共和政初代大統領となる。しかし、この割譲を売国行為とするパリ市民たちの怒りをかう〕率いるヴェルサイユ軍がパリに入った翌日の1871年5月22日、パリ・コミューン参加者たちは、反教権主義者たちの標的のひとつだったサン゠ポール゠サン゠ルイ教会を手中におさめる。だが、そこに2日間とどまったのち、彼らは撤退を決意しなければならなかった。ヴェルサイユ軍が市庁舎近くまで進攻していたからである。教会を離れる前、彼らは身廊にならぶ2本目の右の柱に、怒りに震えながら、血のような朱色でこう書き残した。「フランス共和政か死か」。このスローガンは何度も消されそうになりながら、なおも生きのびている。

サン゠タントワヌ通り99番地、4区

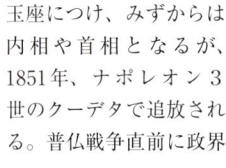

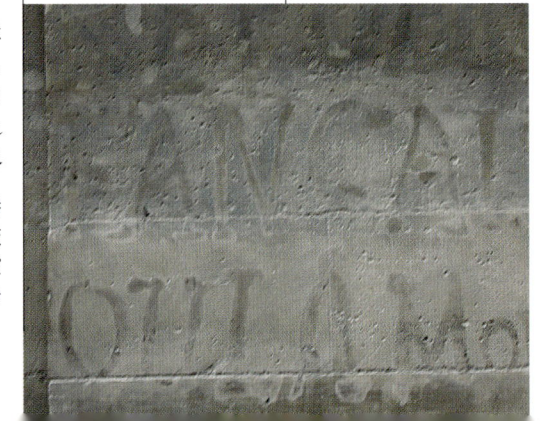

ムフタール通り103番地、5区。1枚の表示板がプロイセン軍によるパリ攻囲戦を想い起こさせる。

第1次世界大戦

そこですべてがはじまった

　1914年7月31日21時40分、ジャン・ジョレスはショプ（カフェ）・デュ・クロワサン［2区、モンマルトル通りとクロワサン通りの角］のテーブルに座っていた。イチゴタルトを味わいながら、食事を終える。と、そのとき、突然銃声が鳴り響いた。狂信的な国家主義者のラウル・ヴィラン［1885-1936。銃殺刑］が、至近距離から狙ったのだ。ジョレスはテーブルの上にくずれ落ちたが、最後の力をふりしぼって立ち上がった。そして、カウンター伝いに歩き、入口付近でばったりと倒れた。奥の広間の窓に近いテーブルには、その明るい色の木に染みこんだ黒い血の跡が残った。入口近く、彼が絶命した場所にはその日付を組みこんだモザイクがある。かたわらには、ジョレスの胸像や当時の新聞の切りぬきとともに、彼を偲んでつくられた小さな祭壇が設けられている。このカフェは新聞社の多い一角にあり、ジャーナリストやあらゆる階層の政治家たちが集まる場所でもあった。《ユマニテ》紙の創刊者で徹底した平和主義者のジョレスは、そこではよく知られた存在だった。その彼が暗殺されて3日後、ドイツはフランスに宣戦布告した。

動員令

　「8区区長は区民に対し、総動員令が発令されたことをお知らせします」。この総動員令は1914年8月2日に実施されたが、これが最初であったかどうかは定かでない。上の写真にみられるものは1970年代にコピーされたもので、埃をかぶったガラスケースの中に黄ばんだままひっそりとおさめられている。

出征

　たとえば、パリ東駅の大ホールを飾るフレスコ画は「1914年8月に」と題されている。たしかに1914年8月2日、ポワリュ［字義は「勇敢な男たち」］がこの駅から東部戦線に出発している。アメリカ人の装飾・フレスコ画家アルバート・ハーター［1871-1950］は1926年、5メートル×12メートルのこの作品をヴェルサイユ城の空き部屋で仕上げ、フランス東部鉄道会社に寄贈した。これはハーターの多くの想いがこめられた作品である。義勇兵として出征した息子イヴリット＝ハーターが、シャトー＝ティエリ近郊のボワ・ベロー［北仏ピカルディ地方］で戦死しているからである。画家自身は画面右手に花束を持って登場し、妻は左手、両手を組んだ姿で描かれている。そして息子は、おそらくケピ帽を掲げている中央の若者なのだろう。

モンマルトル通り146番地

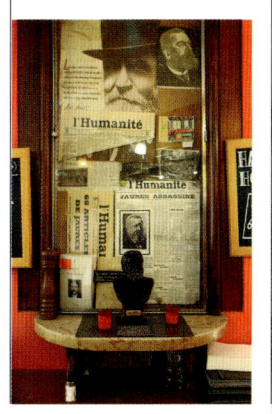

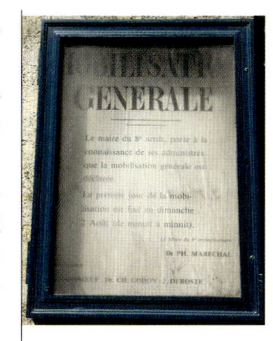

ロワイヤル通り1番地、8区

東駅大ホールの壁画、10区

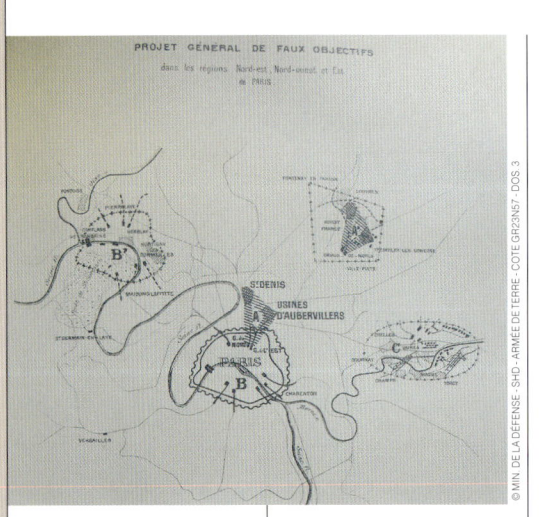

偽装パリ

　第1次世界大戦中、最大限の、しかしとても信じがたいような消極的防衛の計画が考え出された。特殊な照明効果によって、郊外に偽物のパリをつくり、そこをドイツ軍に爆撃させようとしたのである。この計画の暗号名は「偽装目標によるカモフラージュ」だった。最初期の試みは1917年8月、パリ北郊オルム・ド・モルリュ地方のサン＝ドゥニ近郊で、数度にわたって実施された。そこでは夜間照明に輝く大通りだと信じこませるため、土道の両側に工事現場用のアセチレン・ランプが並べられた。内側を明るくした半透明の防水シートで、駅のガラス屋根に似せた。発煙筒で蒸気を出し、黄・赤・白が交互に点滅するランプによって、炉が作動していることを信じさせようともした。こうした作戦の目的は、選んだ場所に光り輝く目標を作り出して、パリを光の消えることのない地点だと誤解させ、敵にパリの正確な位置をまちがえさせるところにあった。これらの試みのあと、最終的に選ばれた地はポントワーズ［パリ北西郊］の南となるはずだった。そこはセーヌ川の湾曲がパリ市内のそれと申し分なく似ていたからである。まさにこれは想像を超えた壮大な実験だったが、休戦によって終止符が打たれ、第2次世界大戦で再開することは不可能となった。地理局地化の分野で技術的な進歩が実現したからである。

消極的防衛作戦、通称「偽装パリ」の計画図

砲弾痕

　ジョルジュ・クレマンソー［1841-1929。急進左派の政治家としてドレフュスを擁護し、第1次世界大戦末期には、首相としてフランスの勝利に貢献した］が共和国の政権を担っていた旧軍事省の外壁には、1918年3月11日の激しい爆撃を想い起こさせる砲弾の欠片がいまもなおみられる。壁石にきざまれた文言はそのようすを語っている。同様に、高等鉱山学校の外壁にも、1918年1月20日の爆撃や1944年8月の戦闘のあとが残っている。

サン＝ジェルマン大通り231番地とウニヴェルシテ通り、7区（上）
国立パリ高等鉱山学校、サン＝ミシェル大通り60番地、6区（下）

クレディ・リヨネ銀行の建物に残る砲弾痕、ショワズル通り15番地（2区）の正面

第2次世界大戦

国立パリ高等鉱山学校、サン＝ミシェル大通り60番地、6区

弾丸痕

パリ解放前夜の1944年8月、ルクレール将軍［1902-47］率いる第2機甲師団の最初の戦車がパリに接近すると、市内にバリケードが設けられ、銃撃戦がはじまって銃弾が飛び交い、弾着した建物の外壁に消えることのない痕跡を残した。それは、高等鉱山学校やエウロプ劇場の裏壁に砲弾や銃弾が雨霰と降りそそいだことを示している。ルーヴルのジョジャール門を守るブロンズ製の横たわるライオン像にも、弾丸のあとがみられる。はっきりと円形をした弾着痕からしても、それはあきらかに解放戦のものだろう。パリ・コミューン時に使われた銃弾は鉛製であり、たしかに石壁にくいこむことはできたが、ブロンズではそれが不可能だった。

エウロプ劇場、オデオン広場、6区

パンテールの口径

オテル＝デュ［旧慈善院、現パリ市立病院］の側壁2個所に残る深くえぐれた砲弾の弾着痕は、パリ解放の決定的な瞬間を物語っている。1944年8月19日午前8時30分、レジスタンスのフランス国内兵たち（FFI）はオテル＝デュに近い警視庁を奪取した。機動憲兵隊が開けておいた扉から中に入った彼らは、三色旗を屋根の上に掲げ、義勇遊撃隊長のアンリ・ロル＝タンギー［1908-2002］は建物を兵舎とした。14時半、中庭から最初の砲撃がはじまる。ドイツ軍は重機関銃や大砲、さらにパンテール戦車2台を送りこんできた。戦車の1台はアルコル通りを進み、向きを変えて、警視庁の入口を正面から砲撃した。

しかし、アルコル通りはこの大きさの戦車には狭すぎ、攻撃を受けやすいことに気づかざるをえなかった。それに気づきながら、なおも進んでいくと、オテル＝デューの扉口脇から攻撃を受け、これに応戦する。後退ができなかった戦車は標的を打ち損じ、88ミリメートル径（恐るべき大きさである）の砲弾2発を病院の壁に打ちこんだだけだった。

ルーヴル博物館（ドゥノン翼、ジョジャール門、ライオンの入口付近）、1区

オテル＝デュー、アルコル通り15番地正面（青い扉口「SAMU出口」の上）、4区

戦争のスティグマ

街角の遺物・遺構から見たパリ歴史図鑑

ポール＝エミールのトーチカ

　パリ最後のトーチカのひとつは、ポルト・ドーフィヌ近く、マレシャル＝ファヨル大通りの無人の緑地に隠れている。これは1階部分と地下室の2層からなる、386m四方の本格的なコンクリート製要塞で、ドイツ海軍の地区管理所のために1941年に築かれた。1952年、セーヌ県庁はこの施設を探検家のポール＝エミール・ヴィクトル［1907-95］に使わせることにした。彼はここで5年間、北極探検のための準備を行い、広い地下室で、探検用資材を人間がたやすく背負って運べるよう、数多くの小さな包みにふり分けた。周囲の未開墾地では、北極で用いるテント小屋を試しました。2010年、パリ市庁はトーチカを解体し、跡地にエコロジックな低家賃住宅を建てようとした。だが、沿道住民の反対の声は、この計画を断念させることに成功している。

第5列を警戒せよ！

　軍隊用語で「第5列（サンキエーム・コロンヌ）」とは、味方の軍隊を援護すべく、民衆に混じって陰で活動する集団とそのひそかな行動（背面攻撃や妨害、スパイ活動などを）をさす表現である［この語はスペイン内戦時の1936年、反ファシスト政府軍の将軍エミリオ・モラ・ビラタが、ラジオで、マドリードに4個軍団を派遣し、さらにマドリード内でも反ファシストの第5列（第5軍団）が蜂起すると放送したことに由来する］。1944年8月26日、コンコルド広場は慈善祭でわいていた。そこにつめかけたパリ市民たちは、シャンゼリゼを下ってくるドゴール将軍の到着を歓喜のうちにいまや遅しと待っていた。その群衆のなかに、暗い面もちの男がひとりいた。フランス国内兵の中尉ルネ・トゥーランである。彼はなにかしら不穏な空気に気づいていた。広場に面したクリヨン・ホテルの自動車クラブ［1895年創立］に、あきらかにドイツのスパイらしき男が数十人、市民をよそおって入りこんでいる。この脅威を確信した彼は、戦車隊の指揮官に不安をしらせた。だが、指揮官はそれを鼻でせせら笑い、整然と列をなす戦車を指さした。それでもトゥーランが言い張ると、いらだった指揮官は部下たちに、もっとも近くにあった戦車4台の砲身を問題の目標、すなわちクリヨン・ホテルに向けるよう命令した。ホテルのバルコニーははち切れんばかりの見物人であふれていた。ドゴール将軍の行列が広場に着くと、ホテルのバルコニーから行列めがけて一斉

クリヨン・ホテル、コンコルド広場6番地、8区

射撃がなされた。戦車隊はただちに応戦し、ホテルの正面を、その5本目の円柱といわゆる第5列もろとも木っ端微塵に吹き飛ばした。この円柱はのちに再建されるが、用いられた石材はもとのものほどすぐれていなかった。大気汚染に抵抗力がなく、ほかの円柱に較べてより黒ずんでいるのだ。

地下20メートルのドイツ軍待避所

　ドイツ軍の消極防御用

リセ・モンテーニュ地下、6区

マレシャル＝ファヨル大通り45番地正面、16区

なにひとつ忘れないために

待避所は、通常は建物の地下室に置かれていた。一部のそれはより深く、旧採石場の中に設けられた。とりわけドイツ軍は、リセ・モンテーニュの校地にあった空軍司令部の地下の一部を整備し、爆撃の警報が鳴るたびに、司令部の下士官たちは部下たちとともにそこに逃げこんだ。彼らに雇われていたあるフランス人は、警報が出された日付と正確な時間を、個人的な感慨ともども多くのグラフィティに書き残している。たとえば次のように、である。「1944年3月5日爆撃。理容師は愚か者だ」。壁には切りぬきで以下のような規則が記されている。「静かに！」、「禁煙！」。待避所の隅には、錆びついているがいまもそこに残るトイレがあった。ただし、それは手まわしハンドルを用いる円筒形のものだった。

「フランス全国民へのよびかけ」再現表示板

フランス全国民へのよびかけ

1987年6月18日から90年6月18日にかけて、1000枚以上の琺瑯引きの表示板がつくられた。これは自由フランス人協会が音頭をとってドゴール将軍のよびかけを復元したもので、フランス全土の多くの市町村に記念として張り出された。パリでは区役所や一部のリセ、さらにバスティーユやサン＝ミシェルなどの主要な広場で、いまもそれを見ることができる。

砕けた顔と対独レジスタンス運動員

第2次世界大戦博物館は、パリ解放を旗印とする1939年の総動員令のもと、フランスが生きたさまざまな出来事を、当時を物語る資料やオブジェ、たとえば配給券や告発状、対独レジスタンス運動員(マキザール)の装備一式などによって生々しく再現している。一方、統合軍衛生隊博物館は、従軍医師たちの日常生活を今に伝える。さまざまな担架が展示された最初の部屋の次は後方基地の医務室の部屋で、そこは修復外科、すなわち1914年から18年にかけての「砕けた顔（戦死者）」のため、その顔を復元しようとする外科に捧げられている。だが、戦場にはより深刻な外傷性障害があった。精神神経症がそれで、患者たちは当初仮病人や怠け者として扱われたが、やがてその病は「戦争ヒステリーないし戦争神経症」によるものとみなされるようになった。

第2次世界大戦博物館、オテル・デ・ザンバリッド（旧廃兵院）、アンヴァリッド大通り6番地、7区
右下：統合軍衛生隊博物館、ヴァル＝ド＝グラース病院、アルフォンス＝ラヴラン広場1番地、5区

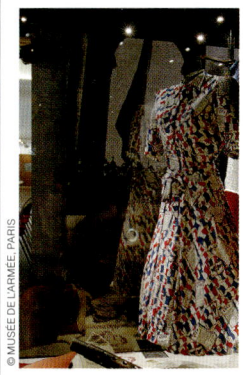

第13章
異様な墓

ペール=ラシェーズやモンパルナスといった有名な墓地ではなく、より秘密性に富んだ、もしくは風変わりな墓地を訪れてみよう。

カタコンブ（地下墓地）

　地下には、地上のパリ市民より3倍多い人々が、四肢がばらばらになった遺骨状態で眠っている。すべては1780年、レ・アル地区の中心部、ランジュリ通りでのおぞましい三面記事的出来事からはじまる。この通りに面したある建物の地下室の壁が、隣接するイノサン墓地に積み上げられ、完全に飽和状態になっていた無数の遺骨の重みでくずれてしまった、というである。驚いたパリ市当局は、衛生上の理由からこの墓地の、次いで市内にあるほかの30個所あまりの墓地を撤去するとの条例を出す。こうして1786年から1814年にかけて、いくつもの陰鬱な行列がサン＝ミシェル大通りをのぼり、廃用になったトンブ＝イソワール通り（14区）の旧採石場へと向かった。遺骨はここに放棄された。やがて、採石場総監察官のエリカール・ド・テュリ［1776-1854。鉱山技師から政治家となった。総監察官就任は1810年］がその処理を請け負い、突然思いついて、遺骨全体を芸術的に配置することを提唱する。こちらの壁には大腿骨を規則的にならべ、あちらの壁には脛骨を交差して置き、その上に頭蓋骨を配する…。その場の雰囲気に見あった原則もいくつか生まれたが、こうした細心の配置は正面だけだった。墓地の後方には大腿骨や椎骨が奥行30メートルにわたって乱雑に積み重ねられているからだ。

コロネル＝アンリ＝ロワ＝タンギー大通り1番地、14区

ヴァル＝ド＝グラース、第1中庭右手、5区。フィリベール・アスペールはこの18世紀の石造りの小建築物を通って、その墓となる旧採石場に降りていった。

フィリベールの墓所

　フィリベール・アスペールはヴァル＝ド＝グラース陸軍病院［旧カルトジオ会系修道院］の門番だった。1793年11月3日、彼は危険をおかして病院の地下に入りこんだ。好奇心に駆られてとも、カルトジオ修道士たちの宝物、つまり最上の「長寿の霊薬」［100種類以上の薬草から作る秘伝のリキュール］を見つけようとしてともいわれるが、装備は粗末なロウソク1本だけだった。はたして転倒したためか、あるいは風でロウソクの火が消えてしまったのか、詳細は不明だが、ともあれこの軽率な人物は地下回廊の闇のなかで迷子となり、命を落としたのだ。それから11年後の1804年4月30日、彼の遺骨はアンフェール（地獄）通りの地下、旧修道院の地下室と回廊をへだてる扉から数メートル離れた場所で発見された。遺骸がフィリベールであることは、彼がつねにたずさえていた鍵束からわかった。遺

アンリ＝バルビュス通り1番地の地下付近、5区

骸はその場に埋葬された。11月3日と4月30日の命日、カタコンブ愛好家たちはかならずフィリベールの墓を訪れ、酒を数滴そそいで敬意を表している。

隠れたユダヤ人墓地

　17世紀末、町の墓地に埋葬することが許されていなかったユダヤ人たちは、死者の埋葬場所に困っていた。しかし1691年、彼らはカモという名のオーベルジュ主人と合意がなり、成人は50リーヴル、子どもは20リーヴルでその庭に埋葬できることになった。やがてカモが他界し、

街角の遺物・遺構から見たパリ歴史図鑑

セーヌ河岸通り49番地（中庭）、19区

1765年にオーベルジュを買いとったマタールなる高利貸しは、この商いを続けたが、同じ場所に馬や牛の死骸も埋葬した。こうした冒瀆に憤ったパリ在住のポルトガル系ユダヤ人たちは寄付金をつのり、当局の認可を得て、隣接する小さな2区画を買いとることができた。ユダヤ教長老会議が所有するこの墓地は、もっとも古く、もっとも隠れた、そしてもっとも忘れられた墓地のひとつとなっている。そこには簡素で黒く、無銘の墓石が31基、砂利の中に一列にならべられている。

L.XVII（67）

サン＝マルグリット教会の小教区墓地には、1794年6月、バスティーユ広場でギロチン刑に処せられた73人の遺骸が埋葬されている（p.109参照）。この墓地は1804年に閉鎖され、小砂利を敷きつめた中庭が埋葬された遺骨をおおい隠すようになった。だが、墓地の壁に沿って墓碑が数体残されている。そのうちの1体は、ラ・ラペ河岸通りで角材を商い、革命暦2年のヴァンデミエール（葡萄月）2日とメスィドール（収穫月）29日に他界した、市民ブルロン父子のものである。隣は子どもの墓碑で、そこにはラテン語で次のような墓碑銘がきざまれている。「L.XVII、（1785-1795年）、足を止め、それがわたしと同じ苦しみなのかどうか見よ」。長いあいだ、これはタンプル塔で死を迎え、1795年6月10日にそこに埋葬された子ども、すなわち国王ルイ16世［在位1774-92］と王妃マリー＝アントワネット（1755-93）の王子［ルイ17世（1785-95）］だと考えられていた。だが、1894年に行われた遺骨の調査によって、それは15歳から18歳にかけての若者のものであることがわかった。とすれば、いったいそこに眠っているのはだれなのか。謎はまだ解明されていない。

サン＝ベルナール通り36番地、11区（訪問には教会受付の許可が必要）

ココ、ここに眠る

フランス商業・手工業省［2012年より地方分権・国家改革・公務員省］の庭には、芝生に隠れるかのように1枚の墓碑板があり、そこにはこう記されている。「ヤシの木陰のここに、主人マリー＝アントワネットの愛犬ココが眠る。主人は逮捕時に愛犬をフランスの王子たちの家庭教師だったマダム・ド・トゥルゼルに託した」。だが、これは明らかなまちがいである。スパニエル犬のココは、王妃ではなく、幼い

リール通り80番地、7区（一般公開は遺産週間時）

王子ルイ17世の愛犬だったからだ。王子はココをタンプル塔の牢獄まで同道した。そして、王子が処刑されたのち、ココはルイ17世の姉で、革命後まで生きのびたただひとりの王族であるマリー＝テレーズ［1778-1851］に預けられた。母の祖国オーストリアへこれをともなった彼女は、1814年、ココとともにパリに戻る。だが、22歳のココにとって、その旅はきついものであり、まもなく天寿をまっとうする。埋葬はマダム・ド・トゥルゼルが請け負った。ただし、リール通りにある墓碑板はコピーであり、オリジナルは地方分権・国家改革・公務員省の金庫に保管されている。

再利用万歳！

中世には、各教会が小教区墓地を有していた。シテ島には教会と小教区墓地の組みあわせがすく

異様な墓

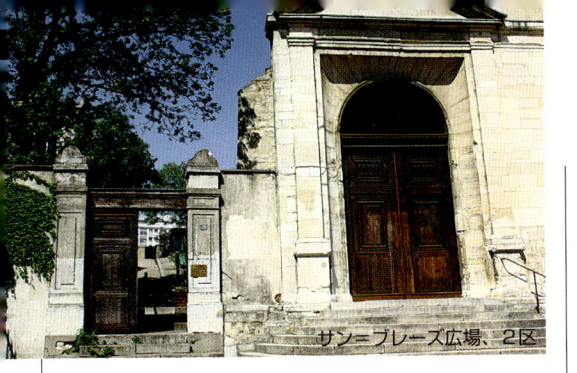

サン=ブレーズ広場、2区

小教区墓地

　サン=ジェルマン=ド=シャロンヌ教会とカルヴェール=ド=モンマルトル両教会の墓地には、ある共通点がみられる。双方の墓地がパリ最後の小教区墓地であるという点で、モンマルトル女子大修道院長は、1688年、その果樹園を小教区民たちに贈って使わせた。ただ、カルヴェール=ド=モンマルトル教会の墓地は小規模で（80墓）、多少とも不気味な青銅製の格子がある囲い地はともども、年に1度、11月1日［諸聖人の祝日］にのみ開放されるにすぎない。一方、サン=ジェルマン=ド=シャロンヌ教会のそれは、パルク=ド=シャロンヌ街道からバニョレ通りへ抜ける近道となっており、沿道住民が頻繁に出入りしている。

　なくとも18個所あった。ノートル=ダム司教座聖堂周辺は貫通路が通っていたため、どちらかといえば少なく、しかも都市改造工事［p.70参照］によって解体されたこともあって、これら教会や礼拝堂の大部分は、その墓地ともども姿を消している。だが、それは完全に消失しているわけではない。すぐれた技巧でつくられた墓石が、舗装の敷石としてあちこちで使われているからである。たとえばシャノワネス通り26番地のそれは、18世紀、数棟の建物を結ぶ屋外廊の敷石に再利用されている。さらに、ゴシック文字による碑銘もみられるが、人の通行がより頻繁だったなら、おそらくそれは磨り減っていただろう。同様に、デカルト通り47番地の通廊は、旧サン=テティエンヌ=デュ=モン教会墓地の墓石が敷石に用いられ

デカルト通り47番地、6区

ている。それぞれの墓石にきざまれている番号は、共同墓に埋葬された人物の登録番号と符合しているはずである。

プティ・カポラルの墓石

　この墓石は、プティ・カポラル［ナポレオンの愛称。字義は「ちび伍長」］の墓を見ようと、オテル・デ・ザンヴァリッド（旧廃兵院）につめかける旅行者の群れを避けるように、庭園の茂みで隠されている。これはオリジナルの墓石で、当初は、失脚してセント=ヘレナ島で没した皇帝の遺骸が下に葬られていた。ナポレオンの墓石は1840年、遺骸ともどもベル・プール号で帰還し、サン=ルイ教会の外、一般は立ち入ることができないが、ニーム回廊の窓越しに見ることができる庭園に安置された。

オテル・デ・ザンヴァリッド、7区

パストゥールの霊廟

　1895年に没したパス

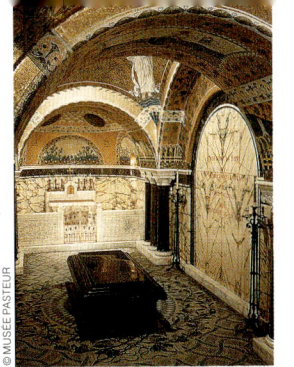

ドクトゥール=ルー通り25番地、15区

トゥール［1822生］が、パンテオン［キューリー夫妻やヴィクトル・ユゴー、ヴォルテールなど、フランスの国家的な英雄が眠る霊廟］に埋葬されるのは当然のことだった。だが、彼の未亡人はそれに激しく反対し、しかるべき筋に訴えた。その甲斐あって、大統領から特例を得て、碩学をもってなる夫の遺骸を、ドクトゥール=ルー通りのパストゥール研究所の地下納骨所に埋葬することができるようになった。この霊廟はラヴェンナのガッラ・プラチーディア［ローマ時代末期の5世紀に建てられた霊廟で、呼称はそれを建立したテオドシウス1世の娘の名にちなむ］を模したもので、そこには円柱や斑岩製の石棺、カララ［トスカーナ地方］産の大理石、さらにこの偉人の仕事を想い起こさせる病気の犬や羊、カラハナワラとブドウの葉などをモチーフとしてあしらった、白と金色のモザイクなどがある。

第14章
民間信仰の表現

　民間信仰はしばしばなんらかの媒体、すなわち崇拝や瞑想ないし内省のオブジェのうちに明確な形をとる。事物や遺骨といった聖遺物は、キリスト教徒たちがとくに重視するものである。すべての教会は原則的に独自の聖遺物を1体ないし複数安置している。だが、スペインやイタリアの都市と較べて、パリはかなり運が悪い。ローマの1教会だけでも、パリの教会全体の聖遺物を合わせたよりも多くを有しているのだ。そうした状況をまねいたのが、フランス革命である。とりわけ恐怖政治のもとで聖遺物箱の大部分は溶解され、聖遺物も焼かれてしまった。

アヴ=マリア通りの表示
板、4区

聖遺物崇拝

民間信仰の表現

フォンダシオン・ドートゥイユのサント＝テレーズ（聖女テレサ）礼拝堂

で、カルメル修道会の改革者・カトリック初の女性教会博士］の髪束と1本の骨、聖マルセル［4世紀のパリ司教］の小骨1個などがある。さらに受難の聖遺物は、毎月第1金曜日にノートル＝ダム司教座聖堂で開陳されている。イエスゆかりの茨の冠（い草を環状に編んだもので、キリスト教界ではトリノの聖骸布に次いで重要な聖遺物とされる）、十字架の破片と釘などからなる。これら3種の宝物は、聖墓騎士団［15世紀末に聖地巡礼に向かう貴族たちをたたえて、ときの教皇アレクサンデル6世があたえた呼称］によって守られてきた。はたしてそれらが正真正銘のものかどうか、厳密に確かめることはできないが、教会は信者たちの信仰対象として示している。

いかなる聖人をうやまうか

聖遺物は、それが治癒力をおびていることを確信する熱心な信奉者をたえず有してきた。それゆえ、悪賢い者たちが聖遺物をでっち上げ、「市場」にはそうした偽物の聖遺物であふれるほどだった。聖ラウレンティウス［フランス語名ローラン。225-58。焼けた鉄格子の上で焚刑に処され、殉教したとされる］の焼かれた肉片や聖母の乳…などである。ある聖人の人気が高まれば高まるほど、その体はばらばらにされた。詐術で用いられるシュロ（ブロワ近郊に保存）の場合は、聖ヨセフ［聖母の夫で、大工とされる］が、「えいっ」と力を入れてこの木を切ったとの伝承と結びつけられている。ある書誌作成者は1847年、あちこちで崇拝されている聖人の体の部位を楽しみながら調べているが、彼のカタログによれば、洗礼者ヨハネにはすくなくとも11本の小指、聖ギヨーム［750／55-814。シャルルマーニュ大帝の騎士］には10個の頭があったことになる。パリにはアビラの聖女テレサ［1515-82。スペインの修道女

下：サン＝マルセル教会の聖遺物箱には、この聖人の小骨のほかに、聖アンドレや聖マキシム、聖フェリクス、聖アントワヌ、聖王ルイ9世、聖スタニスラス、聖フランソワ・ド・サル、聖女ジャンヌ・ド・シャンタル、聖コロンブなどの聖遺物もおさめられている。

サン＝マルセル教会、ロピタル大通り82番地、13区
ノートル＝ダム司教座聖堂宝物館、パルヴィ＝ノートル＝ダム広場、4区

奇跡のメダイユ礼拝堂と壁龕および奉納板、バック通り140番地、7区

カトリーヌのメダイユ

ベルナデット・スビルー［1844-79。1858年、ルルドの泉で聖母出現を体験した］がルルドにいたとき、カトリーヌ・ラブレ［1806-76］はパリにいた。1830年、この24歳の修練女の前に聖母が出現し、ある使命を託した。それは、次の祈願文をきざんだメダイユを作るという使命だった。「原罪なくして宿りたまいし聖マリア、御身により頼み奉るわれらのために祈りたまえ」。そして、聖母はこうもつけくわえた。「このメダイユを身につけるものはみな、大いなる恵みに与ることでしょう」。メダイユは1832年に作られ、多くの快癒と回心を起こした［このことから、「奇跡のメダイユ」とよばれた］。こうして毎年200万以上の巡礼者がバック通りの修道院を訪れ、ロウでおおわれた彼女の亡骸を安置する聖遺物箱の前で跪き、メダイユを買い求めている。

セーヴル通り95番地、6区

ヴァンサンの聖遺物

セーヴル通りのヴァンサン博物館は、「ヴァンサン師」［聖ヴァンサン・ド・ポール、ラテン語名ウィンケンティウス・ア・パウロ（1581-1660）、1737年列聖］の偉大な生涯とその事績を想い起こさせる。彼は地方や外国への伝道を行う宣教会であるラザリスト会［1625年］や、積極的に社会活動を行った最初の女子修道会である愛徳修道女会［1633年］を創設した。この博物館にはさまざまな聖遺物も展示されている。聖ヴァンサンが捨て子たちをその下に住まわせたという袖なしのマントや、彼の死後、その心臓の血で彩色されたとされるメダイヨン、彼が最後に履いていた靴、傘、苦行衣、その遺骸を包んで埋葬され、52年後に元のままで発見された司祭服（遺骸も腐敗していなかったという）などである。また、中国で迫害された宣教師たちの聖遺物（聖ジャン＝ガブリエル・ペルボイル［1802-40。ラザリスト会士で、武漢近郊で殉教した。1996年列聖］の3本の髭やその柩の釘1本など）もある。礼拝堂に安置された巨大な銀製の聖遺物箱のなかには、蝋で包まれた聖ヴァンサンの遺骸が眠っている。

宣教師たちの最期のあいさつ

東洋伝道で殉教した宣教師たちの部屋は、一種の博物館であると同時に、1830年代から40年代に東洋での激しい迫害の犠牲となった殉教者たちの聖遺物が安置された、黙想の場ともなっている。この宣教団体［1663年に東洋伝道のために創設されたカトリックのパリ外国宣教会（ミッション・エトランジェール）］は1843年、5年前にベトナムで斬首されたピエール・ボリ［1808生。殉教地はトンキン。1988年列聖］の遺品が入った櫃を受けとった。それは宣教師たちの最初の「帰還」であり、以後、韓国や中国、コーチシナ、トンキンで迫害され、殉教した多くの宣教師の遺品が、こうして祖国に戻ることになる。やがて遠い東洋へ伝道に出発する前、宣教師たちはここに集まり、殉教し

パリ外国宣教会、バック通り128番地、7区

きわめて特殊なサント゠リタ教会には、マイケル・ジャクソンの祭壇もある。

た先人たちの遺品、たとえば聖テオファヌ［1829-61。ハノイで殉教］の杖やオーギュスト・シャプドゥレーヌ［1814-56。中国南部広西壮族自治区で殉教］のオペラグラスなどに祈りを捧げるようになっている。

リタ、エクスペディ、ボナヴァントゥーラ：聖「メティック」［結婚斡旋者］

絶望した者たちの守護聖女であるカッシアの聖女リタ［1381-1457。貧者に奉仕したアウグスティノ会修道女。祈りのさなか、イエス像の荊冠の棘が額に刺さり、それが悪化して悪臭を放つようになったため、修道院内に隔離された。だが、死後、その亡骸から芳香が放たれたという］は、その教会を、彼女と同等の庇護力をもつとされるエクスペディトゥス［フランス語名エクスペディ。ローマのアルメニア駐留軍の指揮官だったが、キリスト教に改宗し、303年、ディオクレティアヌス帝の命で斬首刑に処されたとされる］と共有している。だが、後者は第2バチカン公会議［1962-65年］で追放され、その彫像も前述の（サント゠リタ）教会を除いて、ほとんどの教会から撤去されている。サント゠リタ教会は聖職者の結婚や女性執事役を認めるフランス教会典礼（ガリカン）にのっとっており、ドミニク・フィリップ師が動物たちのためのミサもあげている。一方、エクスペディトゥスについていえば、アンティル諸島の島民たちから崇敬され、チ・ボン・デュ［字義は「きわめてすばらしい神」］とよばれている。彼に懇願すれば、すべてをかなえてくれると信じられているからである。サント゠リタ教会ではまた聖ボナヴェントゥーラ［1217-74。教会博士・熾天使博士］も崇拝されている。フランシスコ会の神学者だった彼は、とくに結婚の守護聖人であり、独身をかこつ者たちはその彫像の足もとに枕を2つ置き、自分の願いを書いた紙をピン止めしている。

サント゠リタ教会、フランソワ゠ボンヴァン通り27番地、15区

貞節の泉

250年頃、聖ドゥニ［3世紀のパリ初代司教］はその仲間であるルスティクとエルテールともども、ルテティア（p.91参照）におもむき、福音を説いた。だが、ローマの総督フェスケンニウス・シシニウスの怒りに触れ、モンマルトルのメリクリウス神殿前で斬首される。だが、そこで奇跡が起こる！ドゥニは自分の頭を腕にかかえ、ビュットの坂を登って泉のある林の茂み（現在のシュザンヌ゠ビュイソン）まで歩いたのだ。彼はそこで休息し、さらに歩みつづけた。そして、北側の坂を下り、ある寡婦のもとで息絶えた。亡骸はこの寡婦によって埋葬されたという。やがて彼の墓から麦が生え、瀆聖者から墓を隠した。475年、聖女ジュヌヴィエーヴ［422頃-502。アッティラ軍からパリを守った。パリの守護聖女］はこの殉教者の柩を新しい墓に移し、ラ・シャペルの丘に礼拝室を建てる（今日、そこにはサン゠ドゥニ゠ド゠ラ゠シャペル教会が立っている）。さらにダゴベルト1世［600頃-639頃。メロヴィング朝フランク王］は、それをカペー朝の墓所があるサン゠ドゥニの王室大修道院に移し、殉教者の泉は巡礼地となった。その水は熱病を癒す薬効をおびており、妻たちが夫に貞節を捧げる

シュザンヌ゠ビュイソン小公園、18区

民間信仰の表現

ようにする呪力ももっていた。「聖ドゥニの泉の水を飲んだ娘は、夫につくす」というのである。1810年、残念なことに泉は石膏採掘場に飲みこまれ、それとともに夫たちの期待も姿を消した…。

最大の感謝

プティ＝ペール広場に面したノートル＝ダム＝デ＝ヴィクトワール［字義は「勝利の聖母」］大聖堂は、1629年、ラ・ロシェルにおける国王軍のユグノー戦勝利を感謝するため、ルイ12世［国王在位1498-1515］によって建立されている。以来、この教会は聖母や聖人たちに懇願するための理想的な場となった。その証拠が、教会堂の内壁面を埋めつくした無数の奉納板である。これらの奉納板は大理石製で、そこには神へのとりなし、通常はきわめて多様な願いに対して授かった恩恵

プティ＝ペール広場、2区

サン＝シュルピシャンでのショッピング

かなり不遜なことではあるが、宗教具を販売している店は「サン＝シュルピシャン」とよばれる。かつてサン＝シュルピス教会周辺で、これらの店が教会の影に隠れるように店をかまえていたからである。この別称はやがて同教会の周辺から離れた場所にある店にも拡大適用されるようになった。

サン＝シュルピス教会前広場、6区。この広場の周囲にはテュイリエ（8番地）やラ・パストラス（10番地）、遠く離れたプティ＝ペール広場8番地にはオ・クール・イマキュレ・デ・マリといった「サン＝シュルピシャン」がある。

への感謝の言葉がきざまれている。「1942年、マルスランの釈放のために」、「学生があなたにすがったおかげです。若い医師が感謝の念を捧げます。2006年」などのようにである。ここにはじつに3万7500枚の奉納板が穹窿の天井といわず、階段の段鼻といわず、まさにいたるところに貼りつけられている。同様の感謝のしるしは、さらに戦争の苦しみに直面した人々からも捧げられている。出征兵士のサーベルやハートの飾り［護符］、サン＝シラン陸軍士官学校生の軍帽につける紅白の羽飾り、なかには宝石の冠まである。これらはすべて内陣や身廊、交差廊の柱の上にある4個のガラスケースに安置されている。

神秘的なマラソン

サクレ＝クール大聖堂

は、常時聖体礼拝を行っているパリで唯一、そしてフランス全土でもめずらしい教会である。そこでは信者たちが昼夜の別なく交替で聖体（聖別されたホスチア）に祈りを捧げている。1885年にはじまるこの常時礼拝は、第2次世界大戦で爆撃の警告が出された際、1ないし2度中断しただけだった。礼拝の時間が終わると、参加者たちは大聖堂敷地内の共同大寝室や個室で休むことができる。

サクレ＝クール大聖堂、18区

道端の聖母

ほとんど気づくことがないだろうが、外壁や扉の上、2階の窓と窓のあいだ、あるいは2本の通りの角に、ひっそりとつくられた壁龕がある。小像のあるなしをとわず、それはかつてそこに礼拝堂ないし礼拝室が置かれていたことを物語る。教会や修道院から独立しているこうした礼拝用壁龕は、そこに置かれた石膏製や木製、あるいは彩色された金属製の小像同様、つつましやかである。壁龕の奥は当初はマドンナ（マリア）・ブルー［群青色］で彩色されており、全体は格子やガラス板で保護されていたようだ。通常、そこで讃えられているのは庇護の聖母で、ヴェールか冠をかぶり、単独ないし幼子イエスをかかえている。聖母にくわえて、地元の歴史のなかに庇護者として現れる聖人や聖女もまた、壁龕の中に祀られている。これらの小像が修復される場合、鳩よけに針が何本も刺されるが、それはブードゥー教の人形を思わせる。

聖母像

1 細長い体形をしたこの黄土色の聖母像は、ノートル＝ダム＝ド＝トゥト＝グラースにあり、頭を上げ、手を上にかざして天からの声を聞いているようでもある。壁龕の下、角壁には次のようなラテン語の文言がきざまれている。「エッケ・マーテル・トゥア（この汝の母を見よ）」。
ブリオ通りとサント＝クロワ＝ド＝ラ＝ブルトヌリ通りの角、4区

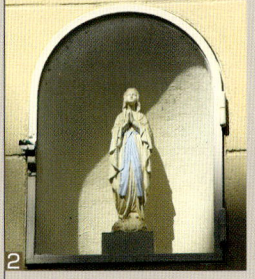

2 ノートル＝ダム・ド・ルルドの彩色された石膏像は、板ガラスで守られている。
トゥルヌフォール通り28番地、5区

3 ベルシー通りの聖母像は黒い格子扉の向こうに立っている。
ベルシー通り235番地、12区

聖母子像

4 採石業者たちは、1671年に天文台の下のカピュサン採石場に安置された、ノートル＝ダム＝ドゥス＝テール、すなわち地下聖母子像をとくに崇拝していた。やがてこの古い像は地上に、つまり天文台の収蔵庫に移されている。2000年代、カピュサン採石場に現代の小さな聖母子像が置かれ、ノートル＝ダム＝ドゥス＝テールの聖母子像の記憶を今に伝えている。
カピュサン採石場、コシャン病院地下、14区

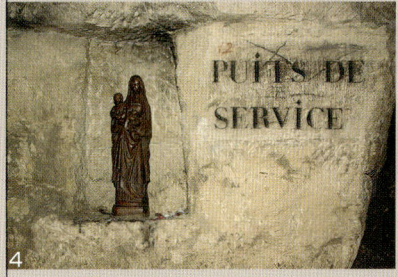

5 切石でつくられたこの壁龕の背景は青く塗られ、星がちりばめられている。
アブルヴォワール通り4番地、18区

6 17世紀につくられた道角の壁龕と石彫。
テュレンヌ通りとヴィラルドゥアン通りの角、3区

民間信仰の表現

街角の遺物・遺構から見たパリ歴史図鑑

7 腰をひねり、かなり無愛想な幼子イエスを抱いた聖母像。
セーヴル通りとサン＝プラシド通りの角、6区

8 宗教具を扱うブティック「ラ・メゾン・ブルー（青い家）」
プティ＝ペール通り4番地・6番地2号、2区

9 奥に星天が描かれたバルコニーつきの壁龕の中に安置された、聖母と銀冠をかぶったイエスの像。
フォブール＝サン＝マルタン通り82番地、10区

10 小さな金属製のバルコニーで嬉しそうに微笑む聖母と幼子イエス像。
カセット通りとオノレ＝シュヴァリエ通りの角、6区

11 聖母と王冠をかぶった幼子像。
サン＝トノレ通り202番地、1区

12 マドヌ（マドンナ）通りはノートル＝ダム（聖母）小路（1704年以降）、ヴィエルジュ（聖処女）通り（1834年）とよばれた。そして1867年、パリの周辺村落が併合されたのち、同名の通りに新たな呼称をつけざるをえなくなって、この通りは「マドヌ通り」と命名された。
ローズ通りとマドヌ通りの角、19区

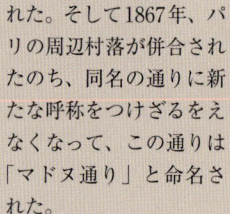

聖人・聖女像

13 赤い外壁にはめこまれたこの小像は、聖ミカエル（ミシェル）を表したもので、台座にきざまれたその名前は、面妖なことに英語的にMickaëlとなっている。あるいは偶然の一致なのか、この一角はきわめてアングロ＝サクソン色が強いところではある。
シャルル5世通り13番地、4区

14 この聖アントワヌ像は、かつてダド氏が営んでいた豚肉店の上にのっている。ダドはヴェロとともに、彼らの名が冠されている小路を敷設しているが、彼の豚肉店には、豚肉商の守護聖人である聖アントワヌの看板がかかっていた。聖人は隠修士の袖なしマントをまとい、聖人が行くところどこにでも従う豚を1頭ともなっていたという。
フォブール＝サン＝ドゥニ通り2番地、10区

15 漁師たちの守護聖人であるアンドレは火縄銃手たちの守護者でもあり、彫像の下部にきざまれた「patron des Arc [her]s」（弓［手］たちの守護者）という文言は、これに由来する。かつてこの近くには、彼に捧げられた教会があった。弓商人たちはそこに続く通りに店をかまえ、これがサン＝タンドレ＝デ＝ザルク（字義は「弓の聖アンドレ」）通りとなる。しかし、やがて弓商人たちの数は減り、一帯は、カルチェ・ラタンの寄宿学校で文字

や芸術を学ぶためにやってくる学生たちの場となった。ただ、通りの呼称にふくまれていたArcs（弓）が、いつArts（芸術・技芸）に変わったのかは不明である。
サン＝タンドレ＝デ＝ザール通りとマゼ通りの角、6区

16 サン＝ニコラ通りの端では、通りの名祖となった聖ニコラウス（ニコラ）が、人々を迎え入れるかのように優しく手を広げている。
サン＝タンドレ＝デ＝ザール通りとマゼ通りの角、6区

17 下半身しか残っていない小像は、船頭たちの守護聖人だった聖ニコラウスのものである。それはブルボン河岸通りから一段下がったところにあった船着場を見守っていた。この通りと直交する通りには、「ファム・サン・テット（無頭女）」という名のオーベルジュがあった。1690年、その通りはオーベルジュの名を冠するようになるが、フランス革命が起こると、オーベルジュはつぶれ、聖ニコラウス像も悲哀をまぬがれることができなかった。だが、歴史の戯れというべきか、石壁にきざまれている通りの古称「ファム・サン・テット」は、上半身のない彫像と見事に符合しているのだ。
ブルボン河岸通りとラ・ルグラティエ通りの角、4区

18 聖ジャン＝バティスト・ド・ラ・サル［1651-1719。1900年列聖］は、つねにひとりの少年とともに表されている。彼が幼児教育の先駆者だったからである。彼にとって教育はエリートのためだけにあるのではなかった。それゆえ彼はふんだんにフランス語を用い、旧来のようなラテン語を排した集団講義を行った。
シェルシュ＝ミディ通りとサン＝ジャン＝バティスト＝ド＝ラ＝サル通りの角、6区

19 貧者たちの守護聖人である聖ラウレンティウス（ローラン）［p.123参照］は、その拷問具である鉄格子のかたわら、殉教の栄誉であるシュロの枝をかかえた姿で表されている。
フランドル大通り60番地、19区

20 アレクサンドリアの聖女カタリナ［287頃-305。皇帝の求愛をこばんで怒りをかい、車輪刑の拷問にあい、最後に斬首刑に処された］もまた、殉教のシンボルであるシュロの枝を手にしている。その拷問具である針ないし鋲のついた車輪は、彼女の足もとにある。
サン＝タントワヌ通りとセヴィニェ通りの角、4区

21 ガラス板に守られている聖ヨハネ像。
ボールガール通り32番地、2区

22 19世紀末、ここにはサン＝ヴァンサン＝ド＝ポールの愛徳修道女会の修道女たちによって維持されていた、ボナール捨て子院があった。聖ヴァンサン［p.124参照］が身よりのない子どもを抱いている所以である。
パルシュミヌリ通りとブトゥブリ通りの角、5区

23 レストランの外部装飾に組みこまれた石彫の聖女アンナ像。
サン＝タンヌ通りとシェリュビニ通りの角、2区

さまざまな信仰の場所

パリにはいくつかの宗派が多少ともひかえめながら共存している。その儀式自体に参加したり、それがとり行われる教会を訪れたりしてこれらの宗派と出会うことは、一服の気分転換となるだろう。

司祭の聖歌

パリには、さまざまな総大主教区（ロシア、セルビア、ギリシアなどの正教会）と結びついた、東方教会の教会堂が15ほどある。これら東方教会の典礼に参加するのは貴重な経験となるだろう。長い髭を蓄えた司祭が、つり香炉をふりながらスラヴ語で唱え言をしているあいだ、信者たちはロウソクのくつろいだ光のなか、立ったままで、頭を垂れたり十字を切ったりする。教会堂内に響きわたるのは、重々しい声の聖歌隊が抑揚をつけて歌う伝統的で見事な聖歌である。とくにロシア正教会は興味深い。金色に輝く葱花形屋根や、モザイクのペディメント、さらにピラミッド状の塔を擁するサン＝アレクサンドル＝ネヴスキー大聖堂はきわめて強い印象をいだかせる。そこではツルゲーネフ［1818-83］やカンディンスキー［1866-1944］、リファール［1905-86。ロシア出身の舞踊家・振付師。ディアギレフのロシア・バレエ団員からパリ・オペラ座の首席ダンサーとなり、さらにその監督もつとめた］の葬儀や、ピカソとオルガ・コクロヴァとの結婚式［1918年］もここで営まれた。全体的な特徴として、サン＝セラファン＝ド＝サロヴ教会（p.65参照）は丸木造りの農家「イスバ」を思わせ、サン＝セルジュ＝ド＝ラドジェーヌ教会は、牧歌的な傾いた小道の奥から亡霊のように立ち現れる。かつて植字工房があった場所に建てられたプレザンタシオン・ド・ラ・トレ・サント・ヴィエルジュ・オ・タンプル教会は、そのガラス屋根のおかげでとくに明るい。

■ほかに
サン＝アレクサンドル＝ネヴスキー大聖堂、ダリュ通り、8区
サン＝セラファン＝ド＝サロヴ教会、ルクールブ通り91番地、15区

厳格なキッパー

一方、パリには長老会議のシナゴーグが25個所あまりある。それは典礼によってセファラド系［地中海沿岸系］とアシュケナージ系［中欧・東欧系］とに分かれる。ローマ＝ビザンツ式様のヴィクトワール・シナゴーグ［1867年完成］は、フランス最大の規模を誇る。ジャコブ・ド・ロトシルド男爵［1792-1868。イギリス・ロスチャイルド家につながる銀行資本家］から寄贈されたそれは、1874年に献堂式を行った。そこにはフランス・ユダヤ教会議首長の本拠が置かれ、ドイツ語によるアシュケナージ式典礼を採用したが、エジプトやチュニジア式典礼の礼拝も受け入れた。トゥルネル通りにあるシナゴーグは、セファラド系ユダヤ人にとって重要な生活の場となっている。

サンセルジュ＝ド＝ラドジェヌ教会、クリメ通り93番地、19区

シナゴーグ・デ・トゥルネル、トゥルネル通り21番地2号、4区

グランソ・モスケ・ド・パリ、ピュイ＝ド＝レルミート広場2番地2号、5区

ムアッジンのよびかけ

　現在、パリにはおよそ30のモスクがあり、1万6000あまりのパリ在住ムスリムがその礼拝所で祈りを捧げている。20世紀初頭、フランス国家はイスラーム教を認め、アルジェリアに財政的な援助をあたえていたが、イスラーム教はフランスでの市民権をなおも得ることができなかった。ムスリムの居住地区に近いペール＝ラシェーズ墓地に、葬儀用の小さなモスクがあるだけだった（現在消失）。しかし、1918年以降、第1次世界大戦でフランスのために戦死した10万のムスリムに感謝の念を捧げるため、モスクを建立する計画が具体化し、1926年、グランド・モスケ［字義は「大モスク」］がついにそのミナレット（塔）を空高くつき出すようになった［ムアッジンとはこのミナレットから1日5回、定刻に祈りの時を告げる係のこと］。

　その金属製の骨組みには、建築家ギュスタヴ・エッフェル［1832-1923］のサインがある（1987年、歴史建造物として登録）。さらにパヴェ通りにある鉄筋コンクリート製のアシュケナージ系シナゴーグでは、1913年、エクトル・ギマール［p.81・第23章参照］が、アール・ヌーヴォー調の褶曲をくりかえす「オンデュレ（波打つような）」様式の外壁面にサインしている［キッパーとはユダヤ教徒の男性が頭につける皿状のかぶり物］。

■ほかに
シナゴーグ・ド・ヴィクトワール、ヴィクトワール通り44番地、9区
シナゴーグ・ド・ラ・リュ・パヴェ、パヴェ通り10番地、4区

仏教寺院とパゴダ

　1970年代から80年代にかけての移住によって生まれたアジア人共同体のうち、仏教徒たちは観音や弥勒仏に祈りを捧げている。彼らの宗教的な日常生活は、祖先祭祀をふくむ数多くの信仰実践からなる。ブッダの祭壇はもっとも神秘的なものであり、寺院の最奥部にある。ベトナム人の高齢者たちは運命の盤（象棋盤）の上で象棋の駒を鳴らし、地下鉄のオランピアド駅近くには、潮州友の会主宰の荘重かつ華やかな仏教瞑想センターがある。一方、ヴァンセンヌの森のパゴダでは大規模な宗教祭が営まれ、仏教徒たちが慈善的なよそおいのなかで、ヨーロッパ最大を誇る金色のブッダ像に供物を捧げている。

スリ・マニカ・ヴィナーヤカル・アラヤム、パジョル通り17番地

■ほかに
ヴァンセンヌの木造パゴダ、ドーメニル湖環状路40番地、12区

ガネーシャ供犠

　フランス初のヒンドゥー寺院「スリ・マニカ・ヴィナーヤカル・アラヤム」でのプージャ（供犠祭）に参加する。それは想像を超えた経験となるだろう。信者たちを従えた祭司は、象頭の知恵の神ガネーシャの祭壇をてはじめに、次々と祭壇の前に立ち止る。そして、花弁や聖油、さらにさまざまな色の粉をふりかけてそれぞれの神をたたえる。それから祭司はサンスクリット語で休むことなく祈りを唱え、小さな鈴を鳴らしつづける。この儀式は参列者たちの額にしるし［ティラカ］をつけ、手のひらに清浄のミルクを分けあたえる祝福で終わる。

仏教の祭壇、ディスク通り37番地、13区（左）
潮州仏教瞑想センター、イヴィリー大通り44番地、13区（右）

民間信仰の表現

第15章
俗信と異教

信じるか信じないかはともかく、人はしばしば古い伝統のために犠牲を捧げるのを余儀なくされる。護符を身につけるかわりに、井戸の底に小銭を投げこんだりしたのではないか。いったいに信仰には根強いものがあり、もっとも強靭なそれは時間や合理主義に抵抗力を有しているのだ。とりわけ墓は異教的な儀礼に適している。ある芸術家に対する賛美が、ときに信仰にもなる。さらに、歴史上の人物が「住んでいた」場所が、熱烈な巡礼の対象になることすらある。

ペール＝ラシェーズ墓地、20区。ヴィクトル・ノワール像（第92区画）とオーギュスト・ブランキ像（第19区画）

ヴィクトルの下腹部

ペール＝ラシェーズ墓地に横たわるヴィクトル・ノワールの下腹部を愛撫しに来る女性たちは、はたしてどれほどいるのだろうか。ある調査によれば、その数は多いという。ヴィクトル・ノワールはジャーナリストで、1870年、激論のはてに、ピエール・ボナパルト［1815-81。ナポレオン・ボナパルトの甥］によって射殺されている。この暗殺は民衆の嵐のような反発をひき起こし、ピエールが無罪放免になったこともあって、激しい叛乱をまねいた。そこでノワールを顕彰するための寄付がよびかけられ、彫刻家のアメデ＝ジュール・ダルー［1838-1902。代表作にパリの共和国広場を飾る「共和国の勝利像」がある］に、ブロンズによる横たわるノワール像の制作が依頼された。写実的な造形を専門とするダルーは、そこで凶弾に斃れた瞬間のノワールを表現した。しわくちゃになった下着や大きく開いた傷口、遺体のかたわらで逆さになっている鍔広のボリバル帽…などを、である。彫像では結婚衣装を着ているが、それはノワールが事件の翌日に結婚することになっていたことによる。やがて伝承が生まれる。挙式をひかえていたこの若者が、多産をもたらしてくれる無数の徳をおびているという伝承である。こうして妻たちは彼の墓を訪れ、その盛り上がった下腹部に手を置きながら、子宝に恵まれますようにとの唱え言をする。墓地の管理当局はこの性的な崇拝に憤り、2004年、彼の墓のまわりに柵をめぐらした。だが、新聞にその措置を批判され、柵は撤去された。ちなみに、ダルーは同じ墓地にルイ・オーギュスト・ブランキ［1805-81。社会主義者・革命家で、7月革命と2月革命を指導した］の墓石も制作している。

「13区区役所での結婚」

1860年以前、この茶目っ気たっぷりの言いまわしは同棲をさしていた［現在は「21区での結婚」］。周辺村落を併合するまで、パリには12区しかなく、それゆえ13区の区役所で挙式をあげることはできなかった。併合後、パリは肥大化して20区を数えるまでになり、新たな区に番号をつけなければならなくなった。それまでの12の街区は、文章を読むときと同様に、左（西）から右へ、上（北）から下へ順番につけられていた。その例にならって、今日の16区は「13区」とよばれることになった。この地区のパシー住民やオートゥイユ住民にとって、それは我慢のならないことだった。ときの区長ジャン＝フレデリク・ポソ［1797-1875。仲買業を引退したのち、社会活動に身を捧げ、1932年のコレラ猖獗時には、パシー地区の救護活動を指揮した］は、地区の名誉を守った。パリの中心部から市外区まで、螺旋状に区に番号をつけるようオスマン［p.70参照］を説得したのである。彼がこの考えを思いついたのは、たまたまエスカルゴ料理を食しているときだったという。

ポソ広場、16区

モンテーニュの古靴

学生たちの古くからの伝統として、試験の前、「やあ、モンテーニュ！」と言いながら、モンテーニュ像の右足に触ることがなされている。いかにも他愛ない所作だが、これが幸運をもたらすというのだ。この彫像はもとは大理石製だったが、学生たちからあまりにも頻繁に撫でられたため、靴がすみやかに磨り減ってしまった。それゆえ、パリ市の保全課はつねにそれを修復しなければならなかった。こうして1933年、この靴はより丈夫なブロンズ製の複製と取り替えられた。撫でられれば、それだけ靴の輝きが増すからである。

ポール＝パンルヴェ広場、5区

街角の遺物――遺構から見たパリ歴史図鑑

ヴェルヌイユ通り5番地、7区

シャルル、汝、もし知りせば…

なぜ彼であって、余人ではないのか。しかじかの物故作家に対する愛着は、いかなる文学的考察でも解きえない謎である。シャルル・ボードレール［1821-67］の墓には母親と義父が入っている。そこには、しばしば心に悩みをかかえ、この呪われた詩人の作品を読んで励みとしている賛美者たちが、そのことを詩人に知らせるべく足繁く詣でているのだろう。墓石の上には、ウルドゥー語や日本語をふくむさまざまな言語で紙に書かれた悲嘆の言葉がちらばっている。なかには、六折りされて、墓碑の裏側や墓石の裂け目にはさみこまれた紙もある。まさにこうしたことは、マルセル・プルースト［1754-1826］やサルトルとボーヴォワール［互いによき理解者でライバルでもあったサルトル（1905-80）とボーヴォワール（1908-86）は、結婚することはなく、死後同じ墓に眠っている］を嫉妬させるほどである。ボードレールの墓の近くに眠る彼らには、それほど熱烈なファンがいないからである。

オスカーのための接吻

おそらくオスカー・ワイルド［1854-1900。アイルランド出身の詩人・作家。ペール＝ラシェーズ墓地に墓がある］は、自分（というよりは、むしろその墓）がいまもなお風紀を乱しているのを知って喜んでいることだろう。ジェイコブ・エプスタイン［1880-1959。アメリカ生まれのポーランド系ユダヤ人で、のちにイギリスに帰化した彫刻家］の作になる、平墓石の上に石碑を乗せた彼の墓碑は、1909年の建立当時から世間の驚愕をかっていた。それは有翼のスフィンクス（詩集『スフィンクス』1894年の暗示）を表しており、その輪郭は劇作家でもあった彼を象っている。挑発的な性器をそなえていた（ワイルドの同性愛を示唆する）このスフィンクスは、当時の時代精神や墓地の管理者たちに衝撃をあたえたため、1914年まで布で隠された。そして1961年、野蛮な上品さによって、彫像から性器部分がとりのぞかれた。しかし、こうした措置にもかかわらず、彼の墓は不調に終わった愛の犠牲者たちの関心をいささかなりと衰えさせるこ

キャベツ頭の男とその賛美

歌手のセルジュ・ゲンスブール［p.214参照］が1969年から晩年の1991年まで住んでいた家は、静かなヴェルヌイユ通りのなかでひときわ目立っている。その外壁はファンたちによるグラフィティで完全におおわれたままである。これらのグラフィティは、ジタンヌ［フランスの代表的なタバコ］をこよなく愛したこの愛煙家の生前からあった。彼はそれを見て笑っていたが、定期的に清掃しなければならなかった隣人たちからすれば、これは言語道断の落書きだった。モンパルナス墓地にあるゲンスブールの墓はまた、人が頻繁に訪れる巡礼地のひとつとなっている。

ボードレールの墓石、モンパルナス墓地第6区画、14区

ペール＝ラシェーズ墓地第89区画、20区

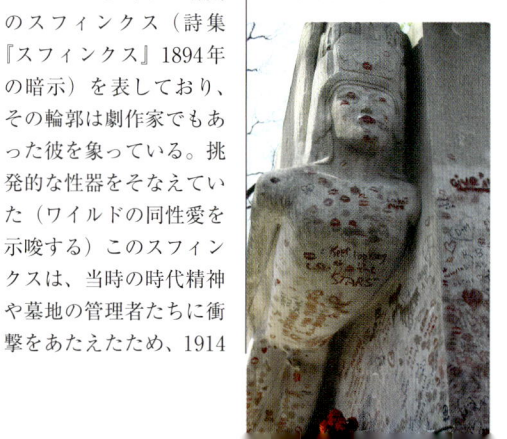

オ・ボヌール・デ・ジル、ラ・ヴィレット大通り142番地、19区

とはなく、彼らはなおもここを詣でて、哀願したり感謝の念を捧げたりしている。外国からの旅行者をふくむ女性たちは、あいかわらずその墓石に赤い口紅で接吻してもいるのだ。

ブードゥー教を買う

アフリカ的アニミズムと多神教的信仰との混淆であるブードゥー教は、「唯一神より神々にすがる」ことを勧める。これらの神々は異教的な精霊や呪力をおびた植物であったり、カトリックの聖人であったりする。それゆえ、ブードゥー・センターは多神教的かつ秘教的なバザールの様相を呈している。そこにはカトリックのイコンやイスラームの呪符、インドの小像、仏教の護符、さらに一般的な催淫剤までもが雑多に置かれているのだ。このセンターに入会した者たちのために、ブードゥーの呪術師は日常的なあらゆる問題を安い手数料で解決することができる。息を吹きかけて試験の答えを教え、利幅を大きくするための交渉を勇気づけ、新妻を夫婦のベッドに導き、あるいはライバルを失脚させたりもできる。ただし、セルヴェル［字義は「脳みそ」］やス・ク・ファム・ヴー［「妻がほしがるもの」］、パ・キテ・モア［「離れないで」］、ボーム・ジュアン・コンキスタドル［「征服者ジャンのバルサム」］、カズ・トネル（ないしマコモの種）といった彼の秘薬を用いれば、である。AAA（アジア＝アンティル＝アフリカ）店では、これらの秘薬が効能のアルファベット順に整然とならべられている。ボヌール・デ・ジル［「島の幸運」］店でも、ミランボランやバレ・ド・オンズール［アオイ。字義は「毒入り箒」］といった、いかにもいわくありげな名前の葉や根、ハーブにくわえて、儀礼的な祈祷集などが売られている。また、コントワール・スピリチュエル［「霊的なカウンター」］も、あらゆるデリケートな状況に適した水剤や護符を扱っている。

■ほかに
AAA、フォブール＝デュ＝タンプル大通り88番地2号、11区
コントワール・スピリチュエル、プーレ通り8番地、18区

閉じこめた愛

おそらくすべてはフェデリコ・モッチャ［1963－］が2006年に刊行して成功をおさめた小説、『おまえがほしかった』［邦題名『その愛を走れ』］からはじまる。主人公は若いカップル。永遠の愛を誓ったふたりは、古い伝統にのっとってミルビウス（ミルヴィオ）橋にそれぞれの名前をきざんだ南京錠をかけ、それからベレ川に投げ入れている。これがルケッティ・ダモーレ（愛の南京錠）とよばれる習俗で、英語のラヴロックがそれにあたる。小説を機に流行するようになったこの習俗は、やがて多くの国でみられるようになり、そこでは恋人たちがこれはと思うロマンティックな橋を選んでいる。パリのアール橋やアルシュヴェシェ橋にも、レオポルド＝サンゴール歩道橋同様、大量の南京錠がとりつけられている。だが、それとても中国の黄山や、橋のガードレールにかかる重さを軽くするため、市長が「金属の樹」を植えたモスクワのルシコフ橋と較べれば何ほどのこともない。パリ市もまた同じことをしようとしている。マス・ツーリズムにあおられて、この現象が拡大しつつあるからだ。

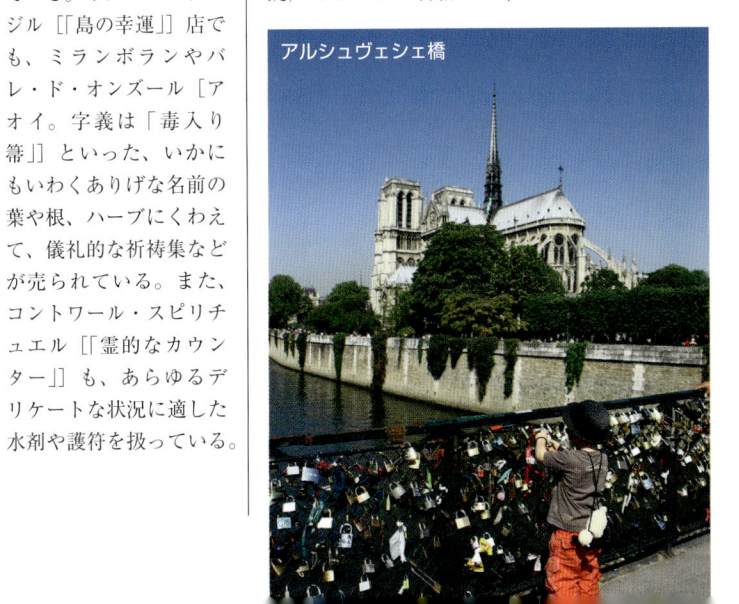

アルシュヴェシェ橋

第16章
驚くべきもしくは無作法な彫刻

パリの広場や公園の中央には、たしかにさまざまな彫像が威風堂々と立っている。これらの彫像は、あらためて詳述する必要がないほど有名である。ただ、残念なことに、解読の鍵をいくつかもっていないかぎり、そこに見えるものは笑いをひき起こすだけだろう。

オテル＝デュ（パリ市立病院）、パルヴィ＝ノートル＝ダム広場、4区（p.140参照）

彫像

馬用松葉杖

ヴォージュ広場の中央部にあるルイ13世の騎馬像は、一見するかぎり奇妙なものとしか映らない。たとえば、馬の腹部を下からつき上げる木の幹である。それについては、過去にさかのぼらなければならない。1639年のこと、枢機卿リシュリュー［1585-1642。ルイ13世の宰相］は当時ロワイアル広場とよばれていたこの広場を飾り、それまで決闘者たちの特権的な場所だとなってここをとりもどすため、ブロンズ製の彫像を注文した。彫像は革命期に鋳造された。やがて1825年、これに代わる彫像の制作が、彫刻家のジャン＝ピエール・コルトー［1787-1843。1825年、王立美術学校教授に就任］に依頼された。彼は作品の素材としてブロンズではなく大理石を選んだ。だが、この選択は愚かしいものだった。騎馬とルイ13世の重さで、すぐに亀裂が生じてしまったからである。こうして今日、騎馬像全体を支えるため、木の幹の形をした松葉杖がみられるようになった。

ケピ帽のない将校

1951年以来、長靴をふんばり、軍服で体を締めつけながら、フォシュ元帥［1851-1929。第1次世界大戦中、マルヌの戦いなどで連合軍総司令官として対独戦を指揮した］はトロカデロ広場で馬を跳ねさせている。だが、頭は、無帽である！軍人の彫像としてはほかに類例のないことだが、これはじつは忘れたわけではない。元帥の強固な個性をきわだたせようとした、彫刻家ボベール・ウレリク［1882-1944。ブールデルやマイヨールとともにチュイルリー・サロン展を創始した］の明確な選択なのである。

カルーゼル凱旋門、1区

歩兵隊爆薬係マリオル

ドミニク・ガイ＝マリオルはナポレオン軍の歩兵隊爆薬係をつとめた勇敢な男で、「マリオルを行う」、つまり「人目をひこうとする」という表現のもとになっている。身の丈2メートルあまり、トルコ人のように頑健だったこの男は、いく度となく負傷し、その都度立ちなおっている。皇帝の閲兵が行われた1807年のある日、彼は大胆にも30キロもある大砲を腕にかかえて行進した。この力業を発揮しながら兵舎を一巡して、彼は伝説的な兵士となった。多くの芸術家たちが彼を好んでモデルにし、その結果、カルーゼル凱旋門（ルーヴルに向かって右側）の上にも、ナポレオン親衛隊の毛皮製高帽と工兵の前かけをつけた彼の勇姿を見ることができるようになる。

ルイ13世小公園、4区

トロカデロ広場、16区

帽子をかぶらせれば、その庇が顔に影をつくり、毅然とした風貌を隠してしまう。彫刻家はそう考えたのだ。軍の司令部はこうした自由さを苦々しく思ったが、気をつけの姿勢をとらせることで折りあいをつけざるをえなかった。ウレリクが戦争で重傷を負ったセーヌ県議会副議長の支持を得ていたからである。

驚くべきもしくは無作法な彫刻

街角の遺物・遺構から見たパリ歴史図鑑

仮面のパンテオン

「これがわたしの仮面たちよ、お気に召して？」。写真の少女像はそう言っているようでもある。よく見れば、彫像の足もとにあるそれらはふつうの仮面ではない。いずれもが、1883年にこの作品を制作した、彫刻家ザカリー・アストリュク［1833-1907］と同時代の著名人、すなわちヴィクトル・ユゴー（右側）やウジェーヌ・ドラクロワ、アレクサンドル・デュマ（子）、レオン・ガンベッタ［1838-82。普仏戦争で徹底抗戦を唱え、第3共和政の基礎を築いた政治家］、ジャン＝バティスト・カルポー［1827-75。ナポレオン3世に厚遇された彫刻家・画家］、カミーユ・コロー、エクトル・ベルリオーズ、ガブリエル・フォーレ［1845-1924。パリ音楽院長・作曲家］、オノレ・ド・バルザック、ジュー

リュクサンブール公園（東側、大池と国立鉱山学校のあいだのテラス）、6区

ル・バルベ・ドールヴィイ［1808-89。貴族出身の小説家］などの顔なのである。アストリュクは『仮面の商人』と題したこの作品で名声を博した。ただ、残念なことに、それは無傷のままではない。右側にあった仮面が盗まれているからだ。

車に警戒せよ！

車時代の黎明期、サン＝フェルナン広場にあるこの（悪魔の？）機械は大きな不信をまねいた。煙を吐く、とんでもない音を発するからだった。レオン・セルポレ［1858-1907］はそのパイオニアのひとりだった。彼は水を瞬時に蒸発させるボイラをそなえた完全な蒸気自動車を考案したが、さらに蒸気3輪車の発明者であり、1887年に最初の運転免許証

サン＝フェルナン広場、17区

を手にしたドライバーでもあった。1910年頃、ジャン・ブシェ［1870-1939。国立高等美術学校教授・美術アカデミー会員］に、彼をたたえるための彫像制作が依頼された所以である。だが、この作品は表現がおかしい。セルポレが車のハンドルをにぎり、賞賛者たちが蒸気の渦のなかで彼をたたえているのはよしとして、その前方でひとりの人

逆さの戦車

グラン・パレの屋根では、奇跡的なまでに均衡のとれたブロンズ製の4頭立て2輪戦車が2台、今にも空中に飛び出そうとしているかのようにならんでいる。この古代戦車の上では、ひとりの戦士がたてがみを風になびかせる馬たちを御している。戦車が前後逆になっていることを除けば、これはまことに見事な作品といえる。彫刻家はこうして戦士を前面に押し出そうとしたのである。だが、その結果は奇妙なものとなった。彼が車椅子に乗っているように見えてしまうからだ。

エコール＝ド＝メディシヌ通り15-21番地、6区

物が今にも車にひかれそうになっているのだ。たしかにそれは、自動車の危険に警戒をよびかける見事な表現ではあったが…。

医学と死

旧医学校の中庭の隅には、20世紀初頭にガブリエル＝ジュール・トマ［1824-1905。国立高等美術学校教授・美

グラン・パレ、ウィンストン＝チュルチュル大通り、8区

ラ・レーヌ遊歩道（グラン・パレとセーヌ川のあいだ）、8区

術アカデミー会員]が制作した、「死の女神」と題した陰気な彫像が立っている。この彫像は死にまつわるあらゆる属性をおび、人間の傲慢さや虚栄心を示すシンボル、すなわち王冠や宝物で満ちた櫃、剣、高位聖職者の杖、宝石、王杖などをふみにじっているのだ。

ラ・ファイエットのための拷問

　1886年、フランスはアメリカ合衆国に自由の女神像を贈ったが、その返礼として合衆国民は1899年、ラファイエット［1757-1834。合衆国の独立戦争を援助した］の彫像を贈ろうとした。そのために選ばれた彫刻家は、アメリカ人のポール・バートレット［1865-1925］だった。1900年のパリ万国博に出品できるよう、制作は急がされた。バートレットはやむなく石膏製の一時的な雛形を出品した。万国博後はこれを回収し、以後8年間、改作につとめたが、満足のいくものはできなかった。制作費は前払いされていた。注文主たちは彼に早く作品をブロンズ製に仕上げるよう催促した。やがて作品は完成するが、その際、彼は制作の遅れを嘲弄した批判者たちを仰天させるため、みずからを責めるかわりに亀を台座につけくわえた。

アンドレ＝シトロエン河岸通り15区（下左）
リュクサンブール公園、6区（下右）

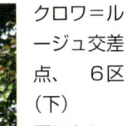

自由の女神像

　パリには自由の女神像のレプリカが5体ある。そのうち、もっとも有名なものはシーニュ島（16区）の先端に立っている。これは原型の5分の1サイズで、1889年7月4日に除幕式が行われている。もうひとつのより小さなレプリカは、リュクサンブール公園（6区）の人形劇場近くにある。アルマ地下道（8区）の上に立つレプリカが掲げる金箔がほどこされた松明は、ニューヨークの原型と同じ大きさである。もう1体はアンドレ＝シトロエン河岸通りのボーグルネル塔の足もとにある。さらに、国立工芸院の博物館（3区）には16分の1の石膏モデル（原型）が保管されている。5体目は自由の女神像を小さく復元したもので、セザール・バルダッチーニ［1921-98。圧縮・膨張彫刻の考案者］作のケンタウロスの上半身、鎧から飛び出すように表現されている。

クロワ＝ルージュ交差点、6区（下）

■ほかに
シーヌ島、16区
アルマ地下路、8区
国立技芸博物館、3区

マルセル・エーメ広場、18区

壁抜け男

　『壁抜け男』は1943年に発表された短編集で、うだつの上がらない役人デュティユルの冒険を語ったものである。この主人公は、ある日、自分に壁を通り抜ける力があることに気づき、これを用いて大量の強盗を働き、「ガルー、ガルー」というサインを残していく。作者はモンマルトル出身のマルセル・エーメ［1902-67］で、彼が住んでいたアパルトマンの窓は、この小広場（26番地）に向いていた。彼が他界すると、親友で隣人でもあったジャン・マレー［1913-98。長年の同性愛相手でもあった名優で、ジャン・コクトーの作品『双頭の鷲』や『美女と野獣』、『オルフェ』などに出演した］は、マルセル・エーメをモデルとした壁抜け男の彫像を制作した。男が高い壁をすり抜けるこの作品は、驚くほどの反響を勝ち得た。

パリの小便小僧

　オテル＝デュ（パリ市立病院）中庭の中央に置

139

驚くべきもしくは無作法な彫刻

高浮彫りと浅浮彫り

不遜なミゼリコルド

サン＝ジェルヴェ教会内陣に二重に配されている聖職者席は、それぞれにミゼリコルド、すなわち座面の下に固定された持ち送り状の支えがついている。これはミサが長引き、典礼で直立姿勢を求められる際、聖職者の尻を支えるために用いられた装置である。きわめてめずらしいことに、この教会のミゼリコルドにはさまざまな職業を表す彫刻がほどこされている。代書人や建築家、パン生地をオーブンに入れる製パン商、樽職人、ブドウ収穫人、靴職人、ロースト肉商などである。さらに、こうした日常生活を描いた場面にくわえて、

サン＝ジェルヴェ広場、4区

より放縦な場面もみられる（左列端席）。入浴する男女やロバの耳がついた頭巾をかぶり、うずくまった姿勢で扉口の敷居の上で排便する男、キュロットを脱いで暖炉の火で尻を暖めている女性の姿などである。

ペルソナ・ノン・グラータ（歓迎されざる人物）

ナポレオンがセント＝ヘレナ島で鬱屈した日々を送っているあいだ、権力の手綱をふたたび掌握した国王ルイ17世［在位1814-15／1815-24］は、失脚した皇帝の痕跡を残らず消し去った。井

かれた彫像は、けばけばしい配色の塗料といい、季節で変わる扮装といい、周囲と不つりあいでしっくりこない。じつはこれは1815年にオテル＝デュの筆頭外科医となったギユーム・デュピュイトラン［1777-1835。病理解剖学の創始者のひとりで、バルザックの『人間喜劇』にも実名で登場している。生前、彼は莫大な富を蓄え、その一部を追放されたシャルル10世とパリ大学医学部に提供し、後者はこの寄金で病理解剖学講座と解剖学博物館を創設した］の彫像だという。だが、とてもそうには思えない。外科医としての力量には刮目おくあたわざるものこそあれ、気むずかしく野心的な性格ゆえ、彼は部下たちに悪い想い出を残しているのだ。

その（後代の）反動というべきか、1946年にここに設置された彼の彫像は、1980年代以降、

インターンや臨床医学生たちの気晴らしや幼稚な戯れの道具となっている。毎年6月と11月に行われる作業班の更新時ともなれば、それは有名人──ミッキーマウス、バットマン、アステリクス、ミシェル・ポルナレフ［現代フランスの代表的なシャンソン歌手］、マルシュピラニ［アンドレ・フランカンの漫画に登場する幻想動物］、白雪姫、セバスチャン・シャバル［ラグビーのフランス代表選手］、シュトルンプ［ベルギーの漫画キャラクター］、スポック［映画『スタートレック』の登場人物］──や事物（地下鉄のチケットなど）、国（ブラジル国旗など）のメーキャップがほどこされる。メーキャップの際、「装飾家」は下地をとりのぞかず、そのため男爵外科医の体は新しい顔料の層が重ねられるにつれて必然的に肥満化している。

驚くべきもしくは無作法な彫刻

石工たちはパリ中のナポレオンの彫像を探し出し、その名前を隠すよう命令を受けた。たとえばモンスーリ公園内を走るパリ子午線上にある、上部に穴の空いた石〔測標石。実際は子午線から70メートルほど東に位置する。1806年にパリ天文台が立てたもの〕には、「…の統治」の文言がきざまれており、削りとられた空白の個所には、ナポレオンの名がきざまれていた。より興味深い事例はルーヴルの列柱にみられる。そのペディメントは第1帝政期のもので、か

サン゠シュルピス教会の日時計台座、6区。もうひとつの検閲事例で、フランス革命期のもの。王国内の慈善家や教会、科学アカデミーに謝意を表したこれらの文言のなかには、国王ルイ15世とその閣僚たちにかんする部分が、革命時に削除されている。

つてそこにはルーヴル宮のこの部分の完成を急がせた、皇帝ナポレオンの胸像レリーフがあった。このレリーフをとりのぞいてできた空白の部分によって、審美的な均衡が失われるのを避けるため、一種の外交的な偽装が選ばれた。すなわち、彫刻家はナポレオンを太陽王に変身させるため、皇帝がかぶっていた月桂樹の王冠を巻き毛のかつらに替え、その下方の文言も変えたのだ。だが、この彫刻家は迂闊だった。ミネルバの盾を皇帝になじみのある鷲とミツバチ

モンスーリ公園、14区
サン゠ジェルマン゠ローセロワ教会側に面したペロー列柱、1区

（!）とで飾り立ててしまったのである。

判じ物の形をとった復讐

ルイ14世の軍事卿だったルーヴォワ侯爵〔1639-91〕はきわめて虚栄心が強く、ほかのだれにもまして自分自身の作品を積極的にたたえ、感嘆していた。彼は廃兵院内の数個所、国王の紋章近くに自分の紋章をきざませた。これに怒った国王は、ただちにそれらを削りとらせた。これに対し、ルーヴォワは長い時間をかけて復讐を準備し、遺言書のなかに秘密の条項をもりこみ、自分を廃兵院内に埋葬するよう求めた。こうして彼の遺骸は、その意をくんだ司祭によって廃兵院内の地下埋葬室のひとつにひそかに葬られた。それを知った国王は、3日後にそれを撤去させた。だが、侯爵はさまざまな秘策を

講じていた。廃兵院内にほかの方法で居座ったのだ。前庭にある建物の屋根窓に体半分をシュロの木に隠し、目には前庭の地面を向いた狼を1体彫らせたのである。まさに、「狼が見る」である。やがてこの石の判じ物はルイ14世の知るところとなるが、王は肩をそびやかしてこう満足げに言ったという。「哀れな男だが、いかにも彼にふさわしい！」

アンヴァリッド（旧廃兵院）前庭にある東側建物の屋根窓のペディメント右手、7区

サン＝ジェルマン＝ローセロワ教会、アルブル＝セック通り、1区

コンドルセ通り68番地、9区

姓を暗示する紋章

建築家のウジェーヌ・ヴィオレ＝ル＝デュク［p.67参照］は、ルーヴォワ（前項参照）と同様、判じ物のようなサインを石にきざんだ。たとえば、コンドルセ通りのとある家のコーニスの下に見える、1羽のミミズク（グラン＝デュク「ワシミミズク」）像がそれである。彼はこの家の見取り図を1862年に描き、晩年までそこに住んだ。例によって余分な装飾をいっさい排したごく簡素な建物である。同様の作例は、サン＝ジェルマン＝ローセロワ教会の後陣外壁にも見ることができる。コーニスに沿って筒切りにされた鯉のフリーズが走っているが、この「トロンソン」とは、16世紀に同教会が建立された際、金銭的な援助を提供した羅紗製造業者のジャン・トロンソンを暗示しているのだ。一方、鯉はおそらく寛大な資金提供者の謙虚さを示すものだったろう。

これは岬であり、半島でもある！

1798年のナポレオンによるエジプト遠征は、文学や絵画、彫刻の分野にエジプト趣味を流行させた。いわゆる「エジプトからの帰還［エクソダス］」様式は、建物の外壁や、1806年、ミラクル小路［p.69参照］の跡地に出現し、「カイロ市場」と命名された一角にさかんに用いられた。ケール（カイロ）小路入口にある建物のコーニスには、擬似の神聖文字（ヒエログリフ）のあいだに巨大な鼻をもつ人物の横顔が漫画風に描かれている。これは画家アンリ・オーギュスト・ブージュニエ（1799-1866）の横顔で、その鼻が異様に長かったため、友人の芸術家たちからしばしばからかわれていた。たとえばヴィクトル・ユゴーは『レ・ミゼラブル』のなかで彼のことをとりあげている。彼の死後になるが、エドモン・ロスタン［1868-1918］もまた1897年に発表した『シラノ・ド・ベルジュラック』で、主人公シラノのイメージ作りにその鼻を借りている。コーニスの下方、ハトホル［古代エジプトの愛と幸運の女神］の頭部がつらなる蛇腹の中央には、2体の人物像が画家と同様の特徴で表されている。

教会の上の共和政紋章

かつてオートゥイユ村には1319年に建立された教会があった。だが、パリ編入後に多くの人々が移り住んだため、より

ケール広場、2区

広い教会が必要となった。こうして1877年、反教権的なパリ市当局の意向にもかかわらず、教会は全体的に改築され、より広いものとなった。当時の主任司祭ラマズー神父はその全精力をこれに傾け、新しい聖堂建立のために私財すら投げ打った。しかし、教会堂の側壁に、

ウィレム通り（地下納骨所入口の上）、16区

教会装飾にみられる伝統的なフルール・ド・リスの紋章［王権の象徴］のかわりに、星々をちりばめたパリ市の帆船の紋章［「たゆたえど沈まず」を意味する］をとりつけるという妥協をしなければならなかった。

サン＝ジェルマン＝ローセロワ教会（司祭館中庭中央ガーゴイルの下）、1区

ブル・オー・ラ

　サン＝ジェルマン＝ローセロワ教会はパリ唯一のブル・オー・ラを有するだけでなく、どちらかといえば楽観主義的な外観を示すフランスでも稀有の教会である。ブル・オー・ラは15世紀ないし16世紀までさかのぼるモチーフで、侵略者や無信仰・不信心者といった邪なものたちがもたらす、悲惨さや脅威に齧られる地球を象徴する。この造形はフランス全土ですくなくとも10例はあり、いずれもが教会堂にみられる。球体（ブル）の上には十字架がのっており、ネズミたち（ラ）がその球体の中に入りこもうとする様を表している。ただ、サン＝ジェルマン＝ローセロワ教会の作例だけは、ネズミたちが球体から出ていこうとしている。

サラのネズミたち

　建築家のニコラ＝フェリクス・エスカリエ［1843-1920］が、サラ・ベルナール［1844-1923］のためにフォルテュニ通りに私邸を建てた1876年当時、この不世出とうたわれた名女優は栄光の絶頂期にあり、突飛な行動も増幅させていた。たとえばめずらしいあるいはエキゾチックで、多少とも危険な動物たちに囲まれた生活をしていた。その私邸の外壁には2匹のネズミ像がとりついて、壁の中に入りこもうとしているように思えるが、それもまた彼女の酔狂に準じているのか。確かなのは、それらが厳しい運命を送ってきたということである。1891年の改築を生きのびたからである。改築後、サルコジ前大統領宅の正面に位置するこの建物には、現在ドミニク・ド・ヴィルパン［シラク政権下の首相］の弁護士事務所が入っている。

ル・マン［フランス中西部］の司教座聖堂のブル・オー・ラでは、ネズミが立ち去っているパリのそれとは反対に、大地の中に入りこんでいる。

ジョルジュ＝ラルドゥノワ通りのネズミ、19区。このネズミはいつまで雄猫を避けることができるのか。

フォルテュニ通り35番地、17区

魚と鮮魚商の女将たち

　サン＝トゥスタシュ教会の側壁には、魚の形をした魚の形をしたメダイヨンが上にのっている両開きの扉がある。これはサント＝アニェス地下納骨室の扉で、サン＝トゥスタシュ教会にとって代わられるまでそこに建っていた、旧サント＝アニェス礼拝堂の唯一の名残である。この場所は鮮魚運送場所の終着地で、毎夜、北仏ノルマンディの沿岸からパリの中央市場まで魚や甲殻類が運ばれてきた。その経路は通りの名からたどることができる。サン＝トゥアン［パリ北郊］のポワソニエ（鮮魚商）街道からパリ市内のポワソニエ通り、フォブール＝ポワソニエール通り、プティ＝カロー通り、そしてモントルグイユ通りへと続く一連の通りである。サント＝アニェス礼拝堂は1213年、融資に対する利子によって建立されている。中央市場のカン・アレなる豪商が、かなりの金額を尊厳王フィリップ2世

驚くべきもしくは無作法な彫刻

143

フリーメイソンの シンボル

1717年にイギリスで誕生したフリーメイソンは、1725年、自由でイギリス趣味的な雰囲気にあった摂政時代のフランスに招来されている。当初、それは上流貴族にのみ受け入れられたが、総裁（統領）時代と帝政時代は、フリーメイソンにとって幸せな時期だった。国内の職人組合（同職組合）と価値観や造形表現──定規とコンパス、木槌とはさみ、水準器と下げ振り、三角定規とてこ、鏝など──を共有してもいた。目を上げさえすれば、レリーフや彫像の装飾に滑りこんでいる、こうしたフリーメイソンのシンボルを見つけ出すことができる。そこには石工などの建築業者とその「兄弟」とでもいうべきフリーメイソン［フリーメイソンは「自由な石工（フリー・メイソン）」たちの結社を原点とする］のあいだの、いわば暗黙の目配せが感じられるが、まさにこれらのシンボルが、秘儀伝授の世界と世俗の世界とをへだてる溝に点在しているのだ。

燃える星

ペンタグラムともよばれる五芒星は神性のシンボルであり、たとえばビュシ通りにある建物の外壁にみられる。フランス初のフリーメイソン・ロッジ（集会所、支部）は、その近くのブシュリ通りで1725年に開設している。やがて1732年、それはビュシ通り12番地に移転した。これがビュシ・ロッジである。

三角定規とコンパス

一般的にいって、切り離すことができない道具である物指と三角定規とコンパスは、公平さや実直・公明正大さ、正義、精神などを想い起こさせる。これらはモントルグイユ通りにある建物の外壁レリーフにみられる。そこでは技芸と文字を象徴するアトリビュートが、地球を表す球体をとりまいている。同様の主題は、ブルボン河岸通りのメダイヨンにもみてとれる。

ブルボン河岸通り43番地、4区（上）
モントルグイユ通り51番地、2区（下）

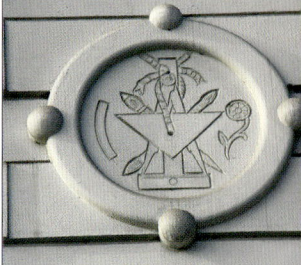

モンマルトル通り1番地、1区

［在位1180-1223］に融資していた。その融資金を返済してもらうため、豪商は売れた魚の篭ごとにかけた税を受けとれるよう求めた。こうして彼は莫大な富を蓄え、贖罪ないし感謝のしるしとして、この礼拝堂を建てたのである。やがて礼拝堂は拡張され、1637年に献堂式が営まれた現在の教会堂にとって代わられることになった。中央市場にあったマレ館の、「大声でわめきたてる」と評判の女性たちは、自分たちが魚を売って寄金した教会である以上、その運営に監査権があってしかるべきと考えていた。この小教区の主任司祭職は閑職ではなかった。それゆえ当時、次のような言葉がささやかれていた。「頭がおかしくなければ、だれもサン＝トゥスタシュ教会の司祭になったりはしない」

ビュシ通り12番地、6区

145

驚くべきもしくは無作法な彫刻

モンソー公園、8区

ピラミッド

　フランス大東社のグランド・マスター［フリーメイソン・ロッジの最高責任者］に任じられてまもなく、シャルトル公フィリップ・ドルレアン［1747-93。通称フィリップ・エガリテ（平等公）］は、画家のカルモンテル［1717-1806。ヴォルテールの肖像画や演奏するモーツァルト父子などの作品で知られ、劇作家としては「諺劇」のジャンルをつくった］に、みずからがパリのいくつかの市外区に有する領地の整備を命じた。出資者を満足させようと、その求めにしたがって、カルモンテルはシャルトル公の公園を「あらゆる時代、あらゆる場所」を想起させる「空想上の建物」で満たし、フリーメイソンのシンボルをあちこちに滑りこませた。やがてこの場所は「シャルトルのフォリー（遊楽用別荘）」とよばれるようになる。だが、今日残っているのは、列柱と1773年に建てられたエジプト風のピラミッド（不死のシンボル）だけである。

全知の目

　フリーメイソンの造形表現で、光線束に囲まれた三角形（直角定規）の中央に置かれた目は、「プロヴィデンス（摂理）の目」ないし「全知の目」とよばれる。この光輝く三角形は、全体として人類を監視する神の目を表す。

パレ＝ブルボン広場（マリアンヌ像台座）、7区

アタノール

　ペルル通りの19世紀に建てられた家の外壁には、3個のメダイヨンが一列にならんでいる。最初のメダイヨンにはマリアンヌ［p.108参照］の横顔、2番目のそれには塔と橋、そして3番目の

賢者の巣

　賢者の巣は労苦への関心のみならず、とくにロッジでの共同生活を喚起する。

メダイヨンにはフリーメイソンのシンボル、すなわち三角定規やコンパス、下げ振りが描かれている。あるいはそれはアタノールにも思える。これは錬金術師たちが［賢者の石をつくる］実験のために用いる炉で、常時同じ温度で燃える火を保つ管のついた、一種の鍛冶場の

ペルル通り20番地、3区

ボン＝ヌーヴェル大通り23番地、2区（上）
ルドリュ＝ロラン大通り64番地、12区（下）

炉でもある。フリーメイソンの象徴体系では、この装置は賢者の火を想起させる。

第17章
都市の動物寓意譚

パリ・ノートル=ダム司教座聖堂のガーゴイル（キマイラの回廊）、4区（p.146参照）

彫刻家や建築家たちは、その動物モチーフをノアの方舟からくみ出すだけでは満足できない。彼らはさらに神話にも素材を求めて、自分たちが手がける建物に神秘的ないし不安をかき立てるような小さな一角をつくっているのだ。馬やライオン、蛇といった現実の動物は、もっとも数多く彫像として登場しているが、パリではそれらがドラゴンやセイレン（シレーヌ）、スフィンクス、キマイラ、さらにグリフォン（グリフィン）などの幻想動物と共存している。遺伝子操作とは無関係に生み出されたこれらの合成怪物たちは、コーニスや門扉に恥じることなく生息している。中世では、教会堂がこれらを住まわせる最大の建物だった。当時、石碑の造形表現には教訓的な役割があった。聖書の物語は教会堂入口の上部で読むことができ、そこでは悪魔が堕天使やドラゴンの形で表されていた。ガーゴイル（樋嘴）は1240年頃に登場しているが、その役目は雨水の流れを壁から離すだけでなく、悪を象徴的に遠ざけるところにある。通常、こうしたガーゴイルはグロテスクな形状をしており、同じものはふたつとない。17世紀末、イタリアやギリシア、エジプトなどでの考古学的な発見があいついだ影響で、スフィンクス（p.192-193参照）をはじめとする前述の怪物たちがガーゴイルに姿を見せるようになった。

キマイラ

　キマイラとはライオンの頭部、ヤギの胴、そしてドラゴンの翼と尾をもつ［火を吐くともされる］ギリシア神話の怪物である。現代の用語法では、キマイラはユートピア（空想、絵空事）の同義語となっている。

マテュラン通り53番地、9区
■ほかに
サン＝タントワヌ通り133番地（セギュイエ館のバルコニー下）、4区
フォンテーヌ・サン＝ミシェル、6区

グリフォンと有翼のライオン

　グリフォンもまたギリシア神話に登場する合成獣で、アポロンの乗り物だった。鷲の頭と翼と爪をもち、後半身はライオン、さらに蛇の尾と馬の耳をそなえていた。正義の守り手ともよばれたが、有翼のライオンはこのグリフォンが衰退したものである。

ヴィエイユ＝デュ＝タンプル通り34番地、4区（上）
ヴィエイユ＝デュ＝タンプル通り24番地、4区（左）
■ほかに
リヴォリ通り88番地、4区
サン＝ジャックの塔先端、4区
オプセルヴァトワール大通りとミシュレ通りの角、6区

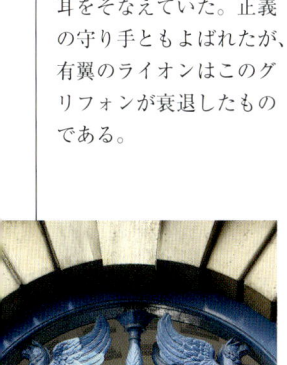

フェニックス

　たえず灰から生まれ変わる不死鳥フェニックスは、保険会社、とくに火災保険会社お気に入りのマスコットである。それゆえフェニックス像は保険者が所有する、あるいはかつて所有していた建物にしばしばみられる。フォシュ大通りのフェニックス像は、1892年に生命保険会社のラ・フェニックスが有した建物のポーチにある。

フォシュ大通り22番地、16区
■ほかに
ヴィクトル＝ユゴー大通り186番地、16区

ケンタウロス

　ギリシア神話の怪物であるケンタウロスは、半人半馬の怪物である。写真のケンタウロスは1985年に彫刻家のセザール［p.139参照］が制作したブロンズ製で、髭を蓄えたその顔は、彼の自画像である。

クロワ＝ルージュ交差点、6区

メドゥサ

　アンバサドゥール・ド・オランド［アムロ・ド・ビエイユ］館の門扉では、ふたりの凶悪なメドゥサが通行人に舌を見せている。この木製のレリーフは彫刻家トマ・ルノーダン［1622–1706］の作である。

ヴィエイユ＝デュ＝タンプル通り47番地、4区

都市の動物寓意譚

街角の遺物・遺構から見たパリ歴史図鑑

オーギュスターオルメス広場、13区

ドラゴン

19世紀初頭、ロマン主義的風潮によって、アーサー王伝承とドラゴンが重要な役割を果たす武勲詩が好んで芸術の主題となった。オペラ座の上階へといたるスロープ式階段の両側に、かなりひかえめだが、2頭のドラゴンが身をひそめるようになったのも、この頃である。非飲料水の地下生産工場の上にあるオーギュスタ＝オルメス広場にも、鉄とガラスの胴体をもつ現代的なドラゴンがいる。これは中国系フランス人の彫刻家チェン・ツェンの作品『湧き出る泉のダンス』（2000年）で、パリに供給するためにセーヌ川からくみ出される水のエネルギーを象徴しているという。それにしても、ドラゴンの頭はどこか。おそらくドラゴンは時をかまわず地上に頭をもたげて、散策者たちを驚かす。あるいはそうとも考えられるのだ。

正体不明の怪物たち

これまで知られている神話に登場しない異形の生き物たちは、装飾家たちの豊かな想像力から生まれている。マテュラン通りの鷲の頭と人間の胴体をした男像柱や、建物外壁のコンソール（渦形持送り）にしがみつかなければ生きていけないような、ロタ通りの奇妙な怪物のように、である。

ロタ通り4番地、16区
■ほか
マチュラン通り53番地、9区

石の住民たち

1845年に行われたノートル＝ダム司教座聖堂の修復時、ヴィオレ＝ル＝デュク[p.67参照]は聖堂の高所に、ガルグイユの怪物やキマイラ、悪魔などをとり混ぜて、幻想動物像を最大限集中させた。キマイラのなかでもっとも知られているのが、自分の頭を手でかかえ、舌を出した夜の鳥ストリガ［通常は女性の頭と猛禽類の爪をもち、胴体が鳥の怪物で、子どもの生き血を吸うとされる］である。

ノートル＝ダム司教座聖堂（キマイラの回廊）、4区

カステル・ベランジェ

1895年にパリ市外壁コンクールで賞を得た、エクトル・ギマール[p.81・第23章参照]によるカステル・ベランジェの外壁は、その輪郭からしてまことに見事なもので、あまりにも驚くべきでき栄えゆえ、しばしば細部の装飾が剝窃されたほどである。そこでは猫や鳥、海獣、昆虫、蛇、さらに目だけがはっきりしているほかは形姿が不確かな生き物などからなる、緑青の幻想動物群が壁をよじ登っている。さらに、正体不明（コウモリ？）の生き物が屋根の上をさまよってもいる。建築家のギマール自身、当初はHLM（低家賃集合住宅）だったこの建物の1階に住んでいた。

ラ・フォンテーヌ通り14番地、16区

扉のノッカーとノブ

都市の動物寓意譚

ノッカーはしばしば幻想動物の形をしている。ブロンズないし真鍮製で、輪やハンマーの形をしているそれらは、二重の役目を担っている。来客を告げる役目と、重い扉を引いたり押したりして開ける役目である。たとえ片方しか使えなくとも、通常1対になっているのは、おそらく審美的な理由による。

[4] シュリー館、サン＝タントワヌ通り62番地、4区
[5] サン＝フロランタン通り11番地、1区
[6] ドゥエ通り22番地、9区
[7] マルテュラン通り、9区
[8] アラゴ大通り3番地、14区
[9] バック通り102番地、7区
[10] ジュリエット＝ランベル通り28番地、17区
[11] カルディナル＝ルモワヌ通り65番地、5区
[1] シテ・マルゼルブ2番地、9区
[2] アルフレッド＝ド＝ヴィニ通り6番地、17区
[3] コペルニク通り10番地、16区

第 18 章
セラミックとモザイク

装飾的なセラミックとモザイクはその極彩色によって建物や商店の正面や外壁を飾っている。つねに目立つというわけではないが、それらは多様なモチーフと色調によって人々を魅惑する。

ノレ通りとダム通りの角、17区

セラミック

　装飾的なセラミックは、1878年のパリ万国博にあわせて登場している。それまでに技術が進歩したことによって、装飾的な張りつけ板、とくに琺瑯引きを亀裂から守る強化セラミックの大規模な利用が可能になり、人々は外壁を彩るその極彩色の色調や、悪天候に耐えられる塗料の抵抗力にすみやかに魅せられるようになった。こうしてイヴリー［パリ南東郊］の瓦製造所やショワジー＝ル＝ロワ［パリ南郊］の陶器工場、さらにパラディ通りにあったイポリット・ブーランジェ製陶工場に注文が殺到する。だれもが自分の邸館や賃貸用建物、店舗、あるいは別荘を飾るために、彩色セラミックを望んだ。外壁全体をセラミック張りにできない場合は、玄関や円花飾り、フリーズ、メダイヨン、看板だけで満足した。花鳥やアラベスク、田園風景などをもりこんだこれらの新しい装飾は、ファンタジーや夢、さらに現実からの逃避ないし気晴らしを具体化するものだった。それはまた大陸横断やトゥルヴィル［セーヌ河口、イギリス海峡に面する避暑地］での滞在型の海水浴が普及した時代にあって、旅への想いをかき立てた。「浮かれ騒いだ歳月」［1920年代］はまさにセラミック建築の黄金時代であり、衛生学者たちの懸念を超えて容易に広まった。やがてそれは浴場施設や食料品店、トイレなどの壁をおおうようになる。だが、一種の過当競争やセラミックの大量生産、そしてそれに追い打ちをかけるような1929年の危機［世界恐慌］によって、パリ周辺の主要な生産工場は、ほかの多くの工場同様、1930年代に閉鎖を余儀なくされた。

ピエール＝ルヴェ通り4番地、11区

ロエブニッツ工場

　ジュール・ロエブニッツ［1836-95］はパリ地域のセラミック産業に重要な足跡を残した人物のひとりである。鮮やで輝くような色あいをもつ巨大な装飾を可能にした、強化セラミックの製造法は彼に負うところが大きい。その工場の名声は国境を越えて広まった。彼は時代を代表するさまざまな建築家、たとえばヴィオレ＝ル＝デュク［p.67参照］やシャルル・ガルニエ［1825-98。パリ・オペラ座やモンテカルロのカジノなどを手がけた］、ジュスト・リシュ［1828-1910。おもな建築としてサン＝ラザール駅、リヨンやディジョンなどの裁判所がある］、そしてポール・セディユ［1836-1900］などとともに活動した。とりわけ彼と親交を結んだセディユは極彩色建築の熱心な信奉者で、ロエブニッツが自分の夢を実現してくれる「火のマイスター」と信じて疑わなかった。このふたりの協同作業によって、さまざまな万国博のパヴィリオンや住宅、ヴィラ、ホテル、さらに記念建造物などが生み出されていった。ロエブニッツは1880年から84年にかけて工場をあいついで改修し、それを手がけたセディユはロ ーマ大賞受賞者の画家エミール・レヴィ［1826-90］の原画にもとづいて、古典様式からヒントを得たパネルで建物の正面や外壁を飾った。同じ頃、セディユはまた新しいオ・プランタン百貨店［2006年廃業］の店名用に、釉薬をかけたテラコッタを提供するよう、ロエブニッツに求めてもいる。

オ・プランタン、オスマン大通り64番地、9区

パラディ通り18番地、10区

ブーランジェ製陶工場

もうひとつの巨大製陶工場は、1804年にイポリット・ブーランジェ［1837-74］がショワジー＝ル＝ロワに建てたものである。その製品を展示するため、彼はパリのパラディ通りにあった、クリスタルガラス器製造工場の敷地内にショールームを設けている。この建物は全体が彩色セラミックでおおわれ、それ自体が一種の製品カタログとなっていた。したがって、顧客はただ古典風や静物といった様式を選ぶだけでよかった。玄関や管理人室、前庭、応接室はもとより、大ガラス屋根までもがセラミックで飾られていた。パリ地下鉄会社が張りつけ材を注文したのが、ほかならぬこのブーランジェ製陶工場（およびジャン製陶工場）である。

メゾン・ブリー

リシャール＝ルノワール大通りのこの建物は、1867年から彩釉陶器タイルの生産を専門とするボンション製陶工場（北仏オワーズ県）の卸売商たちが、その倉庫として用いていた。正面を飾る彩釉タイルはきわめて繊細なモチーフからなっている。

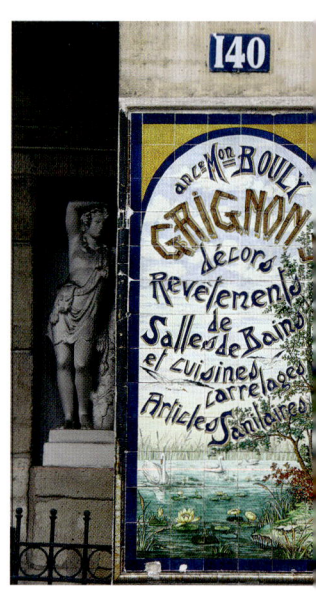

リシャール＝ルノワール大通り140番地、11区

衛生問題

セラミックの張りつけ材は湿気をよせつけず、掃除も簡単である。それゆえ、浴場施設にはきわめて適していた。水治療を行っていたシャトーダン浴場［フォーブール＝モンマルトル通り］は、いまもなお健在だが、その正面はかなり手のこんだセラミックで飾られている。

オデッサ通り5番地（中庭。入店の際はBains douches「シャワー」のブザーを鳴らす）、14区
■ほかに
フォブール＝モンマルトル通り66番地2号、9区

口の商い

　セラミック製パネルはまた食品関連業にも適していた。その鮮やかな色調が顧客を引きよせ、なめらかな表面も容易に磨き上げることができたからである。プティ=ペール広場の製パン店オ・パスティエ（2区）や、レストランのコション・ア・ロレイユ［モンマルトル通り］といった一部の店の玄関口は、セラミック本来の使命を今に伝えている。そこではセラミック製のパネル絵が、1914年頃のレ・アル（中央市場）の日々を想い起こさせてくれる。それは、サン=トゥスタシュ教会前の朝の風景で、毎日午前1時頃、汽車でバルタール通りに着いた露天の青果商がくりひろげていた風景である。だが、他所のパネル絵は、たとえばフォーブール=モンマルトル通りの旧鮮魚店のように、主題を変えてしまっている。

別の顔

　サン=ブノワ通りにあ

サン=ブノワ通り11番地、6区

るレストラン・ル・プティ・ザーングの装飾は、見る者を当惑させる。正面はサルグミーヌ産のセラミック・パネルに飾られているが、この装飾パネルを見れば、室内全体がアール・ヌヴォー様式のここで、かつて養殖牡蠣の代用品として農産物（牛乳、卵、果物、野菜）が出されていたという伝説が裏づけられる。いささか想像しがたい話だが、当時は商いが、鮮魚類やBDF（バター・卵・チ

プティ=ペール広場
10番地、2区

■ほかに
モンマルトル通り15番地、1区
フォブール=モンマルトル通り24番地、9区

ーズ）しか扱わないといったように、なおもかなり専門化されていた時代だった。やがてこの店は、ブリジッド・バルドーをはじめとする1970年代のアイドルたちのデザイナーだった、ジャン・ブーカン［1932-2009］によって改築された。彼は「1900年調」のビストロを開こうとし、これにより、ここはル・プティ・ザーングとなった。

レリーフの看板

　サン=タントワヌ通りに、不思議の国のアリスを主題とする、美しいセラミック・レリーフの正面をもつ店が開業した。玩具店か、服飾店か。今では日焼けサロンとなっているが［現在、ここには美容院や子ども服専門店が入っている］、かつてこのレリーフには国王や王妃、大フラミンゴ、そしてもちろん兎とその時計が登場していた。さらに14区のアレジア界隈には、イラストレーターのドランジーのデッサンにもとづいて、洗礼式のドラジェ（ボンボン）を示す人物をレリーフで表す1930年代の看板がみられる。

サン=タントワヌ通り32番地、4区
■ほかに：
ジェネラル=ルクレール大通り51番地、14区

フアール通り6番地、5区

人物のメダイヨン

　フアール通り6番地の建物は、1815年に設立されたフランス最古かつ最大の初等世俗教育組織である初等教育協会用に、1881年に建てられている。その正面外壁には、版画家のルイ＝バンジャマン・フランクール［1773-1819］や地理学者のフランソワ＝エドム・ジョマール［1779-1862］、数学者のルロワ［生没年不詳］、さらにこの協会の正会員だったフレデリク・ド・ラ・ロシュフコー＝リャンクール［1747-1827。軍人・政治家・科学者・慈善家で、1870年、パリに工芸学校を創設している］などのメダイヨンが、芸術、道徳、科学を示す装飾帯ともどもかかっている。さらに上部コーニスの下には、オリーヴの枝と帆立貝をあしらった別の装飾帯がみられる。

道徳は無傷

　画家のピエール＝ジュール・ジョリヴェ［1794-1871］は、1844年、新しいサン＝ヴァンサン＝ド＝ポール教会のポーチ

ジョリヴュの装飾パネルシテ・マルゼルブ11番地、9区

にかける、琺瑯引きの溶岩パネルを装飾することになった。彼がその作品をとりつけようとすると、聖職者のあいだにごうごうたる非難が起こった。そこに描かれた聖書の場面があまりにも素っ気なく、それでいてあまりにも生々しく下品きわまりないというのである。これを受けて、セーヌ県知事と美術委員会は信じられないことを行った。最終的に絵をはぶくという命令をくだしたのである。だが、それはさしたることではなかった。ジョリヴェは1858年にみずからが建てた邸館の正面に、このとりのぞいた聖書の場面を復元すればよかったからである。上品ぶった人物や俗信にこり固まった人物は、そこを通るのをひたすらひかえた。問題の建物は豪華なもので、彼はここに住居とアトリエを置いた。そこには独立した階段も設けられていたが、おそらくそれはモデルたちが彼の妻とはちあわせをしないようにするためだった。

豪勢なホール

　建物の入口は、その廊下の大きな壁面ともども、風俗画や寓意的な主題を描くのにふさわしい。たとえば、コーランクール通り59番地の建物では四季の野菜や果物が主題に選ばれているが、それは四季の風景（庭園［春］、海辺［夏］、ブドウ園［秋］、雪［冬］）とともに描かれた4人の若い女性によって寓意化されている。ダムレモン通りの建物には、フランシスク・プルボ［1879-1946。モンマルトルのプティ・プルボ（浮浪児たち）を描いたイラストで世界的に名声を博した漫画家・画家］のサインが入った、12枚の別々のファイアンス（彩釉陶器）・パネルがあり、そこには毎月の子どもの遊

ダムレモン通り43番地2号（平日訪問可能）、18区

びがモンマルトルの丘を背景に表されている。さらに廊下の奥まりは、沼沢地で憩う大フラミンゴを描いた、ブーランジェ製陶工場製のパネルで飾られている。メラング通り8番地にある建物の入口にみられるパネル絵はより簡素だが、詩情だけは欠いていない。

■ほかに
メラング通り8番地、19区

コーランクール通り59番地（デジコードそなえつけ）、18区

「ジェ・テム（君が好き）」の壁

現代画家のフレデリク・バロンと書家のクレール・キトーが共同創作した『ジェ・テムの壁』は、琺瑯引きのタイル612枚を用い、その上に300近い言語でこの文言を記している。このパネルを埋めるタイルの大きさは、バロンが集めてきた多様な手書き文字が記された紙葉のそれを想い起こさせる。

ジェアン＝リクチュス小公園、18区

展覧会のモデル

フェリクス＝デリュエル小公園のセラミック製の巨大な門は、1900年のパリ万国博時、国立セーヴル製陶工場に面していた。マルゼルブ大通りのある中庭も、はるかによりひかえめなセラミック製のパネルで飾られているが、これは1878年のパリ万国博に設けられた、芸術パヴィリオンのポーチにあったものである。

■ほかに
フェリクス＝デリュエル小公園、6区

マルゼルブ大通り28番地、8区

地下鉄駅

1982年、フランスとベルギーの文化交流を祝って、地下鉄リエージュ駅［駅名はベルギー東部の中心都市］のプラットホームは、リエージュ地方の遺跡や記念建造物を描いた、ウェルケンラート［ベルギー中東部］産の18枚のセラミック・パネルで飾られた。一方、ポルト・デ・リラ駅では、ジョルジュ・ブラッサンス［1921-81。20世紀後葉のフランスにおける国民的歌手のひとり］が、彼をたたえる薄黄色と青色のふたかかえもあるリラの花に囲まれている。廃用になった地下鉄駅［ポルト・デ・リラ＝シネマ駅］のプラットホームには、（マイゼナ社［1891年創業のコーンスターチ会社］やジャヴ社［不詳］のさまざまな商品の長所をたたえる、宣伝用のモザイク・パネルがいまもみられる。これらのパネルは、駅舎が閉鎖されて数年後の1950年代にとりつけられたもので、その目的は地下鉄の宣伝網が強力な効果を発揮するということを、広告主たちに示すところにあった。

ポルト・デ・リラ駅（11番線、シャトレ方面プラットホーム）（上）
リエージュ駅（13番線）（下）

フォブール＝サン＝ジャック通り31・37番地（コシャン総合病院正面の方向指示版［文言は「気道・結核診察」］）、14区

セラミックとモザイク

ヴァヴァン通り26番地、6区

空中庭園

上のテラスつき建物は、1912年、アンリ・ソヴァージュ［1873-1932］とシャルル・サラザン［1873-1950］によって建てられたもので、アール・ヌーヴォーの渦巻装飾を典型とする当時の流行とはあきらかに距離を置いている。彼らは外装材として白と青色の施釉陶器タイルを選んだが、一説によれば、それは外壁の大部分を囲んでいる防護ネットのおかげで、石材よりはるかに劣化が少ないという。

セラミック邸館

全体が炻器でおおわれた正面外観…。アール・ヌヴォーの旗手だった建築家のジュール・ラヴィロット［1864-1928］は、美しい曲線からなるこの邸館を飾るため、思いきり大胆に改築した。彼から依頼を受けた陶芸家のアレクサンドル・ビゴ［1862-1927］は、植物モチーフをレリーフであしらった象牙色の炻器タイルで期待にこたえた［この建物は1904年にパリ市正面外観コンクールで大賞を受賞している］。

ワグラム大通り34番地、8区

ウジェーヌ＝フラシャ通り32番地、17区。全面が青緑色のこの外観は、1900年に建てられた建物をレモンをあしらった軒蛇腹できわだたせている。

モザイク

19世紀末には、セラミックの飛躍的な増加と軌を一にして、古代からの伝統的な装飾であるモザイクがふたたび好まれるようになった。この再生の一部は、建築家のシャルル・グルニエ［1825-98］が1867年から75年にかけてオペラ座の装飾作業に登用したイタリア人の職人たち（ファッキーナ、サルヴィアティ、オドリコ、マッツィオーリ）がパリで活動していたことに負っている。パリで開かれた万国博は、彼らモザイク職人たちにとって仕事のでき栄えを示し、注文が増大する契機となった。第2次世界大戦後にその流行が逼塞するまで、モザイクは豪華さを印象づけ、民間の建物や宗教施設の内と外の壁面や床を飾った。

巨匠ファッキーナ

ジャン・ドメニコ・ファッキーナ［1826-1904］はイタリア北東部フリウル地方出身の有名なモザイク職人で、パリ市内にも数多くの施設に印象的な装飾を遺している。博物館（パレ・ガリエラ［現パリ市立服飾博物館］、グレヴァン［蝋人形館］、カルナヴァレ［パリ市歴史博物館］）や百貨店（オ・プランタン、オ・ボン・マルシェ）、銀行（国立パリ割引銀行［現パリ国立銀行］）、学校（リセ・ルイ＝ル＝グラン、コレージュ・シャプタル）、劇場などにである。とくに彼は1900年の万国博用に建てられたプティ・パレの玄関や歩廊、陳列室、さらに列柱廊の敷石の仕事で名声を博した。そこには幾何学ないし植物モチーフがみられるが、敷地内の池の端にも、青地に金箔をほどこした繊細な水中花のモザイクの敷石がある。同様に、ヴィヴィエンヌ歩廊の壮麗さは、ファッキーナが床に描いたアラベスクや星々に多くを負

■ほかに

プティ・パレ、ウィンストン＝シュルシル大通り、8区

ヴィヴィエンヌ歩廊、2番地

ヴィクトル＝ユゴー大通り10番地、16区

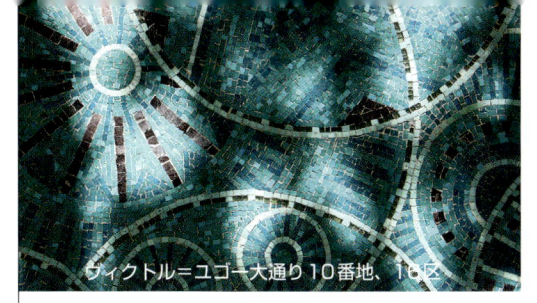

ラメ通り51番地、18区
（左）
エクーフ通り24番地、4区（右）

彩色された正面

　さまざまな色のモザイクで店先をおおうのは、なかなかの新機軸といえる。それは目にも鮮やかで、汚れがついてもすぐに拭きとれる。マレ地区にある菓子店のフロランス・カーン［エクーフ通り］は、全体が青色で統一されて見栄えがよく、かつてヴィエイユ＝デュ＝タンプル通りにあった朱色のモザイクを用いた馬肉店同様、遠くからでも目に入る。バティニョル地区の居酒屋カーヴ・ポピュレールもまた、同様の色彩的な効果を狙っている。一方、セーヌ通りの古い鮮魚店（ポワソニエール）は、幸運なことに鮮魚をモチーフとした優雅な正面装飾をそっ

くり残したまま、ボワソニエール［魚料理専門レストラン］へと変わっている。市内各所の鮮魚店は、モザイク装飾が過去のものとなったかなりあとまでも（1940年代）、こうしたきわめて現実的な外装を維持してきた。同じことは、とりわけ瀟洒なプリュニエ［ヴィクトル＝ユゴー大通り］のような海産物専門レストランについてもいえる。ロンドル通りにある全仏ミネラルウォーター協会の建物もまた、全体的に青と緑を基調とした外装で、その壁にはミネラルウォーターの気泡も描かれている。モザイクの外装はプティ＝ゾテル通りにもみられるが、こちらは文字どおり小さなホテル［ブラバン・ホテル］である。

七宝と金色のフレスコ

　1900年のパリ万国博のために建てられたグラン・パレの正面列柱を飾るため、画家ルイ＝エドワール・フルニエ［1857-1917。代表的なモザイク作品としては、ルルドにあるノートル＝ダム＝デュ＝ロゼール聖堂の「イエスの神殿奉献図」（1902年）がある］は、20世紀前後の人々が思い描いたようないくつかの巨大文明を示すフレスコ画を制作している。当時はフランス植民地帝国の栄光の時代であり、アフリカやアジアの文明にかんする表現はかなり偏向したものだった。そんななかにあって、オーギュスト・ギルベール＝マルタン［1826-1900］は、グラン・パレの全長75メートルというかなり印象的な壁面に、フルニエの下絵を七宝や金色のモザイクに転写するという作業を手がけている。

グラン・パレ、ウィンストン＝シュルシル大通り、8区

ストラスブール大通り14番地、10区
アントワヌ劇場（旧ムニュ・プレジール劇場）は琺瑯引きの煉瓦とモザイクとセラミックを混ぜた（1880年）多色の正面を有している。

サン＝ペール通り29番地、6区（上）
クラヴェル通り35番地、19区（下）

■ほかに
ヴィエイユ＝デュ＝タンプル通り15番地、4区
ノレ通りとダム通りの角、17区
セーヌ通り69番地、6区
ロンドル通り30番地
プティ＝ゾテル通り18番地、10区

陶器片の看板

　モザイクの看板はいかなる商売にも適している。ベルヴィル地区の櫛工場（エ・メリメ）、斬新さをうたおうとしたメニルモンタン地区のダンスホール（20世紀のコンセール）、窓ガラス清掃会社（ボン＝ヌーヴェル地区のメゾン・カストリク）、あるいはコントワール・デ・サン＝ペール［サン＝ペール通り］や、

バティニョル地区の旧カフェ・ゲルボワといったビストロなどのように、である。ちなみにこのカフェ・ゲルボワは、画家のマネ［1832-83］が雑貨商のエヌカン宅に出向いて軍資金を調達したあと、芸術家の友人たちと世界を改革しようとした場所である。彼らは毎週金曜日にここに集まり、いつも同じテーブルを囲んで、印象派の基盤を築いたという。

■ほかに
メニルモンタン大通り138番地、20区
ノートル＝ダム＝ド＝ルクーヴランス通り22番地、2区
クリシー大通り9・11番地2号、17区

敷居の上で

　百聞は一見に如かず…。さまざまな場所、いや玄関マットからさほど離れていないところでも、その場所と直接結びついた歓迎モザイクがみられる。たとえば、旧パリ＝イヴリー冷凍倉庫のホールAにある、氷の塊を背負った「ボノム・フリゴ（冷凍男）」のモザイクがそうである。また、生産者協同組合の「タン・ド・

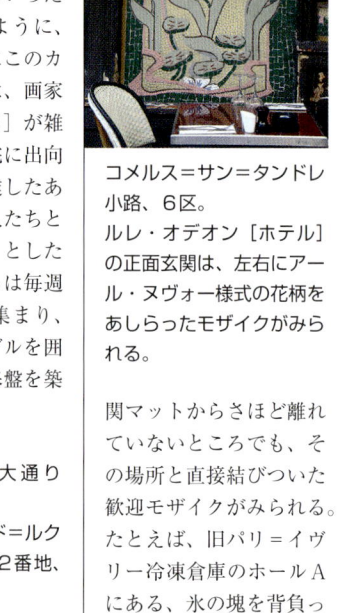

旧冷凍倉庫（ホールA）、フリゴ通り、13区
レ・タン・ド・スリーズ、ビュット＝オー＝カイユ通り18番地、13区
■ほかに
サン＝シュルピス通り15番地、6区

コメルス＝サン＝タンドレ小路、6区。
ルレ・オデオン［ホテル］の正面玄関は、左右にアール・ヌヴォー様式の花柄をあしらったモザイクがみられる。

スリーズ」の入口には、楽しげに祝杯をあげているカップルがモザイクで表されている。サン＝シュルピス通りの建物には、入口の床にアリス（Alys）という名前をかたどったモザイクがある。立派なこの建物の住民たちは、自分たちがかつてアリスが経営していた旧娼館に住んでいることを知っているだろうか。

異端の表示板

　モザイクを用いた表示板は、琺瑯引きの公式の道路表示板に較べて若干読みとりにくいが、じつに魅惑的なものではある。

サン＝ヴィクトル通り24番地、5区
■ほかに
サン＝トゥスタシュ袋小路、1区
ヴィクトリア大通り、1区
プティ＝カロー通り、2番地
グルネル通り、2区
メッシヌ大通り23番地（ラヴィロット社の建物）、8区
サンジェ通り、16区
バンジャマン＝ゴダール通り、16区

建物装飾

生花商のピエール・オレーヴは、1911年、ポンプ通りに建物を建てたが、これは通りにつき出た店舗にくわえて、中庭には温室、階上には温室庭園（テラスの上にあった円形のガラス室）までそなえていた。施釉レンガと、コナラや栗の葉の花飾りをあしらった金色のモザイクからなるその装飾には、モーリス・マルティのサインが入っている。

ポンプ通り25番地、16区

セーヴル通り6番地、6区。銀行の入口の上に、1902年につくられたモザイクのメダイヨン6枚があるが、6人の女性の顔を描いたこれらは、6大陸の寓意となっている。

近代芸術

ジャン＝コリー通りとシャトー＝デ＝ランティエ通りの角にある多色道路地図は、建物の外壁に復元されたものである。ただ、この地図を用いることは、迷子になることを意図しないかぎり、けっして勧められるものではない。順路がまちがっており、通行人を誤らせるからである。いったい自分はどこにいるのか。ジャン＝コリー通りなのか、マッセナ大通りなのか。地図にある近くの地下鉄駅を探そうにも、それはつねに見あたらないのだ。

ジャン＝コリー通り27番地、13区

学校

モザイクには素朴な側面があり、学校施設にはとくにこれがふさわしい。マレ地区にある幼稚園の入口は、そうしたモザイクのパネルで飾られている。バティニョル地区では、小学校の外壁全体が、パリ市の紋章［p.36参照］ともども、1925年から30年代に流行した「ガラス片」でおおわれている。

ヴェルリー通り2番地、4区

■ほかに
トリュフォー通り15番地、17区

第19章
絞首台と古看板

カルナヴァレ博物館、セヴィニェ通り23番地、4区
(p.169参照)

　フランス革命まで、看板は商店をふくむ建物を見分ける唯一の方法だった。それはまた旧体制ではどこにでも見られたが、18世紀末にはじめて番地が表示されるようになると、看板はその存在意義を失うようになる。しかし、伝統の強さというべきか、それでも看板が姿を消すことはなかった。材質はきわめて多岐にわたり（鋳鉄、木、石、彩色布、板紙、鉄板など）、形状も考えられうる最大限の多様性をおびていた。大きなそれは鉄杭につり下げられ、ときには宿屋（藁束）、ときには抜歯人（頬）、ときには調剤師（臼）…などを告げていた。大嵐の日などは、こうした看板が互いにぶつかりあってものすごい騒音を出した。アントワヌ・ガブリエル・ド・サルティヌ［1729-1801。パリの警察総代官（警視総監に相当）や海軍卿などを歴任した］は、1761年、看板取締り条例を定めたが、それは「看板が通りをより狭くし、商業地区の通りでは、2階からの視界をきわめてそこない、街灯の明かりをさまたげて、治安に有害な影をつくりだす」からであった。その結果、看板は外壁にとりつけられ、これによって看板はひかえめに張り出すかたちで市民権を得るようになった。

石彫

1200年頃、看板は石に彫られて家や商店を示すようになる。それは扉口の上にレリーフとして登場した。

ガランド通り42番地、5区

フルシー通り1番地、4区

パリ最古の看板

すでに1380年には、ウズと通称される家のレリーフ（上）に言及した文書があるが、このレリーフこそがパリ最古の看板にほかならない。これは援助修道会士の聖ジュリアンの物語を想い起こさせる。偶然に両親を殺してしまった［狩りで鹿から両親を殺すと予言された彼は、父を母の愛人とまちがえてふたりを殺した］あと、川の渡し守となった彼の前に、ある日イエスがハンセン病者をよそおって現れる。そして、イエスは船で向こう岸に運ぶことを請け負った彼に、見返りとして永遠の生を授けたという

話である。このレリーフではイエスが左手に座り、ジュリアンは立ったまま、その妻は右手にいて、船を漕いでいる。ただし、これは複製で、オリジナルはルーヴルにある。

ガーニュ゠プティ

かつて研ぎ屋はガーニュ゠プティ［字義は「稼ぎの少ない者」］とよばれていた。1767年、セーヌ川の近く、オテル゠ド゠ヴィル通りとノナン゠ディエール通りの角に、黒い三角帽をかぶり、赤いフロックコートに白い靴下という研ぎ屋を表した、丸彫りの看板がかか

っていた。地区の再開発時、その建物は解体された。なおも制作当時の衣装を身につけ、色も鮮やかだった研ぎ屋の看板は、カルナヴァレ博物館［現パリ市歴史博物館］に保管され、ジュイ通りとフルシー通りの角には、原型と多少異なり、彩色もほどこされていないコピーがかけられた。さらにオペラ大通りにあって人気を博していた百貨店は、ガーニュ・プティを店名とエンブレムに選んでいた。この百貨店はかなり前に閉鎖されているが、看板はいまも残っている。これはダヴィッド・テニールス（子）［1610–90。市井の風俗画で知られる

画家］の絵（『研ぎ屋』、17世紀、ルーヴル美術館所蔵）を原画とするレリーフである。

オペラ大通り23番地、2区

街角の遺物・遺構から見たパリ歴史図鑑

判じ物の看板

　地口をふくむ看板は道行く人の好奇心を刺激するという利点をもっており、それゆえ通行人はその住所を覚えたものだった。オ・シーニュ・ド・ラ・クロワ［字義は「十字架の白鳥屋」］という名称は、サン=ラザール駅の脇にあったが、今は姿を消している商店や、サン=セヴラン通りの居酒屋（1687年創業）のように、かなり広く用いられていた。同じサン=セヴラン通りには、Yという文字だけがきざまれたメダイヨンがかかっていた［5区のシャ=キ=ペシュ通り14番地にあった小間物店の看板］。このYはキュロットと股引を固定させる「股引留め」を意味するものだった。同じ文字はまた市内

ソール通り22番地、18区

各所のバルコニーの鉄格子にも見られた。一方、サン=マルタン運河の近くにあった、オ・リオン・ドール［字義は「金獅子屋」］という名称は、オ・リ・オン・ドール［「眠るベッド屋」］を意味し、ワインを小売するオーベルジュの看板にきざまれていた。さらに17世紀のムフタール通りには、ピュイ・サン・ファン［「くめどもつきず」］、つまりピュイサン・ヴァン［強いワイン］の文言を店の看板に記したワイン商がいた。この店はのちに食料品店となったが、店名はア・ラ・ボンヌ・スールス［「よい泉屋」］に変えられた。ラパン・アジル［「身軽な兎」。19世紀末のモンマルトル文化を代表する居酒屋で、ユトリロやピカソ

ムフタール通り122番地［看板にある名称はア・ラ・ボンヌ・スールス］、5区

らが足繁くかよった］は、その店名を、鍋のなかでジグを踊る兎の看板を描いた風刺画家のアンドレ・ジル［1840-85］に負っている（ラパン=ア=ジル）。

ジャン=ブルマルシュ通り21番地、10区（左下）
中右：
サン=セヴラン通り13番地、5区（下）

■ほかに
ジョゼフ=サンブフ通りとペピニエール通りの角、8区
サン=セヴラン通り14番地、5区

サン=マルタン通り89番地、4区。この看板のレリーフは、1682年に白衣修道会士が住むようになったメゾン・ド・ラノンシアシオン［字義は「受胎告知の家」］を示している。この修道士たちは受胎告知の神秘をたたえることを目的としていた。

A LA BONNE SOURCE

MAISON DE L'ANNONCIATION

組合の看板

オーベルジュと居酒屋

1300年頃、オーベルジュや宿屋の主人が商いの最初に行うのは、パリを知らずにやってきて、喉の渇きと空腹をかかえて疲労困憊している旅人たちの目を引きつけるため、独創的な看板をかかげることだった。こうした看板は藁束（馬用目印）やフォークないし、いまもゴンブースト通りにかかっている看板にみられるような帆立貝［帆立貝（コキ＝サン＝ジャック）は、イベリア半島の北西端にある三大巡礼地のひとつ、サン・チャゴ・デ・コンポステラ（フランス語名サン・ジャック・ド・コンポステル）巡礼者たちのシンボル］をあしらっていた。ある有名な居酒屋は、空に向かってつき出た三日月の看板を掲げていた［モンマルトルの居酒屋シャ・ノワール（黒猫）の看板では、黒猫が三日月に腰かけていた］。

松とワイン

ワイン商はワインを小売こそすれ、居酒屋はかまえていなかった。ワインはそれを買い求めた店で飲むことはできなかった。1729年の王令では、ワイン商たちに対し、「その商いを示すため、看板と格子を配する」ことが定められたが、貴重な商品を守るために店のまわりにめぐらした鉄格子は、ブドウ栽培にかかわるモチーフで飾られていた。このモチーフとしては、ブドウの葉や房、若木の王冠をかぶった酒神バッカスの顔、松ぼっくり（ワイン樽の内側に防水加工をほどこすため、松脂が使われていたことから）などがあった。

ブルボン通りとドゥー＝ポン通りの角。フラン＝ピノ［モロッコ料理店］の看板は、船でワイン樽を運ぶ樽職人を表している。

オー・ドゥーピジョン［字義は「2羽の鳩屋」、オテル＝ド＝ヴィル通り62番地、4区（上）
ラ・グリユ、フォブール＝ポワソニエール通り80番地、10区（下）
■ほかに
ラ・グリユ・モントルグイユ、モントルグイユ通り50番地、2区
オ・ヴュー・パリ・ダルコル［「アルコルの古パリ屋」］、シャノワネス通り24番地、4区
フランソワ＝ミロン通り48番地、4区
オ・リオン・ドール［金獅子屋］、ジャン・ブルマルシュ通り21番地、10区

ア・ラ・コキユ・ドール［「金の貝屋」、ゴンブースト通り1番地、1区
■ほかに
オ・クロワサン［「三日月屋」、モントルグイユ通り9番地、1区

オ・ロワ・ド・ラ・ビエール

狭く古めかしい正面が、統一されたサン=ラザール通りとはいかにも不つりあいな店。ブラッスリー（カフェ・レストラン）のオ・ロワ・ド・ラ・ビエールである。このアルザス風の5層の建物は、プティット・フランス［アルザス地方の中心都市ストラスブールの中世的なたたずまいを残す観光スポット］から移転したもので、木骨軸組［間柱］や格子縞の窓をそなえ、さらに屋根につき出た煙突の上にはコウノトリ［アルザスの民間伝承で、赤児を運んでくれるとされる］まで止まっている。3階の正面中央には、ビールの王ガンブリヌスの像が鎮座する。建物は1894年、アルザス人のレストラン経営者ジャックミノ・グラフのために建てられており、その全体。つまり内側と外側は歴史建造物に指定されている。

サン=ラザール通り119番地、8区

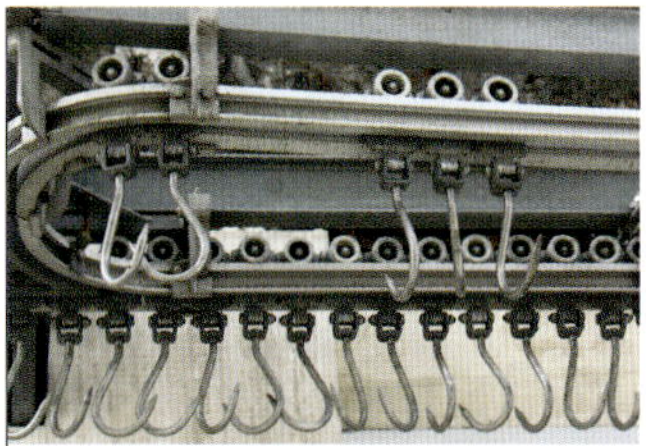

精肉店のフック

ワイン商と同様、かつての精肉店は、通風をよくするために外気に晒した肉を守るため、店の外に配した格子によって見分けがついた。だが、細部をみれば、両者には違いが2点ある。格子の幅が狭いという点と、店の内側と外側に肉塊をつるすための一連のフロックがとりつけられているという点である。ラ・ヴィレット畜殺場と取引していきた精肉店のラローズ［コランタン=カリウ大通り］は、店先に「赤いフォワグラ」の貼り紙を出し、1列になってレールを滑るフロックを設けている。かつての精肉店で、いまは書店になっているル・ポン・トラヴェルセは、なおも青と金色の立派な正面を保ち、牛と羊の小さな頭部の絵がコーニスを飾っている。さらに、ムフタール通りの上手にある紅殻色の正面には、牛と羊のレリーフがあり、ここが18世紀から1970年代末まで精肉店であったことを偲ばせる。また、コランタン=カリウ大通りの巨大な金色の馬の絵は、ラ・ヴィレット畜殺場の男たちに涎を垂らさせたものだった。

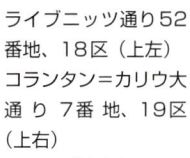

ライブニッツ通り52番地、18区（上左）
コランタン=カリウ大通り7番地、19区（上右）
ラローズ精肉店、コランタン=カリウ大通り15番地、19区（左）

■ほかに
ル・ポン・トラヴェルセ、ヴォージラール通り62番地、6区
ムフタール通り6番地、5区

フレデリク=ソートン通り、5区。ほぼ真正面に向きあっている古い2店舗は、精肉店（9番地）とワイン商店（6番地）である。

絞首台と古看板

人参とシヴェット

多くのタバコ販売店は商標にシヴェット（ジャコウネコ）を選んできた。この小哺乳類が肛門腺から発する芳香物質（霊猫香）は、薬や香水、さらにタバコの生産に用いられていた。

嗅ぎたばこにもそれを少し入れ、独特の風味をかもし出した。1716年以降、サン＝トノレ通りのシヴェットは、嗅ぎタバコやかみタバコの愛煙家たちを引きよせた。一方、タバコ販売店の赤い菱形模様は、様式化された人参である。一般に考えられているように、それは喫煙者がタバコの葉の湿気を保つためにタバコ壺に入れた、とりたての人参を暗示するものではない。乾燥させたタバコの葉はきわめてもろい。それゆえ、葉の採取時に、なおも瑞々しい葉をきつく丸めて一種の大きな人参状にし、乾くと固まるこれを必要に応じて砕いたものだった。はじめてアメリカ大陸から輸入されたタバコは、「人参」の形でフランスにもちこまれた。

ア・ラ・シヴェット、サン＝トノレ通り157番地、1区

ムフタール通り134番地、5区。イタリア系豚肉店のファケッティは、ムフタール通りでもっとも見事な看板をかけようとしていた。そして1929年、同胞の画家エルディ・ゲリが制作したこの驚くべき装飾によって、賭けに勝利した。そこでは、4本の渦巻き装飾の上、田園風景を描いた石彫の森を野禽類が飛びまわっているのだ。

カドゥケウスと十字

ケドゥケウスと十字は、薬業のシンボルである。前者は1匹の蛇が頭を下にして杯に巻きついているが、伝承によれば、医神アスクレピオスの娘で、健康や衛生の女神であるヒュギエイアが、この杯でエピダウロス［ギリシア・ペロポネソス半島東部］の神殿を守る蛇に酒を飲ませたという。こうした伝承を有するカドゥケウスは、1968年、全仏薬業協会の共通商標として登録されている。これに対し、十字の方は問題を孕んでいた。19世紀末、薬剤師たちは白地に赤い十字もしくは赤地に白い十字を商標としたが、赤十字とスイス連邦［国旗は赤地に白十字］が1884年、長く続くことになる訴訟を開始し、その結果、薬局は赤い色を緑色に変えることを余儀なくされたのである。

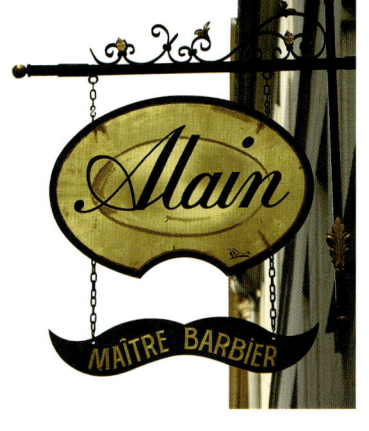

サン＝クロード通り8番地［理髪店の看板］、4区

モントルグイユ通り51番地、2区（上）
サン＝タントワヌ通り71番地、4区（中）
シェルシュ＝ミディ通り、6区（下）

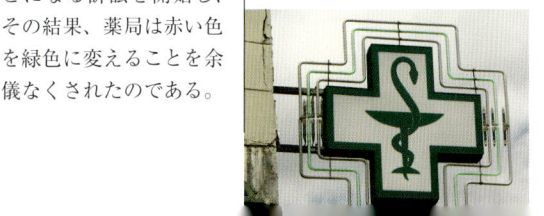

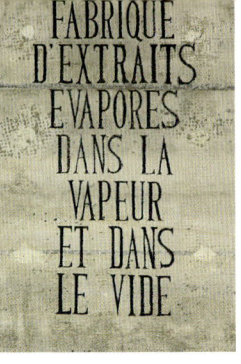

> FABRIQUE
> D'EXTRAITS
> EVAPORES
> DANS LA
> VAPEUR
> ET DANS
> LE VIDE

モンブラン薬局の謎めいた文言

ブルドンと長寿ハーブ

　サン゠トノレ通りには見事な玄関を有する建物が2個所ある。93番地のそれはオ・ブルドン・ドールの店名がきざまれた家で、1637年から医業従事者が住んできた。助産師、調剤師、理髪師＝刺胳師（外科医の前身）、さらにふたたび調剤師がといった具合で、この最後の調剤師は、1825年、建物をディレクトワール様式［18世紀末の総裁（ディレクトワール）政府時代にはやった建築様式］に建て替えた。一方、115番地にはモンブラン薬局がある。かつてこの薬局ではとくにカコジル酸塩（無力症治療薬）や長寿ハーブ、さらに不可視インクなどを商っていた。フェルセン伯［1755-1810。スウェーデンの元帥。ルイ16世と妃マリー＝アントワネットの王家一族が革命で国外に脱出するのを援助したが、失敗に終わった］が、愛人のマリー＝アントワネットとの恋文を手にするために通ったのがここである。その壁には次のような謎めいた文言がきざまれている。「蒸気と真空のなかで蒸発させたエキス製造所」。これは1803年にここで考案された、ナルコティン（アヘン・アルカロイドの一種）［鎮咳効果を有する］とモルヒネという2種の物質を単離することができる装置をさしていた。

サン゠トノレ通り93・115番地、1区

奇妙な動物園

1 ローシュ小路1番地、11区。モザイクの工房（現在消失）は、1990年、ライオンやヒトコブラクダ、熊、豹、ガゼル、セイウチといった獣を看板に用いていた。

2 ラ・レニ通り26番地、4区。オ・シャ・ノワール（旧ドラジェ・チョコレート店）

3 ラ・フェルメット［チーズ店］、モントルグイユ通り86番地、2区

絞首台と古看板

4 ピエール＝レスコ通り9番地、1区。20世紀初頭、この蜂の巣の彫刻は蜂蜜商の店の看板だった。

5 オ・シャ・ノワール（タバコ販売店）、セバストポル大通り5番地、1区

6 グザヴィエ＝プリヴァ通り5番地、5区。めずらしい木製の看板で、かつてはメートル・コック［料理人。字義は「親方鶏」の看板を掲げたオーベルジュにかかっていた。

7 ア・ルルス［「熊屋」］フォブール・サン＝タントワヌ通り95番地、11区

8 カネット通り18番地、6区。通りの呼称は、若いアヒル（カネット）が沼で劇に跳びはねようすをレリーフにしたこの看板に由来する。

9 レスカルゴ・ドール［レストラン］。「金のカタツムリ」、モントルグイユ通り38番地、1区

10 オ・ムトン［「羊屋」］、フール通り24番地、6区

11 オ・ボー・シーニュ［「美しい白鳥屋」］シーニュ通りとサン＝ドゥニ通りの角、1区

街角の遺物・遺構から見たパリ歴史図鑑

ブロス通りとオテル＝ド＝ヴィル河岸通りの角、4区
左中：ジャン＝ジョレス大通り161番地、19区

の看板で、ここは職人たちの集会所となっていた。

合鍵

金属加工の専門家だった錠前師たちは、みずからがこしらえた看板にとくにこだわっていた。当然のことながら、彼らの看板は鍵をかたどっており、これは彼らの力量とノウハウを証明するものだった。
■ほかに
レショデ通り23番地、6区

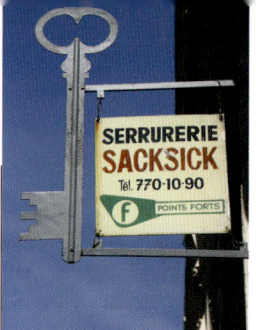

探偵の基本

とりわけ秘密を旨とする職業の私立探偵たちもまた、通りに看板をかかげていた。調査対象が彼ら「警察産業人」と約束をとりつけようとしてもむだである。1926年にフォーブール＝モンマルトル通りで設立された探偵事務所は、それ以来、フォブール＝ポワソニエール通り58番地、10区（左）
グルネル通り42番地、7区（右）

長きにわたって扉の下に鍵を滑りこませる、つまり秘密裏に調査を行ってきたからだ。反対に、ルーヴル通りの探偵事務所（デュリュク社）とブール＝ティブール通りの共同探偵事務所は、秘密の尾行とあらゆる種類の調査を効果的に行うことを約束している。

■ほかに
フォブール＝モンマルトル通り53番地、9区
ルーヴル通り18番地、1区

鐘と巡歴職人宿

国内巡歴を行う大工職人を受け入れる宿（カイエンヌ）の入口の上に、フリーメイソンのシンボルが組みこまれた看板がある。1831年に建てられたこの宿は、いまも用いられている最古のものである。細い鐘つき用のロープをともない、一部が壁にめりこんだ模造の鐘は、サン＝ジェルヴェ教会の裏手、職人組合の書店の上で看板の役目をしている。これはかつてア・ラ・クロシュ・ダルジャン［字義は「銀の鐘屋」］とよばれたカフェ

ブール＝ティブール通り15番地、4区

絞首台と古看板

異国趣味と植民地味ソース

遠い異国からの食料品（香料、ショコラ、カフェ、茶、アルコールなど）を小売りする食料品店は、その独自性を印象づけるため、長いあいだ看板用の画題を探してきた。こうして生まれたのが、「楽しいあるいは大食の黒人」といったイメージである。

オー・プラントゥール［字義は「プランテーション経営者屋」］、プティ=カロー通り10-12番地、2区（上）
オ・プティ=モール［「少年ムーア人屋」］、セーヌ通り26番地、6区（下）
■ほかに
オ・ネグル・ジョワイユー［「楽しい黒人屋」］、ムフタール通り14番地、5区

聖なるボルニビュス

パリ万国博での受賞メダルの複製レリーフを、3枚ならべた建物正面の看板は、ボルニビュス製マスタードの特性をたたえている。この調味料は19世紀には、今日のソーダ水と同様、有名だった。これは時代の先端を走っていた、実業家のアレクサンドル・ボルニビュス［1821-82］によって広められたもので、広告の有効性にいち早く気づいていた彼は、有名人に働きかけて、その製品をたたえてもらうことで、「企業イメージ」を高めた。アレクサンドル・デュマ［1802-95］がその賛美者のひとりだが（1872年）、エティエンヌ・デュクレ［1829-1909。作家・シャンソニエ］は『ラ・ボルニビュジアド』と題した抒情作品を書き（1878年）、ジョルジュ・メリエス［1861-1938。映画監督で、代表作に『月世界旅行』（1092年）がある］は店のために宣伝用の短編映画を製作している（1900年）。ボルニビュスは年に1度、従業員たちに田園でのリフレッシュ・エクスカーションを提供していた。彼はまた、長距離旅行者たちのために、使用前に水を数滴垂らして湿らせる、乾いたタブレット入りのマスタードを考案してもいる。

3つのM

ムフタール通りとモントルグイユ通りは、いずれも歩行者優先道路であ

ラ・ヴィレット大通り58番地、19区

モントルグイユ通り、1・2区

り、商業地区でもあるが、さらにもうひとつ共通点をもっている。食料品やレストランを示す看板の大部分が、じつに見事なまでにつらなっている点である。古い看板や現代風にアレンジされた看板が、そこでは楽しげに肩をならべ、さながら野外の生きた博物館となっているのだ。一方、正真正銘の博物館であるカルナヴァレ（パリ市立歴史博物館）は、看板の一大コレクションを擁しているが、これらの看板は、建物が解体ないし大々的な改築を余儀なくされた所有者から寄贈されたものである。

■ほかに
ムフタール通り、5区
カルナヴァレ博物館、セヴィニェ通り23番地、4区

ティクトンヌ通り10番地、2区

古い看板

ア・ラルブル・ア・リエージュ［字義は「コルクの木屋」］は、コルク商（栓製造人）の看板としては唯一のものである。木に彩色されたそれは、おそらく17世紀までさかのぼる建物にとりつけられている。さらに古いのが、ムフタール通りのオーベルジュの看板ヴュー・シェーヌ［「古いコナラ」］である。1911年に写真家のウジェーヌ・アジェ［p.98参照］が撮影したこの看板は、おそらく1592年につくられている。ただ、素材が虫に食われていたため、2011年に徹底した修復がなされた。以来、コナラは見事な光沢を放つようになったが、「古い」という看板は名称だけにす

エストラパド通り9番地、5区。1970年頃に廃業したコーヒー豆焙煎店の看板。黄土色の建物の門扉には、「サン＝ジャック焙煎店（ブリュルリ・サン＝ジャック）」を意味するモノグラムのBSJがみられる。
■ほかに
ムフタール通り69番地、5区

ぎない。

巨大看板と突飛な看板

素朴だが異常なまで巨大な初期の看板にならったのか、近代の一部の看板にはその大きさと突飛さとで知られるものがある。たとえば、クロワジック［フランス西部ロワール＝アトランティック県］の灯台を忠実に模倣した高さ10mもある看板塔がそれである。モンパルナス駅近くにある鮮魚店［カスタニャリ通り］の上にのっているこれは、土台に岩にのりあげたトロール船をともなっている。一方、バスティーユ地区には、ビストロから飛び出るような赤紫色の巨大なワインボトルがある。さらにマレ地区［ポワトゥー通り］には、建物の正面全体をおおい尽

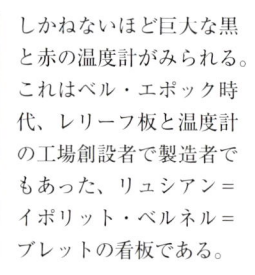

しかねないほど巨大な黒と赤の温度計がみられる。これはベル・エポック時代、レリーフ板と温度計の工場創設者で製造者でもあった、リュシアン＝イポリット・ベルネル＝ブレットの看板である。

レ・サムライ・デ・メール［字義は「海の侍」］、カスタニャリ通り69番地、15区（下左）
リシャール＝ルノワール大通り64番地、11区（下右）
■ほかに
ポワトゥー通り36番地、3区

コメルス通り27番地、15区（上）
ピエール＝アレ通り8番地、9区（右下）

ガラス絵

　ガラス絵は製パン店の正面だけの専有物ではなかった。ピエール＝アレ通りのチョコレート店シャトリ［字義は「甘味類」］は、その製品だけでなく、店名までもが甘く、グランド・クレムリ・ド・グルネル［「グルネルの大クリーム製造所」］もまた、店名をつける際に同様の命名を行った。より派手な店名としては、たしかにさほど食欲をそそりはしないが、サン＝トノレ通りにあった食品・惣菜店ア・ラ・ルノメ・デ・ゼルブ・キュイト［「野菜炒めの有名店」］がある。この建物の1階には、金色の文字が記された4枚のガラス絵が保存されてきたが、こうした階上での保存はあまり例がない。細部にわたるが、もうひとつ興味深いのは、19世紀末まで、店がア・ラ・ルノメ・デ・ゼピナール［「ホウレンソウの有名店」］

■ほかに
サン＝トノレ通り95番地、1区
フォブール＝モンマルトル通り35番地、9区

とよばれていたことである。とすれば、ここではホウレンソウがほとんど売られていなかったと考えざるをえない。すばらしいホウレンソウなどありえなかったからである。これに対し、フォブール＝モンマルトル通りのア・ラ・メール・ド・ファミユ［「主婦屋」］は、今日知られているかぎりでもっとも古い菓子店である（創業1761年）。その正面には、商号と商品の宣伝が、さまざまな字体で混ざりあっている。大理石壁の上のガラス絵

は帯状に分散し、商号が描かれたパネルは建物正面の下に配され、柱には店の商標以下、商品名が縦に表示されている。

飛び去った看板

　なかば消えてしまっているが、一連の看板は時代遅れの言葉を用いており、すでに姿を消した商売や産業を想い起こさせる。ひと吹きの息や一陣の風、あるいは雑巾のひと拭きで、おそらく完全に消え去ってしまうだろう、サン＝ドゥニ通りのアーケード下にある木製の看板は、口ごもるようにこう告げている。「婦人・少女用帽子」。ヴィエイユ＝デュ＝タンプル通りの看板は「麦わら帽子・フェルト帽」、パヤンヌ通りのそれは「あらゆる様式の鐘と照明具」、ロケット通りのは「高級帽子［を売る］信用のおける店、ファンタジーと哀悼」、フォブール＝モンマルトル通りの看板は「かつらと芸術的つけ髭」…。ジャン＝プルマルシ

ュ通りの今では店仕舞いしている配管用具店の正面には、3枚の看板がなおも残っているが、その白い琺瑯引きの鉄板には、「洗面器、サイホン…」と書かれた美しい文字の輪郭がはっきりと見える。だが、左手にある看板の文字は、残念ながらはがれ落ちている。

■ほかに
サン＝トノレ通り95番地、1区
フォブール＝モンマルトル通り35番地、9区

パヤンヌ通り13番地、4区（上）
ロケット通り132番地、11区（下）

壁広告

街角の遺物・遺構から見たパリ歴史図鑑

　今日、広告がどこにでも侵入している…。そう嘆く向きもあるが、そうした状況はじつは19世紀末から20世紀初頭にかけてすでにあった。事実、地下鉄通路の階段の段鼻や、家の窓下を通るバスの屋根にまで、広告はまさにどこにでも見られた。切妻壁はワックスや電化製品、チョコレート、アペリティフなどの長所をうたう巨大な彩色広告でおおわれていた。だが、1943年の条例によってこうした表現に規制がかけられ、広告スペースが最大16平方メートルと定められた。これにより、今日のような4×4メートルの広告が登場することになった。ただ、「長もちする」といわれていたにもかかわらず、かつての彩色広告は悪天候や外壁の改修によって消え去り、かろうじて残った10個所程度のそれが、色こそはげ落ちているものの、見る者の心をとらえている。

SUZE［リキュール・メーカー］、バロー通り7番地、13区

ムフタール通り73番地、5区。通りを越えて、真向かいのボーリング場へと誘うこの看板は、剥落しかかっている。

壁紙店、パストゥール大通
り20番地、15区

ロザン・チョコレート、
ックス=ドルモワ通り番
地、18区

ピコン［苦味酒］、オーギ
ュスト=コレット通り1番
地、17区

カデュム石鹸（修復後）、
モンマルトル大通り3番
地、2区

Kub、シャロンヌ通り50番地、11区。無政府主義
者の画家クリスチャン・ゼメール［1934～］は、
1990年、それまでの広告をキュブ・ブイヨンに変
えている。作品の題名は「キス・ミー・キュブ」

封蝋靴墨エクリプス、バテ
ィニョル大通り23番地、
8区

第20章
運命の変更

運命は予測できなく、また皮肉なものである。半回転するだけで、それは商売替えをさせたり、店の行く末を変えたりもする。以下では、こうした切り替えの事例をいくつかみておこう。

露店から変わったベンチ

ポン゠ヌフは橋上に家屋のない最初の橋である。家屋はなかったが、広さ数メートルの半円形のテラスを店舗とする店がつらなっていた。1854年、橋の改修工事の際、そこで商売をしていた古本屋や安価な商品を扱う商人たちは、最終的に追い立てられた。半月形のベンチは、こうして姿を消した露店のあとである。

運命の変更

娼館のなかのカフェ

稀有（！）なことだが、ボン＝ヌーヴェル大通りのドゥラヴィル・カフェは、旧娼館の１階に店をかまえている。これは、取締リストにのっていないもっとも神秘的な娼館のひとつだった。だが、あらゆるものを映し出す鏡におおわれた通廊といい、客がかちあわないようにするための二重階段ボン＝ヌーヴェル大通り34番地、10区（上・左下）といい、ムーア様式ないしゴシック様式の部屋といい、ここはまちがいなく娼館だった。そして、いたるところに見られ、快楽への誘いを意味するモノグラムのAYM。こうした例外的なまでの装飾は２階にあり、現在そこはデザイナーのアンヌ・ヴァレリ・アシュ［1971-］のアトリエとなっている。そこには自由に立ち入ることができないが、ドゥラヴィル・カフェとなった１階の金色のモザイクや、かつて階上階とつながっていた大理石の円柱をそなえた大階段をたたえることはできる。

警察署のなかのアパルトマン

ベリアール通りにある建物の入口には、もはや三色旗はなく、かわりに「13区グランド＝カリエール地区派出所」の文字が見える。その下には、「負傷者救援──夜間医療救護」の文言がきざまれ、不透明なガラス窓の全体にそって、いまも鉄格子が保存されている。旧プレーヌ・モンソー派出所もまた、鉄格子は撤去されているが、高くて狭い窓がならんでいる。ルジャンドル通りの場合は、絞首台向けの先端が穂先になった鉄格子があるが、これは旧近衛騎兵隊の立ち入りを防ぐためのもので、今では共同所有になっている。

ベリアール通り119番地、18区

■ほかに
マルゼルブ大通り132番地、17区
ルジャンドル通り85番地、17区
右下：シャンゼリゼ大通り52番地、8区

街角の遺物・遺構から見たパリ歴史図鑑

冷凍庫（フリゴ）の芸術家たち

パリ＝イヴリーの旧冷凍倉庫群［p.158参照］は、1921年から71年まで用いられていた。この期間、食料品（肉、魚、牛乳、バター、チーズ、果物など）を満載した列車が、その鉄筋コンクリートの建物へと飲みこまれていた。倉庫は25輛まで受け入れることができた。そこでは4台のリフトが5層に分かれた冷凍室に食料品を運んでいた。電動モーターで稼働し、給水塔から水の供給を受ける

フリゴ通り、13区。倉庫群の右手奥にあるホールB。旧給水塔の目がくらむほどの傾斜路が見える。

アンモニア式圧搾機によって、毎日40トン以上の氷が作られてもいた。錆びついて傷んだ配管はなお通廊沿いに走っているが、センターがランジス［パリ南郊の中央市場］に移転して以来、倉庫は遺棄された。だが、1980年代に芸術家たちが資金を出しあい、以後、そこは現代芸術の坩堝とみなされるようになっている。

逃走術

商店が商売上の変身に取り組めば、その運命を変えるほどではないまでも、すくなくとも当座のやっかいな状況を切りぬけることができる場合がある。人間もまた同じで、だれかに尾行されている。そんな不快な感じはだれもが一度や二度はいだいているはずだが、雪のように汚れのない心をもっていようといまいと、ときには何ほどか尾行をけむにまくような行動をとることが重要になる局面もある。以下は、追っ手からのがれたり、望ましくない連れを出し抜いたり、あるいはたんに愛すべき被害妄想を保ったりするために、出入り口が2個所ある商店を舞台にくりひろげられた事例の一部である。

レオポルドの試練

バイイ薬局は、反ナチのソヴィエト軍事諜報部「赤いオーケストラ」の指導者だったユダヤ人のレオポルド・トレッペル［1904-84］が、1943年、おそろしいナチ（ゲシュタポ）の監視からのがれるために用いた、有名な舞台である。1942年に逮捕された彼は、緊急に薬が必要だとの口実をもうけて、セーヌ右岸のローム通りからこの薬局に駆けこみ、おとなしく入口で待っている見張りを出し抜いて、ロシェ通りから逃げうせた。かりに左岸にいたとしても、彼はモンパルナス大通りとノートル＝ダム＝デ＝シャン通りに同時に面している薬局［ラヴァル・リュートレ薬局］を逃げ道に用いただろう。これら2本の通りはヘアピンカーブをなしており、住民たちは製パン店もかねていた薬局の2つの入口を通り抜けて、近道としていたからである。この近道にある多少の段差は、階段となっている。

■ほかに
モンパルナス大通り153番地とノートル＝ダム＝デ＝シャン通り112番地、6区

ローム通り15番地とロシェ通り4番地、8区

Le 43、ボーブール通り43番地、3区

ギャルソン、そそくさと逃げ出すための手を教えて！

レオポルドのひそみにならって追っ手を出し抜くには、たとえばボーブール通り43番地のカウンターで、ブラックコーヒーを1杯飲み、トイレに行くと言って姿を消し、最後にグルニエ＝サン＝ラザール通りに面した建物のホールに通じる秘密の扉を押せばよい。事実、階上の事務所で働く者たちは、こうして通りに出ず、直接カフェに行く。同様のことは、リヨン通りとバスティーユ大通りの合流点に位置する、ブラッスリーのレ・ザソシエについてもいえる。

■ほかに
レ・ザソシエ、バスティーユ大通り50番地、12区

最後の祈り

教会もまたこうした逃亡劇に適している。そこにはしばしば多くの出入り口があるからだ。サン＝ルイ＝ダンタン教会へは、通常コーマルタン通りの63番地から入るが、しかるべき祈りを捧げたあと、小教区集会室を通れば、ル・アーヴル通り4番地にあるオフィスビルのホールに出ることができる。逆のコースもかなり意外なものである。サン＝シュルピス教会やサン＝ジェルマン＝デ＝プレ教会の場合もまた同様である。

■ほかに
サン＝シュルピス教会。3個所以上の出入り口があり、そのうちの2個所はガランシール通り、1個所はパラティヌ通りの脇に出る。6区

サン＝ルイ＝ダンタン教会

サン＝ルイ＝ダンタン教会、コーマルタン通り63番地とル・アーヴル通り4番地、9区（上）
サン＝ジェルマン＝デ＝プレ教会。右翼出口は6区のアベイ通り9番地へ（右）

サン＝ドゥニ＝ド＝ラ＝シャペル教会、シャペル通り16番地。出入り口は18区のトルシー広場に通じている。

サン＝ジェルマン＝デ＝プレ教会

展覧会とチャオ！

マレ地区のシュリー館も、「尾行をまく」期待にこたえてくれるだろう。そこでは定期的に展覧会が開かれており、これを利用すれば、庭園側（ヴォージュ広場）に入ったり、そこから中庭側に──あるいはこれとは反対方向に──出たりすることができるからである。

シュリー館、サン＝タントワヌ通り62番地およびヴォージュ広場7番地、4区

運命の変更

第21章
オ・フュール・エ・ムジュール

オ・フュール・エ・ムジュール（少しずつ、〜に応じて）［字義は「率と尺度で」］という冗語法は、ベル・エ・ビャン（ほんとうに）やサン・エ・ソーフ（無事に）などと同様、同義語の反復を好んだ啓蒙時代に生まれている。本章ではまさにこうした冗語法が必要不可欠となる。ここではさまざまな尺度や評価、たとえば水位標や境界標、ベンチマーク［測量用水準点］、気圧計といった尺度や評価がとりあげられているからである。

パリ証券取引所、ヴァルム通り、1区
（p.186参照）

ヴァンドーム広場13番地（司法省左手）、1区

ヴォージラール通り36番地、6区

メートル原器

　フランス革命前の旧体制時代には、尺度をめぐって活発な論争があった。長さを語る際はプース［12分の1ピエ。字義は「親指」］やピエ［約32.48 cm。字義は「足」］、トワーズ［約1.949 m］、道のりの場合はリュー［約4 km］、布地を測るときはオーヌ［約1.188m］を用いていた。一方、容積については、液体はパント［約0.93ℓ］、穀物はボワソー［約12.7ℓ］、燕麦はピコタン［約2.5ℓ］を使った。重量はスクリュピュール［約1.75 g］（薬局の場合）やオンス［約30.594 g］、マール［8オンス］、キンタル［100 kg］で量った。尺度はことほど左様に数多く、しかもその値は地域によって異なっていた。1795年、国民公会は度量衡の統一を求める商人たちの要請を受けて、それを整備し、メートル法を定めた。そして、市民一人ひとりがこの新しい十進法に慣れ親しむよう、1796年、国内の主要都市にメートル原器を設置した。パリではこの原器が16個所に置かれたが、今ではヴォージラール通りとヴァンドーム広場の2個所に残っているだけである（後者の場合は、1848年にもともとあった場所から移されている）。大理石製のこれらの原器には、小さな部分がセンチメートル単位で明確にきざまれている。

道路元標

　ノートル＝ダム司教座聖堂前の広場には、風配図がきざまれた青銅板が敷石にはめこまれている。すくなくともパリを出発する国道の起点を示す道路元標である。この標示は、1754年、エティエンヌ・テスラン神父の知性から生まれた、まさに瓢箪から駒のアイディアだった。同年に出版した著作［『一般地理学入門のための、フランス王国地図におけるパリとその見取り図の説明をふくむ事典形式のパリ地誌』］のなかで、彼は「フランスの地図を同じ形式のパリの見取り図に転写し、都市の呼称をそれと対応する通りにつける」ことを提唱した。この（常軌を逸した）計画は、1769年、前記広場の地面に1本の杭が打たれなかったなら、死文化したはずである。そして1924年、パリ市当局はそこに風配図を差しこむことで、この目印を道路元標として公式に認めたのだった。

パルヴィ＝ド＝ノートル＝ダム広場、4区

オ・フュール・エ・ムジュール

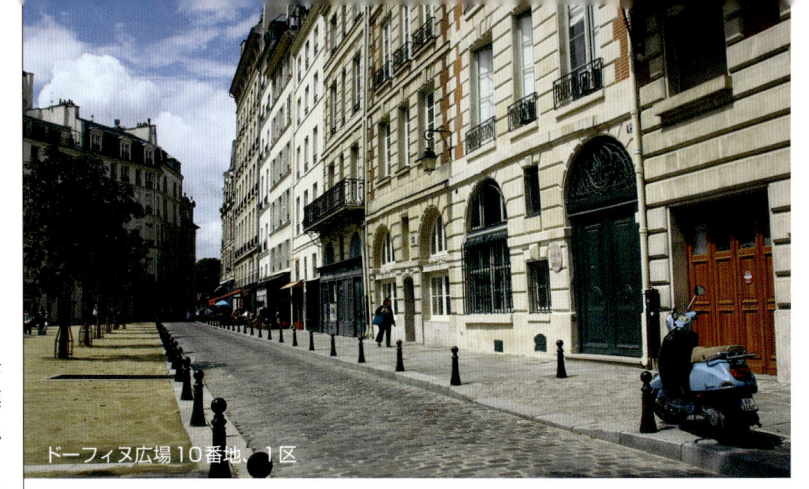

里程標

ローマ帝国は1000歩（1481.5 m）ごとに道標石を配した。ガリア地方には里程標を設け、その上に距離を里（約4 km）で示した。パリから出る街道には1000トワース、つまり1949

ドーフィヌ広場10番地、1区

パリのへそ

パリの中心はどこか。これはむずかしい問いである。パリには数個所に中心があるからだ。市域自体の中心か周辺をふくめた地域の中心かで、答えは異なる。国立地理調査所（IGN）が発表するデータでは、計算にヴァンセンヌやブーローニュの森もふくまれている。パリ全体の中心点は「表面的（市街的）重心」とよばれる。これは市域の重心であり、ドーフィヌ広場（1区）がそれにあたる。これに対し、パリの外枠を輪郭づける慣性的な中心は、「周域的重心」という。これはパリの境界に対する中心点で、ラキュエ通り（12区）の裏庭に位置する。一方、渦巻き状に20に分かれた街区の中心、つまりその出発点は、サン＝ミシェル橋の中央にある。

■ほかに
ラキュエ通り9番地の裏庭付近
サン＝ミシェル橋中央部

ヴォージラール通り85番地、6区

メートルごとに里程標が置かれた。こうした里程標の1基がいまもヴォージラール通りに残っている。表面の文字はすでに消えているが、それはゼロ地点から半里の距離にあった。かつてその楕円形の穴にはフルール・ド・リ［p.80参照］がきざまれていたが、フランス革命時に削除されている。

距離標

地方の街道に一般的にみられる距離標は、パリではまれであり、姿を消しつつあるとさえいえる。今日残っているのは2基のみで、それらは国道がパリ市内に入っていることをかろうじて証明する。その1基はオルレアン街道、つまり環状道路の外側に位置するモンルージュを起点とする国道20号線にある。もう1基は国道10号線のラジオ・フランス局近くに置かれている。

ジェネラル＝ルクレール大通り15番地、14区

境界標もどき

歴史家たちはベルトン通りの境界標を見逃している。3ないし4メートルごとに置かれたそれは、歩道が登場する以前に馬車から歩行者を守っていた車輪よけではなく、バルザックの旧宅の緑色のポーチ近くにあった規格外の石なのである。壁にかけられている表示板の説明によれば、これはオートゥイユとパシーの領主所領の境界を示すため、1731年に設置された石だという。だが、古文書によればそうではない問

題の境界はラジオ・フランス局の敷地にあったというのだ。確固たる裏づけをともなった主張である。とすれば、この大きな石は狭いベルトン通りに馬車が入りこむのを禁ずるために置かれたものと思われる。

ベルトン通り、16区

シャラントン通り306-308番地、12区

越えられない石

8区と12区にある2枚の表示板は笑いをそそる。曰く、「1726年。境界標。ルイ15世の御代。国王により、本境界石および境界標からもっとも近い村にいたるまで、建物を建てることを急ぎ禁ずる。違反者は1724年および1726年の勅令によって罰せられるものとする」。だが、周辺に町が密集していた時代であ

る。こうした王令は文字どおりに順守されることはなかった。それゆえ、歴代の国王たちはパリの境界確定という難題に頭を悩ませた。国王たちは行政や治安上の理由から、いく度となく臣下が首都の外に住居を築くのを禁じた。その最初の禁令は1548年に出され、1627年、33年、さらに42年に更新されている。1642年には、境界標より外側に建てられた家屋は、所有者が税を払わないかぎり、解体されることになっていた。しかし、この禁令はけっして守られず、市外区は長くつらなり、境界標石はその都度より外側に移された。こうした操作はルイ15世［在位1715-74］の時代にも受け継がれたため、国王は294基の境界標に王印をきざませ、それらを5通りのカテゴリーに分類した。今日、残っているのは2個所のみで、シャラントン通りにある上述のそれは、村に接した市外区の家屋にかかわるも

ので、新たに道路を建設したり、大きな建物を建てることを禁じている。唯一許されたのは平屋で、両開きの表門をもたない家屋だけだった。この境界標はもとはピクピュス通りとランブラルディ通り［12区］の角にかかっていた。1910年、歴史家のリュシアン・ランボー［1874-1927］がふたつに割れていたそれを、同じ住所にある雑貨店の奥で見つけ出した。そして、かなり傷んでいたものの、店の外壁にかけたのである。

■ほかに
ラボルド通り4番地（中庭内）、8区

オマージュ・ア・アラゴ

「オマージュ・ア・アラゴ（アラゴ賛美）」とは、パリ市内に分散しているモニュメントの正式な名称で、数珠につらなって地面に置かれた135枚の小皿大のブロンズ製メダイヨンからなる。これらのメダイヨンには

Arago［フランソワ・アラゴ（1786-1853）は天文学者・物理学者・政治家。1830年からルイ・ナポレオンがクーデタで実権を掌握した翌1852年まで、パリ天文台長をつとめた］の名前と、NおよびSの文字［方位］がきざまれている。いずれも地球子午線軸の測定にかかわったこの碩学の業績をたたえるもので、パリ子午線（グリニッジ子午線にとってかわられるまで［1911年］、国際子午線だった）に正確に沿って置かれている。オランダ出身の芸術家ジャン・ディベ［1941-］が「ランド・アート」の一環として、1994年、アラゴ生誕200年を記念してこれを制作した。

イル＝ド＝サン広場、14区。「オマージュ・ア・アラゴ」の135枚目、つまり最後のメダイヨンは、旧フランソワ・アラゴ像（ドイツ軍占領時に溶解処分）の台座に縦にはめこまれている。

オ・フュール・エ・ムジュール

街角の遺物・遺構から見たパリ歴史図鑑

ベルビエ＝デュ＝メ通り8番地、13区（上・下）

家の前を掃除して

ベルビエ＝デュ＝メ通りは、その道に沿っている工場［ゴブラン織物工場］の建物の一部と同様湾曲しているが、この湾曲は、かつて壁の下を流れていたビエーヴルの川筋と符合している。66番地にある70T4P（70トワーズ4ピエ［p.179参照］）ときざまれた石は、工場が、川を保全して、建物の全長135メートルに相当する部分の土手を維持するという義務を負っていたことを想い起こさせる。1906年、ビエーヴル川は暗渠化され、上にこの通りが敷設されている。

水位測定

パリ市民はいつの時代でもセーヌ川の増水と対峙しなければならなかった。1910年の増水は、8.62メートルという例外的な出来事だったため、いまも当時を知る人々の記憶に残っているが、それはまた発明されてまもなかった写真のおかげで、世界中に知られることにもなった。むろん、それ以前にも増水はいく度となくあった。水面の高さは1651年にはじめて記録され、58年にはもっとも高く、8.81メートルにも達している。こうした増水量は、グレーヴ広場［現在のパリ市庁舎前広場。当時はセーヌの船着場があった］に置かれた十字架で測られた。今日では、公式の測定は河中に沈めた測鉛によって行われている。水位の基準点はオーステルリッツ橋だが、パリ市民たちは伝統的にアルマ橋の橋桁にあるズワーヴ兵［1852年に編成され、アルジェリアのコンスタンティヌに配属されたフランス歩兵隊で、翌年、クリミア半島のアルマの戦いに参戦した］の彫像によって水位を調べている。セーヌの船着場であるアルスナル港の橋弧の上には、過去の有名な増水を示す印が残っている。コンティ岸に消防船を係留させている造幣局分署の消防士たちもまた、この船の舷側で水位を調べている。

アルスナル貯水池、4区

ポントー＝シャンジュ橋（オルロージュ塔近く）、1区

コンティ河岸通り11番地正面、6区

アルマ橋、16区

オ・フュール・エ・ムジュール

シャラントン通り28番地、12区。カンズ=ヴァン病院の前では、1740年の増水時、水位が1910年より高くなったことを確認できる。

そこまでの水

大増水にみまわれたあとには、それを示すプレートが建物の土台や岸の欄干に現れた。これらのプレートは、増水の脅威を忘れないようにするため、パリ市当局ないし個人によって置かれた。モベール広場には、ゴシック文字の文言がきざまれた石があるが、これは1711年3月の増水（7.62メートル）を喚起するものである。黄ばんではいるが、プレキシガラスのカバーのおかげで、今でもその文言が読める。一方、カンズ=ヴァン病院のポーチ左手には、1740年の増水を記憶するため、「川の水位がこの石の高さまで達した」という文言が、トマ・ブーケという人物によってきざまれている。1710年の増水にかんする証言はより多く、緑地に白抜きの文言を記した琺瑯引きのプレート（約30個所）や、たんに到達水位を石に示しただけのものもある。こうした文言は一部の橋（上流側）やセーヌ河岸沿い（約30個所）にもみられる。ポン=ヌフ橋には増水の印が複数ある。下流側の柱の上や上流側の岸壁にかけられている仮面飾りのすぐ下（1910年の増水）などに、である。

リール通り70番地あたり、7区

■ほかに
モベール広場とメートル=アルベール通りの角、5区

「諸君は地球の自転をまのあたりにするために招待されています」

物理学者のレオン・フーコー［1819-68］は、当時の学者たちにこう書き送って、1851年2月3日のパリ天文台における驚くべき実験に招待した。地球の自転に直接立ち会ってもらう。これが招待の目的だった。1カ月後、群衆がパンテオンにつめかけた。共和国大統領だったルイ・ナポレオンの要請を受けて再現される公開実験を見るためにである。フーコーによれば、その原理はきわめて単純なものだった。「振り子［フーコーの振り子］の振動面がエーテルに対して固定しているなら、同じエーテルに対する地球の回転は、振り子の振動面の回転によって目に見える［地球が自転しているなら、振り子の振動面が自転と逆方向に回転している］はずだ」。実験の数カ月後、世界各地で数十もの振り子が振動し、多くの人びとがこうして「地球が自転する」さまを目のあたりにするようになった。

パンテオン、5区

馬の首都パリ

ベンチマーク

　フランス標準水準（NGF）は、全国に点在する基本水準標のネットワークを基盤としている。パリの場合、これらの水準標は、給水網や下水渠網の建設がはじまる直前の19世紀中葉に広まった。水を円滑に流すのに不可欠な傾斜の計算をするには、水準を知らなければならなかったからである。1856年に出されたセーヌ県知事の行政令によれば、水準はマルセイユの平均海面位（零点高）にもとづいている。建物や岸壁の基部にはめこまれた水準標［水中にあるのは量水標］は、やがてあらゆる種類の工事を請け負う土地測量技師たちにも用いられるようになる（現在もなお）。パリ最古の水準標は矩形の鋳鉄板でできており、上に横板がのっている（これがいわゆる「レペール・コンソル」［字義は「テーブル状標識」］、である）。それらはパリ市の紋章（帆船）［p.36参照］で飾られ、3通りの標高値が記されている。最初の標高値はトゥルネル橋の水位計の0目盛に対応している（1719年、セーヌの水位はもっとも低く、海水面から16.25メートルだった）。この標高はセーヌ川に導く排水渠の流路を建設する際に用いられた。2番目の数値は、ラ・ヴィレット運河の水位（51.49メートル）を50メートルかさ上げした（101.49メートル）標高値と、平均海水面に対する標高との差を示している。これはラ・ヴィレット運河からの飲料水の給水網を築く際に用いられた。3番目の標高値は海水面を示す。これらの水準標にくわえて、より小型の円筒標も目にするが、そこにはこの最後の標高値が示されているだけである。

1

2　3

オ・フュール・エ・ムジュール

1 カレ小路とアミラル＝コリニ通りを結ぶポーチの下、1区
2 シェルシュ＝ミディ通りとジャン＝フェランディ通りの角、6区。雨水のみならず、鉢植えの後ろ、地面すれすれにあるため、人目から守られてきわめて保存状態のよい「小型モデル」の水準標。
3 ポン・ヌフ橋
4 マルセイユにある零点高。パリはオーステルリッツ橋の水準標でNGF 25.92メートルの標高にある。ポン・ヌフ橋近くのコンティ河岸（6区）やシャンジュ橋（1区）の水位計に、32、33、34…といった数値がきざまれている所以である。
5 グラン＝ゾーギュスタン通り8番地と10番地のあいだ、6区。この「レペール・コンソル」はおそらくもっとも保存状態がよい（したがって、もっとも文字が読みやすい）ものである。
6 シャルロ通りとテュレンヌ通りの角、3区。故障したブーシュリの給水栓を修復する際、水準標はあまりにも高い個所に移され、まるで用を足さなくなった。今日、この給水栓にはコンソル型と円筒型の2通りの水準標がみられる。
7 パリの公道に設けられたもっとも高い位置のベンチマークは、20区のテレグラフ通りにある。
8 アルシーヴ通りとフラン＝ブルジョワ通りの角、4区。ショームの給水栓では、水準標が同時期の鋳鉄板がパリの紋章である帆船と組みあわされている。
9 オテル＝ド＝ヴィル河岸通り、4区
10 ビエーヴル河岸通り1番地（トゥルネル河岸通りの角）、5区

気圧計と温度計

大時計が時間を測るように、それぞれ気圧と温度を測る気圧計と温度計は、しかし振り子ほど広まっていない。両者は互いの不遇を慰めあっているのかもしれないが、雨や晴天の話題は、パリ市民たちの好きなもののひとつである（ただし、彼らが立ち止まって時計を眺めるとき）。

カズは店を改築し、アポリネールやヴェルレーヌらが足しげくかようようになる。1935年、カズは自分の名を冠した文学賞を創設し、この賞は現在もなお有望な新人を発掘している］。それは船舶用の錨に組みこまれている。

サン＝ジェルマン大通り、6区

ブール＝ラベ小路、2区

ガラス窓の帽子

上の気圧計は、1862年、ブール＝ラベ小路の敷設とともに誕生し、2000年代に小路が全面的に補修（建物正面、地面、天井・照明装置）されたときに修復されている。

レクト・ヴェルソ

1889年にパリ証券取引所の丸天井にそなえつけられた気圧計（右）は、裏と表（レクト・ヴェルソ）から読みとれるという特性をおびている。

ヴァルム通り、1区（右）

錨を上げよ

ブラッスリー・リップの気圧計は、1880年以来、サン＝ジェルマン＝デ＝プレのエリートたちが練り歩く姿を見てきた［創設者のレオナール・リップは、ドイツ領になった生地アルザス地方からパリに逃げてきた。1920年代、新たな経営者となったマルスラン・

ルーヴル広場、1区

めずらしい円形温度計

サン＝ジェルマン＝ローセロワ教会の鐘楼の、1862年に設置され、2004年に修復された青色と金色の2基の見事な文字盤は、称賛に値する。一方は気圧計、他方は円形の文字盤をもつめずらしい温度計で、後者の文字盤は「グラス（氷）」をはさんで右側がプラス、左側がマイナスの温度を示している。

眼鏡店組合

ひっそりしたパストゥレル通りには、重なりあった3枚の文字盤（気圧計、湿度計、温度計）がある。あるいは偶然の一致なのか、真向いの6番地には、1849年に創設された眼鏡店組合があった。1967年、これはエシロル・グループ［世界最大の補正レンズ会社］となっているが、かつて眼鏡店の職人たちは眼鏡だけでなく、織物分解鏡や顕微鏡、顕微鏡描図装置（転写機）、暗箱、立体鏡、気圧計、温度計、液体比重計、湿度計などを作っていた。

パストゥエル通り9番地、3区

デュフォ通り2番地、1区

群衆の啓発

デュフォ通りにある光学器械販売店の正面外壁には、見事な計器の組合わせがみられる。いずれも保存状態はよくないが、上手には気圧計、ショーウィンドウの脇には大きな温度計がかかっているのだ。温度計の目盛は、教育的な目的のために描かれた絵と対応している。すなわち、子守たちは乳児の入浴温度を、ミツバチの群れの絵と蚕の孵化器の絵のあいだの温度で知ることができたのである。

モンスリ公園の機器置き場

フランス最初の気象台は、1872年に設けられている。場所は1867年の万国博時に建てられたモンスリ公園内のバルド館［チュニジア総督宮殿の復元で、のちにパリ市に寄贈された］だった。1972年、施設は同じ公園内の数メートル離れた場所に移された。今日、気象学者たちは気温、気圧、雨量、風速、日射量、湿度などのセンサーをそなえている無人観測所からのデータに一部もとづいて予報を出している。これらの観測所はパリおよび近郊の5個所に分置され、モンスリ公園の観測所には基準センサーが置かれている。この測定機器公園には、地表の上下10〜50センチメートルのところに一連の温度計がすえられ、雨量計や湿度計、さらに積雪計もある。園内の塔にとりつけられた風速計では風杯が風の力を測り、風向計がその向きを示す。くわえて、日射計は日中の日射量を測定し、日照計が日射量を算出し、日照時間を導き出している。モンスリ公園の機器全体はこれらの装置から構成されている。

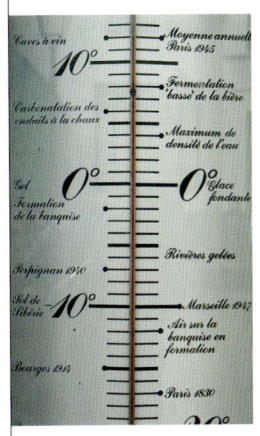

モンスリ公園、14区

ブラントーム通り8番地、1区

最高・最低気温

前述したデュフォ通りの古い教育的温度計にならって、オルロージュ界隈も近代的な温度計（上）が設置されている。高さ2メートルあまりのそれは、シベリアのレナ河谷で記録された零下70度から、エチルアルコール（エタノール）の蒸留温度である摂氏70度までが記されており、そのあいだに、ビールの下面発酵温度（8度）や地下倉の貯蔵ワイン温度（12度）、赤道地域の海水温度（17度）、病室（22度）、パリの夏季平均気温（30度）、リンの溶解温度（44度）などの目盛がみられる。

オ・フュール・エ・ムジュール

第22章
パリのエジプト

ナポレオン1世がファラオの地をふみにじり、「兵士諸君、これらのピラミッドの上から40世紀が諸君をみつめている」と演説した1798年、この軍事遠征にくわわった少数の学者たちは、自分の手帳をメモやクロッキーで埋めた。やがてフランスに戻ると、彼らの観察結果は公刊されて一般の知るところとなり、人々はエキゾチックな風景や古代の習俗に熱中した。こうしてエジプト趣味が流行し、ファラオ様式がさながら洪水のように首都にあふれ、いわゆる「エジプト回帰」の構造物が建物の正面外壁に花開いて、石に持続的な痕跡を残すようになった。

ジェネラル=ルモニエ大通りのセーヌ側、1区
(p.194参照)

パリのエジプト

ケール通りは1782年から98年にかけて分割されたフィユ=デュ［字義は「髪の娘たち」］女子修道院の敷地を通って敷設されている。

ラ・フォワール・デュ・ケール

　ラ・フォワール・デュ・ケール（カイロ大市）と命名された一角は、1806年、ニコラ・ド・ラ・レニ［1625-1709。初代パリ警察総代行官（警視総監に相当）］によって一掃された、ミラクル（奇蹟）小路のあとに生まれている［p.69参照］。小路に入口があるケール（カイロ）広場2番地の建物はエジプト風の建築で、さながら古代史劇を見るようでもあるが、じつはバロック的で時代錯誤的なパロディーである。ヴェネツィア風ネオゴシック様式の窓は、幻想的なロータスやヒエログリフ、さらに3面のクローン的な顔——牝牛の耳をしているところから、エジプトの女神ハトホル［幸運と愛の女神］とわかる——などをかたどった柱頭をもつ、数本の円柱に枠づけられている、当初、ケール小路の雰囲気はカイロのバザールを思わせるものと期待された。だが、それははかない期待だった。プレタポルテ専門業者向けのショーウィンドウを飾る、さまざまなグッズ（マネキンの上半身、色リボン、ハンガーなど）を扱う店に占領されるようになったからである。

上3葉・下2葉：ケール通り、広場、小路、アブキール通り、ダミエット通り、ニル通り、2区

異国的な地名

　パリにはエジプト風の呼称をもつ通りが8本ある。アブキール通り、アレクサンドリ通り、エリオポリス（ヘリオポリス）通り、ピラミド通り（ナポレオンとその将軍たちの勝利を喚起する）、ケール通り、ダミエット［カイロ北方のディムヤート。十字軍の戦場］通り、ニル（ナイル）通り、そしてシュエーズ（スエズ）通り（フェルディナン・レセップス指揮による運河開削を示唆する）である。当然のことながら、これらの通りは多くがフォワール・デュ・ケール地区に集まっているが、この地区名は、1798年7月23日にナポレオンがカイロに入城した、つまりパリ市民たちの想像力を魅惑し、記憶として残った出来事の直後に命名されている。

コンコルド広場、8区

パリ最古のモニュメント

　オベリスクはかれこれ3300年の歴史を有する。その歴史は前1250年頃のテーベにはじまる。同じ頃、ラムセス2世［エジプト第19王朝のファラオ（在位 前1290-前1224ないし前1279-前1212）］の神殿でも、兄弟とでもいうべき別のオベリスクが建立されている。シャルル10世治下の1830年、エジプト副王［在位1805-49］だったメヘメト・アリは、テーベ神殿［ルクソール］のオベリスク2基をフランスに贈ることにした。その経緯については諸説ある。フランス人将軍のエジプト総督が贈り物を「強要した」とする説や、1822年にシャンポリオン［1790-1832］がヒエログリフを解読したことに感謝する自発的な贈り物だとする説などである。真偽のほどはさておき、これら2基のオベリスクのうち、重さ230トンのより小さな方を最初に送ることになった。だが、輸送に際しては、それに見あう8隻分の船を建造しなければならなかった。ジブラルタル海峡を抜け、北仏のル・アーヴルからセーヌ川をさかのぼる輸送には、じつに1年半もかかった。まさにそれはガレー船の徒刑にも匹敵する難事業だった。この輸送を請け負った技師は、次にように述懐している。「もう1本はそれを望む者がいずれ運ぶだろうが、それはわたしではない！」。しかし、交代要員の問題はついに生じなかった。元大統領のフランソワ・ミッテランが、1994年、「フランス国民のもの」である2本目のオベリスクを、エジプトに実質上「返還」したからである。

ガラスと石のピラミッド

　ルーヴル美術館のガラスのピラミッドは、中華民国出身の建築家イオ・ミン・ペイ［貝聿銘（1917-）］が1989年に制作し、ルーヴル宮の中央に設置したものである。以後、これはカルーゼル凱旋門、オベリスク、エトワルの凱旋門、さらにデファンス地区のグランド・アルシェへと向かうパリの東西主軸の出発点となっている。政治的・審美的な論争もすぎさって、今ではギザの大ピラミッド同様知られるまでになったが、じつはモンソー公園にはガラスのピラミッドよりはるかに古い石のピラミッドがある。公園を彩る「ミニチュア」のひとつで、公園がシャルトル公の所有地だった18世紀のものである。当初、そこには女神イシスの像が置かれていた（p.145参照）。一方、バリュ通り32番地にある家の彩色ガラスの欄干には、3基のピラミッドとヤシが描かれている。これはレ・ピラミドとよばれていた娼館の秘密の看板だった。

■ほかに
モンソー公園、8区
バリュ通り32番地、9区

ナポレオン広場、1区

ファラオの霊廟

　19世紀、古代のエジプト人たちが死と結んでいた奇妙な関係（ミイラの保存や死後の世界への通過儀礼、化身と永遠の生など）に魅せられていた人々は、その墓の形としてしばしば「ピラミッド」を選んだ。贅のきわみはスフィンクスとオベリスクを配し、パピルスの花束で飾られたピラミッド型の葬室だった。ペール＝ラシェーズ墓地には、こうしたエジプトへの想いで建てられた墓所が15個所ほどみられる［シャンポリオンの墓も巨大なオベリスクである］。

ペール＝ラシェーズ墓地、20区。写真は1819年にパリで没したスコットランド貴族クローファードのエジプト風墓所。

ルーヴル美術館、1区（左・下）

ラムセス3世と『死者の書』

　ルーヴル美術館のエジプト・コレクション——世界でもっとも見事なもののひとつ——は、3期に分けて形づくられている。エジプト部門は1826年、シャンポリオンの要請を受けて創設されているが、彼は国王シャルル10世［在位1824-30。ブルボン朝最後の国王］を説得し、西欧の外交官たちにエジプトで私蔵されているコレクションを集めさせた。19世紀以降、このコレクションは、エジプトの政府当局から認可を受けて実施された発掘によってさらに豊かなものとなった。1922年にツタンカーメンの墓所が発見されると、エジプト政府は先の発掘認可を取り消すが、20世紀には、遺贈や寄贈、さらにルーヴル美術館ないしフランス考古学研究所が着手した発掘によって、コレクションが充実度を増していった。全体で5000点にのぼるこのコレクションは、4120平方メートルにわたって展示されている。こうしたナイルの流れをさかのぼるには、2通りの選択肢がある。起源からクレオパトラまでの編年的な参観と、エジプト文明の多様な側面を重視する主題別のそれである。

バスティーユ下のミイラたち

　1827年、エジプト副王メヘメト・アリ［前頁参照］は、シカモアの箱にていねいにおさめた10体ほどのミイラをシャルル10世に贈った。そのなかには、数世紀前に他界した王侯や将軍たち、ほかにひとりの未知のファラオ、さらにセソストリス1世［第12王朝2代目ファラオ（在位前1971-前1928頃）］と同時代の、大祭司ペンタメヌーのミイラもあった。これらのミイラはルーヴルに安置され、花崗岩の柩に入って展示されていた。だが、パリの気候はミイラに適しておらず、まもなく腐敗がはじまるようになった。そのため、それらを撤去して、ルーヴル宮の庭園に埋葬せざるをえなかった。それから3年後の1830年7月、革命が勃発する。愛国者たちは「栄光の3日間」［7月革命時の民衆による街頭蜂起］の戦闘で100人あまりが命を落とした。折からの暑気のため、遺体は斃れた場所の近くに急いで葬られ、そのうちの32人は、ミイラの埋葬場所から数メートルしか離れていない「王女の庭園」に埋められた。やがて平和が戻ると、国王ルイ=フィリップ［在位1830-48。王権神授説を放棄して「フランス国民の王」を自称したが、しだいに反動化して2月革命で王位を追われた］は、7月革命の英雄たちを追悼しようとした。そこで彼らにふさわしい墓を提供するため、旧バスティーユ広場にモニュメントを建てることにした［1833年建立］。そしてこの7月革命記念柱に英雄たちの遺骸を移した1840年7月27日、墓掘り人たちはほかのミイラと少し離れていた2体のミイラまで誤って運んでしまった。当局がその過ちに気づいたのは、地下埋葬所が改修された1940年頃のことだった。ブロンズ製の墓碑銘にきざまれた闘士たちの名前より、遺骸が2体多かったからだ。

7月革命記念柱、バスティーユ広場、4区。地下埋葬所は、サン=マルタン運河からバスティーユ広場に入る際、鉄格子越しに見ることができる。

パリのエジプト

1809年に設けられたフェラの噴水（給水所）は、7区にあるグロ＝カイユーのポンプから水が送られている。そこには、神殿の入口で取っ手つき壺を2個手にした古代エジプトの農民（フェラ）の立像が置かれているが、腰巻を重ねあわせてまとうこの農民は、不思議なことに、ファラオの象徴的な頭巾であるネメスをかぶっている。ただ、こうした矛盾がみられるからといって、だれも不愉快になったりはしない。

セーヴル通り42番地、7区

ヌビア人の子ども

かつて私邸だった建物の中庭、優雅な二重階段の前には、フェラの噴水にならって彫像が置かれている。これは腰を少しねじったヌビア人の少年像である。

デュソー通り22番地、2区

シャトレ広場、4区

レールの上を滑るヤシの噴水

シャトル広場のパルミエ（ヤシ）の噴水は、1808年、ナポレオンのたび重なる勝利を記念して建てられている。当時の泉は、今日のそれとはかなり異なっていた。全体により低く、スフィンクス像もなかった。1858年、セバストポル大通りの敷設工事にともなって広場が再整備されたとき、噴水がその中心部に移され、貯水槽が地下1メートルに埋められた。移転工事では、この噴水を2本のレールに乗せ、セーヌ川の方へ12メートル滑らせなければならなかった。だが、作業自体はものの10分とはかからなかった。その際、おまけとして、噴水は、水を吐き出す4体のスフィンクス像を配した二重の基部の上にもちあげられた。

ラ・シャペル大通りとマジャンタ大通りの角、10区

10区のルクソール

1921年に建てられた映画館ル・ルクソール＝パレ・デュ・シネマは、1970年代まで古代エジプト史劇の殿堂だったが、1980年代に閉鎖された。だが、パリ市がこれを買いとって修復し、スカラベやコブラ、さらに有翼の太陽をあしらった青色と金色のモザイクが輝きを放つようになった。そして2013年4月、映画館として再出発している。

マザリヌ通り28番地、6区

シャンポリオンの家

　マザリヌ通りは巡礼地としてぜひとも訪れたい場所である。そこには、1822年10月、ジャン＝フランソワ・シャンポリオン［1790-1832］がロゼッタストーンの拓本や写本（そこにはヒエログリフと民衆文字、さらにギリシア語で同じ内容が記されていた）をもとに、ヒエログリフを解読する手がかりを発見した家があるからだ。それについては、ある逸話が残っている。大発見にあまりにも驚いた彼は失神し、5日後にようやく意識が戻ったというのだ。この天才的な「暗号解読者」は一度もエジプトの地をふ

チュイルリー公園（ルーヴル側から見て、8角池の右手）、1区

んでいない。にもかかわらず、それまで多くの学者が解決できなかったヒエログリフ解読という難題を解いたのだ。彼の偉大さにはまさに恐るべきものがある。

チュイルリーのナイル川

　古典的な彫刻でのナイル川は、ヒゲを蓄え、豊穣の角をもってスフィンクスの上に横たわる人物の姿でしばしば表現されていた。チュイルリー公園にある寓意像群もまたそうした規矩を守っている。これは1720年に公園に置かれた大理石の複製で、オリジナルはロレンツォ・オットーネ［1648-1736］が1692年に制作したもので、ヴァティカンにある。そこにはこの聖なる川を想起させる象徴はすべてそろっている。むろんクロコダイルも、である。

列車が通り、流行も通る

　通りをまたぐドーメニル水道橋の支柱は、驚くに値する形状をしてい

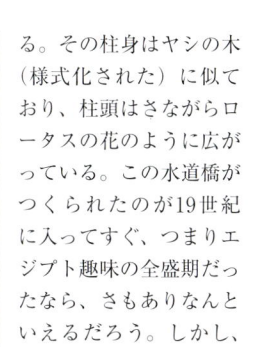

る。その柱身はヤシの木（様式化された）に似ており、柱頭はさながらロータスの花のように広がっている。この水道橋がつくられたのが19世紀に入ってすぐ、つまりエジプト趣味の全盛期だったなら、さもありなんといえるだろう。しかし、それが実際に築かれたのは1859年、ヴァンセンヌとパリ市内を結ぶ鉄道

ルドリュ＝ロラン大通りとディドゥロ大通りの上に張り出したドーメニル水道橋、12区

敷設の要求を受けてのことだった。当時はオスマン的な古典主義が流行していたからである。

女性とアンクー

　人権神殿はフリーメイソンのフランス男女混成グランド・ロッジの建物に入っている。このグランド・ロッジは、混合（男女）という呼称が示しているように、女性を受け入れるという特殊性を有している［フランスのもうひとつのフリーメイソン組織であるフランス大東社は、女性の入会を認めていない］。同ロッジは1893年、フランスにおけるフェミニズム運動の先駆者だったマリア・ドゥレム［1824-94。フリーメイソン初の女性会員］によって創設された。建物の外壁にはエジプトにかかわる数多くの造形がみてとれる。ロータスをかたどった柱頭やコーニスの下の太陽円盤、バルコニーの手すり代わりのアンクー（生命を象徴するエジプト型十字）などである。古代エジプトはたしかに女性の権利を守るという点では前衛的だった。女性はさまざまなイニシエーション（秘儀伝授）から除かれておらず、祭司にもなることができた。くわえて、男女間に根本的・精神的な差異もなかったからである。

スフィンクスとスファンジュ

　18世紀は、私邸の正面階段にスフィンクス像をおくことがきわめてお洒落と考えられていた。この半獣半人の幻想的な怪物は、いまもサレ館やフィウベ館、グティエール館などの正面を守っている。権力者たちはこうしたスフィンクスの象徴性（力と知性の合体）を重視し、自尊心を満足させていた。今日、パリ市内には男女ないし雌雄のスフィンクスの石像［雌のスフィンクスはスファンジュ］が100体あまりあるという。しかし、類似したものは2体としてなく、脚を交差させたり平らに置いたりしたもの、腹部に翼がついたもの、ついていないもの、愛想のよい顔ないし威嚇的、あるいは威厳のある顔…といったようにである。

1 シャトレ広場、1区。スフィンクス像がパルミエ噴水の4個所から水を吐き出している（p.192参照）。

3 ジェネラル＝ルモニエ大通りのセーヌ側、1区。このスフィンクスはボール＝ド＝ロー［字義は「水辺」］のテラスを住処に選び、ルーヴルをいとおしげにみつめている。

2 シャルトルの柱廊、1区。パレ＝ロワイヤルでは1体のスファンジュ像が、1871年から1912年まで会計院が置かれていた憲法評議会の入口を見張っている。

パリのエジプト

4 セレスタン河岸通り2番地2号、4区。フィウベ館にあるスファンジュの石像は、ことのほか穏やかな表情をしている。

5 サン=タントワヌ通り62番地、4区。シュリー館の白大理石のスファンジュ像は、フィウベ館のそれとは反対に、あきらかに苦しんでいるようである。

6 トリニー通り、4番地。サレ館中庭のきわめておとなしいスファンジュ像は、脚を交差させながらピカソ美術館を見守っている。

7 アナトール=フランス河岸通り、7区。レジョン=ドヌール博物館となったサルム館の裏手では、スフィンクス像がセーヌにじっと目をすえている。

8 モントルイユ通り93-95番地、11区。この建物の外壁には、興味深い多色のセラミック製飾り枠が2枚はめこまれている。一方は、松明と「fiat lux」[創世記の言葉のラテン語訳で、意味は「光よあれ」]の文言がみられる。他方は、写真にあるように、2体のスフィンクスが革袋らしきものをはさんで向きあっている。この2枚の飾り枠は、かつて労働者たちが住んでいた建物の外壁に2度くりかえされている。とすれば、これがプロレタリアートの希望のメッセージだとみなしてもよいだろう。

9 フェルー通り6番地、6区。トレモワル館入口の左右に置かれた2体のスフィンクス像は、ファイアンス製の置物の犬のように見える。

10 ジャスマン通り4番地、16区。建物全体の3階部にあるバルコニーは、それぞれ1対のスファンジュ像で飾られている。

第23章
地下鉄の記号論

　地下鉄の標識柱は出入り口の縁飾りと同様の用途をもっている。だが、一見して似かよっているものであっても、実際のところ両者はかなり異なっている。エクトル・ギマール［1867-1942。p.81参照］が手がけた地下鉄の入口もまた、主たる入口か副次的な入口かによって、さらにその建築時期によってかなりの変化を示している。以下ではそうした地下鉄の入口を網羅的に類型化するのではなく、そのうちのいくつか注目に値するようなものを見ていきたい。

地下鉄マドレーヌ駅

ギマールの装飾入口

ギマールは地下鉄の入口に数通りのモデル（パヴィリオン型、小建築物型［A・B両モデルがある］、手すりつきの縁飾り型、旗手型、大燭台型）を設計したが、これらは標準化された規格品や鋳鉄の利用によって大量生産ができた。こうした150ほどの装飾入口は、20世紀初頭に地下鉄駅に設置された。今では80個所を数えるだけだが、いずれも歴史建造物として保存されている。

モデルAのアベス駅

アベス［字義は「女子大修道院長」］駅の装飾入口は、当初はオテル・ド・ヴィル駅に設けられて、1974年に移された。これはモデルA、すなわち4本の支柱とフライシート状の雨風よけ、さらに二重勾配のガラス屋根から構成されるモデルに属する9例の唯一の生き残りである。

ポルト・ドーフィヌ駅（地下鉄2号線）

トンボ型のモデルB

ポルト・ドーフィヌ駅の装飾入口はモデルBに属している。それは3本の支柱に支えられた、奥が丸まったV字形の屋根組からなり、琺瑯引きの石版に囲われている。一般に「トンボ」とよばれているが、それはガラス屋根の形状が、飛び立つトンボのシルエットに似ていることによる。これは1902年の設置時期から同じ場所にある唯一のものである。

アベス駅（12号線）

街角の遺物・遺構から見たパリ歴史図鑑

シャトー・ドー駅
（地下鉄4号線）

変則的な入口

スズランの若い茎

METROPOLITAIN（メトロポリタン）ないしMETRO（メトロ）という標識は、2本の長い支柱で支えられており、支柱の両端はときに赤く光る球体を囲む葉の形をしている。こうした形状から、この支柱は「スズランの若い茎」（スズランの鐘状の花は白いはずだが）とよばれている。

消えるサイン

ギマール作の装飾入口の上に張り出した琺瑯引きの駅名プレートには、メトロポリタンないしメトロの文字が記されている。今ではメトロの象徴ともなっているその書体は、ジョルジュ・オリオル［1863-1938。画家・詩人・歌手・図案家など、多才をもって知られた］が考案したものである。1904年以前に設置されたメトロ標識には、「エクトル・ギマール、建築家」のサインがみられる。だが、それ以後、サインは登場しなくなる。この建築家の人気が急速におとろえたからである。

ポルト・ドーフィヌ駅の駅名プレートには、1902年当時なおも受けがよかった建築家ギマールのサインが見える。

南北線

地下鉄12番線［パリを南北に走る路線で、南のメリ・ディシー駅と北のポルト・ド・ラ・シャペル駅を結ぶ］は特殊なケースである。1905年の敷設時、それはパリ地下鉄会社（CMP）の競合企業、すなわち南北電気鉄道会社に属していた。この会社はライバル社と一線を画すため、いろいろなことを行った。より手のこんだ鉄製の手すりを設置したり、入口の階段側壁を彩色セラミックでおおったり、メトロポリタンのプレート文字を、赤い枠組みで囲って「型染め」のようにする、といったようにである。その結果、南北の一部の地下鉄駅は、駅内のありようをふくめてほかの路線とは異なるものとなっている。そこには面取りした白いタイルにくわえて、波形文や青・緑・栗色の装飾的なフリーズもみられる。また、プラットフォームの広告枠は、NS（北南）のモノグラムが組みこまれてもいる。前述の競合2社は1930年1月1日に合併したが、これら駅舎間の微妙な違いはそのままだった。

ラマルク＝コーランクール駅（地下鉄12号線）の「型染め」式プレート

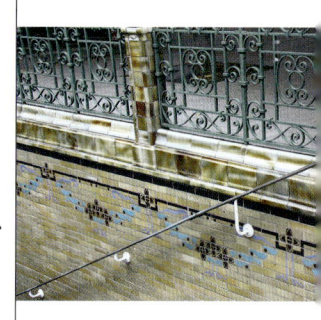

ソルフェリノ駅（12号線）の多色フリーズで装飾された階段側壁

プラス・ド・クリシー駅（2号線、旧南北線）の手のこんだ鉄製手すり

節度と配慮

　大きな広場にあるエトワルやナシオン、オペラ、レピュビリクといった地下鉄駅の入口は、シャンゼリゼ通りの最寄駅と同様、いったいに切石を用いた外装でつくられている。これは付近の調和を乱さないようにという審美的な配慮による。

フランクラン＝D＝ローズヴェルト駅（地下鉄1・9号線）

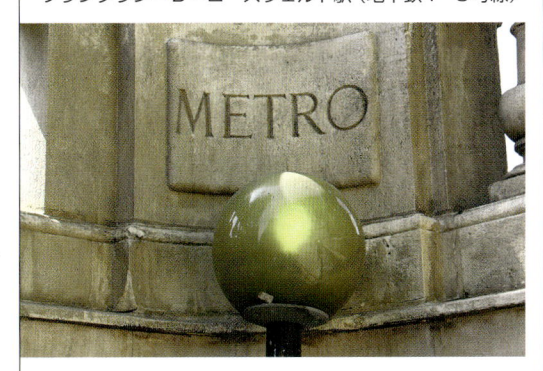

パレ＝ロワイヤル・ミュゼ・デュ・ルーヴル駅（1・7号線）

夜遊び人たちのキオスク

　エクトル・ギマールの大胆かつ幻想的な小建築物の後継とよべる、彫刻家ジャン＝ミシェル・オトニエル［1964−］のそれは、2000年以来コロット広場の中央［パレ＝ロワイヤル・ミュゼ・デュ・ルーヴル駅入口］にある。「夜遊び人たちのキオスク(キオスク・デ・ノクタンビュル)」と命名されたそれは、骨組みにアルミニウムを用い、その上にムラーノの真珠［ヴェネツィア・ムラーノ島産のガラス］をつらねている。

ブティック風入口

　都市改造における不測の事態（歩道空間の欠如など）によって、メトロ駅には変則的な入口がつくられた。たとえばサンティエやリケ、ビュザンヴァル、ペルネティなどの駅は、入口が建物の1階にある。プラス・モンジュやヴァノー駅は特殊な小建築物、ヴォロンテール駅は「ブティック風」となっており、さらにラマルク＝コーランクール駅はコーランクール通りの下にある。

サンティエ駅（3号線）（左）

ヴァノー駅（10号線）のコンクリート製小建築物は、1923年、同じセーヴル通りに面するラエネク病院の敷地の一部に建てられている。そこにはイリュミネーションを用いた駅名表示板が2枚かかっている。

プラス・モンジュ駅（7号線）

サンティエ駅

標識柱

　地下鉄の入口に1910年頃に建てられた、ヴァル＝ドーヌ産のきわめて手のこんだ鋳鉄製大燭台型標識柱は、1930年代に普及したより地味な、だがつねに白球をのせた、建築家のアドルフ・デルヴォー［(1871-1945)］が考案したそれに代わられる。青い円に囲まれた赤いMは1940年代末、「標的」が青と白の標識柱は60年代、Mが黄色のものは70年代につくられている。1998年には、14号線メテオル（東西高速メトロ）が運行を開始して、長方形のガラス製パネルを支える標識柱が新たにくわわった。

　ラマルク通りから少し入った場所にあるラマルク＝コーランクール駅（12号線）を示すため、標識柱は前方の歩道に設置されている。

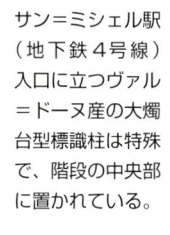

サン＝ミシェル駅（地下鉄4号線）入口に立つヴァル＝ドーヌ産の大燭台型標識柱は特殊で、階段の中央部に置かれている。

ビブリオテーク・フランソワ＝ミッテラン駅（14号線）

アレジア駅（4号線）

フランクラン＝D＝ルーズベルト駅

地下鉄のその他のモチーフ

リエージュ駅（地下鉄13号線）

ポルト・ド・ヴァンセンヌ駅（1号線）とポルト・ドーフィヌ駅（2号線）のプラットフォーム

駅長執務室

かつて各駅長はプラットフォームに整頓された小部屋を用意し、そこに終点や隣接する駅、さらに運転指令室を結ぶ電話回線を引いていた。1960年代になると、この「駅長領（シェフリ）」は切符売り場の窓口の後ろ、駅事務所に移った。

PILI

電光路線図（Plan Indicateur Lumineux d'Itinéraire）の頭文字をつらねたこの語は、ベビーブームの世代にとっては、いわばコンピュータの祖先ともいうべきものである。彼らは目的の駅をさすボタンを押しては楽しんでいた。ひとたびボタンを押せば、目的地までの路線駅がさながら数珠のようにひとつらなりに点滅するからだ。最初のPILIは、迷路状の地下鉄網の利用者がまごつかずに目的駅まで行けるよう、1937年に設けられた。その数は1981年には184個所にのぼっている。現在では100個所あまりだが、そのすべてが正常に働いているわけではない。

面取りされたクリーム色ないし白い四角形

地下鉄が開業した1900年に張られたタイルには、白濁色の釉薬がかかったレンガが用いられている。今日、ポルト・ド・ヴァンセンヌ駅やポルト・ドーフィヌ駅のプラットフォーム上に張り出した、ヴォールトの上になおも見えるのがこれである。表面が平らなこのタイル張りは、容易に消毒ができるという利点をおびている。これは疫病のおそれが支配していた当時としては、まさに無視しえぬ切り札だった。しかし、1902年、それは面取りされた白タイルにとって代わられる。こちらのほうが光を回折させて、照明の光度をより高めて明るくしてくれるからだった。当時、白熱電球の光度は、現在の250ルクスに対して5ルクスしかなかった。

フィユ・デュ・カルヴェール駅（8号線）

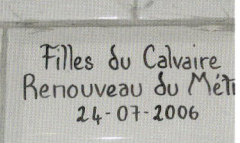

宝探しゲーム

このゲームは、改装された地下鉄駅で、唯一その改装時期を想起させてくれるタイルを探し出すものである。そこには手書きによる駅名や「地下鉄の再生」という文言、さらに工事の完成時期などが読みとれる（上）。こうしたタイルは、コンコースの改札口近くにはめこまれている。発見の手がかりは、したがってそこにある。

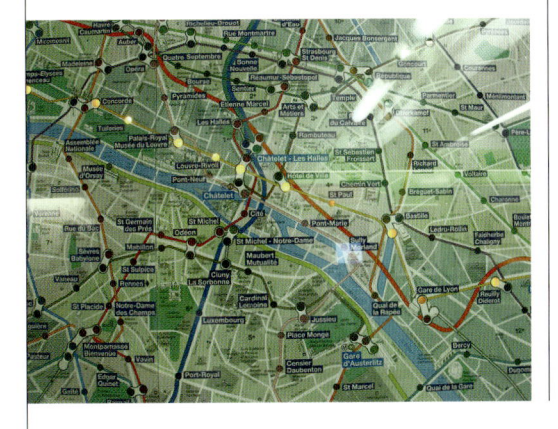

第24章
神話的ホテル

パリの観光ガイドブックは1470ものホテルを称賛まじりに紹介しているが、そこではいくつかのホテルが「神話的」と形容されている。だれか著名人が立ち寄った。旅行代理店が神話的という言葉を用いるには、それだけで十分である。それだけで旅行客は餌にかじりつく。スターの顔を映したのと同じ鏡に向かって髭を剃ったり、呪われた詩人が暗い思いに沈んだソファーに座ったりすることに満足するからだ。ブルースや破廉恥さ、そして闘い。以下に紹介する（旧）ホテルは過不足なく神話性をおびており、身分詐称とは無縁である。

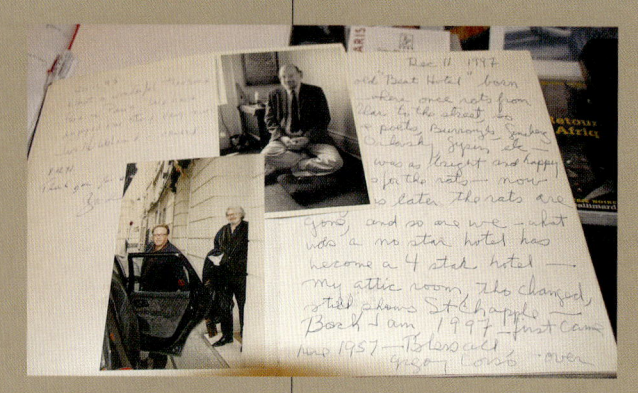

ビート・ホテル
(p.207参照)

神話的ホテル

ウジェーヌとマルセル

　北ホテル（オテル・デュ・ノール）はアルレティ［1898-1992。映画「北ホテル」に準主役の娼婦役で出演した女優・ファッションモデル。戦後、ドイツ軍将校との関係を疑われて逮捕されるが、釈放後、舞台や映画に復帰し、名女優としての名をはせる。16区のレミュザ通り14番地には、彼女の記念プレートがかけられている］のおかげで後世に名を残しているが、ウジェーヌ・ダビ［1896-1936。プロレタリア文学の旗手］のことははたしてだれが覚えているだろうか。彼は1929年に刊行された『北ホテル』の著者である。作品は、ルクーヴルール夫妻がささやかな遺産でなんとかホテルを手に入れるところからはじまる。その食事つき長期滞在客たちは、やがてダビの物語で重要な役割を演じることになる。粗筋はたしかに野良猫同様痩せたものだが、マルセル・カルネ［1906-96］は1938年、それを波乱に富んだ映画に仕上げ、原作以上に有名なものとした。撮影はホテルを再現したスタジオで行われた。実際の北ホテルは営業をやめてすでに久しい。だが、その神話はホテルが面しているサン＝マルタン運河沿いの雰囲気を求めるもの好きたちを、いまも引きよせつづけている。

オテル・デュ・ノール、ジェマプ河岸通り102番地、10区

ロテルの階段、
ボ・ザール通り
13番地、6区

ロテル内、オスカー・
ワイルドの再現居室

オスカーの部屋

　ロテル［字義は「ザ・ホテル」］は伝説の場所である。その数多くの客のなかにミスタンゲット［1875-1956。両大戦間にミュージックホールのトップスターとして活躍した女優・シャンソン歌手］とオスカー・ワイルド［1854-1900。ダブリン出身の詩人・作家で、同郷のイェーツとも親交を結んだが（のち、絶交）、同性愛のために投獄・逃亡をくりかえし、パリで没する。墓はペール＝ラシェーズ墓地］がいた。この呪われた作家は1898年、当時ロテル・ダルザス（アルザス・ホテル）とよばれていたここに、セバスティアン・メルモトという偽名で投宿する。借りた部屋は2階の2部屋、6号室と7号室だった（彼の住んでいた部屋は16号室に再現されている）。当時、彼は隣人の善意と印税で生活していた。実際のところ、その収入は彼の生活水準を満たすには不十分だったが、彼はここで『理想の夫』や『真面目が肝心』を書き上げ［いずれも1895年作の戯曲］、1900年11月30日、梅毒が原因の脳髄膜炎で没する。享年46だった。彼のあとも、さまざまな人物がこのホテルの信じがたいような螺旋階段をのぼった。そのなかにはホルヘ・ルイス・ボルヘス［1899-1986。わが国でも多くの著作が翻訳されているアルゼンチン出身の作家・詩人］や俳優のロバート・デニーロがいる。かれらはいずれもこの家庭的なホテルを高く評価している。

愛の密室

モンパルナスの小ホテルであるイストリアにも、両大戦間、パリの有名な文人墨客が投宿していた。ただし、いずれもおしのびで、である。これら男女を問わぬ著名な（あるいはのちにそうなる）人物たちは、しばしば名前や身分を隠して愛人と密会していたからだ。たとえばピエロ＝ル＝フー［1916-46。本名ピエール・ロートレル。フランス最初の「社会の敵」。第２次世界大戦直後、一部がフランス人ゲシュタポあがりのメンバーからなる「前輪駆動ギャング団」を率いた］や、写真家・画家のマン・レイ［1890-1976］、詩人・作家のルイ・アラゴン［1897-1982］とのちにその妻となるエルザ・トリオレ［1896-1970。ロシア出身の作家。詩人マヤコフスキーの義妹］、画家のフランシス・ピカビア［1879-1953］、マルセル・デュシャン［1887-1968。美術家でダダイズムの中心的存在］、キキ・ド・モンパルナス［1901-53。本名アリス・プラン。カフェ歌手・モデル・女優・画家で、写真家マン・レイの愛人］、作曲家のエリック・サティー［1866-1925］、オーストリア出身の詩人ライナー・マリア・リルケ［1875-1926］、ルーマニア出身の詩人トリスタン・ツァラ［1896-1963］、さらに女性との密会で恩人のジャン・コクトー［1889-1963］を裏切った早熟の作家レイモン・ラディゲ［1903-23］などである。ある日、そんな彼（女）らが廊下ですれ違ったりしたこともあっただろう。

ホテル・イストリア、カンパーニュ＝プルミエール通り29番地、14区

ラ・オテル・ルイジアヌ、セーヌ通り60番地、6区

ラ・オテル・ルイジアヌ（ルイジアナ・ホテル）

このひかえめな小ホテルはなぜ多くの芸術家たちを惹きつけたのか。それがサン＝ジェルマン＝デ＝プレ地区の中心に位置しているということだけでは、すべてが説明できない。パリ解放時、ここがパリを訪れたアメリカ人ジャズ演奏家たち（マイルス・デイヴィス［1926-91］、ジョン・コルトレーン［1926-67］、チェット・ベーカー［1929-88］、チャーリー・パーカー［1920-55］など）の落ち着き先として選ばれたことも、その理由のひとつだろう。ロック歌手のジム・モリソン［1943-71］やロックバンドのピンク・フロイドもまた、彼らにならった。さらにサン＝ジェルマンの女性リーダーと目されたシャンソン歌手のジュリエット・グレコ［1927-。パリに出てきたマイルス・デイヴィスと結婚したとされる］は、アナベル・ビュッフェ［1928-2005。作家・シャンソン歌手。画家ベルナール・ビュッフェ（1928-99）の妻］やアンヌ＝マリ・カザリス［1920-88。アルジェリア出身の女性ジャーナリスト・作家で、ボリス・ヴィアンと親しい関係にあった］と、このホテルの部屋をシェアしていた。マルセル・ムルージ［1922-。作家・歌手・俳優・作曲家で、小説プレイヤッド賞を受けた『エンリコ』（1944年）は、実存主義の古典とされる］は、ここで作家のボリス・ヴィアン［1920-59］と出会っている。ホテルの長期滞在者も数多い。たとえばアルベール・コセリ［1913-2008。カイロ出身の作家。「ナイルのヴォルテール」と称された］は、じつに60年（！）も住んでいた。アーネスト・ヘミングウェイ［1899-1961］やサン＝テグジュペリ［1900-44］、ヘンリー・ミラー［1891-1980］、そしてとくにジャン＝ポール・サルトル［1905-80］とシモーヌ・ド・ボーヴォワール［1908-86］のカップルも長期滞在者だった。1950年代からは映画監督たちもここに投宿した。ルイ・マル［1932-95］や、音楽映画『ラウンド・ミッドナイト』［1986年］のセットをこのホテルにしたベルトラン・タヴェルニエ［1941-］、レオス・カラックス［1960-］、クエンティン・タランティーノ［1963-］もここを利用した。むろん、客としての画家たちのことも忘れてならない。ベルナール・ビュッフェやアルベルト・ジャコメッティ［1901-66］などで、サルバドール・ダリ［1904-89］はここで愛人のアマンダ・レア［1939～50-。歌手・女優・画家だが、生年同様、出生地もハノイ、香港、サイゴンなど諸説ある］と再会している。こうした豊かな過去も、今では古びた魅力となっている。

神話的ホテル

ビート・ホテル

オテル・デュ・ヴュー・パリ［字義は「古いパリのホテル」］は、「ビート・ホテル」の異名をとるまで名前がなく、通りの番地で代用されていた。そこから「オテル・サン・ノム（名無しホテル）」とよばれた。1950年代末から60年代初頭にかけて、ここは一文無しのアメリカ人芸術家たちがおちつく先だった。そのなかには、イアン・ソマーヴィル［1940-76。コンピュータ・プログラマーで、「ビート・ジェネレーション」の運動にかかわった］やブライオン・ガイシン［1916-86。画家・作家・詩人］、ウィリアム・S・バロウズ［1914-97。ビートジェネレーションを代表する作家］、ハロルド・ノース［1916-2000。ビートジェネレーションの作家］などがいた。ノースはこう書き記している。「この寝袋の聖域はやがて美術史家たちに研究されるだろう」。まさにそうである。このホテルは現在のような快適なホテルではなく、踊り場にトルコ式トイレのある粗末なペンションで、全階にマリファナの匂いが漂っていた。各部屋ではなにかが起きていた。ビートニックたちは書いたり、描いたり、テープレコーダーから流れるピアノ曲に合わせて指先を動かしたり、あるいは世界の再編を口角泡を飛ばして議論したりしていた。階下では彼らの庇護者である親切なホテルの女主人ラシューが、カウンターの後ろで店を仕切っていた。

オテル・デュ・ヴュー・パリ、ジ＝ル＝クール通り9番地、6区

オテル・サン・ノムでの滞在記念に、アレン・ギンズバーグ［1926-97。ビート・ジェネレーションの代表的詩人］から送られたポートレート。

第25章
成熟した壁
ミュール・ミュール

聞く耳をもっていれば、古い石は多くのことを語ってくれる。はるか昔から、人間たちは石に苦しみや喜びを託し、あるいはそれを消えない黒板として用いてきた。グラフィティ（落書き）は、こうした碑銘を記すのに用いるべき（粗雑な？）言葉などではない。むしろグラフィティには、「石にきざまれた素直な表現」といったよりひかえ目な言葉がふさわしい。石彫家たちはまさにそうした表現に熱中する。本章には心の叫びや公的な文言、さらに現代の芸術表現が共存している。

ビュット＝オー＝カイユ
（p.209参照）

la musique adoucit les murs

古代の書法

ジャルダン＝サン＝ポール通り、4区

石工の刻印

かつて石工たちは出来高払いで働く労働者だった。具体的にいえば、働けば働くほど多くの賃金がもらえた。それゆえ、彼らは週末に自分の仕事が記帳され、それに見あうだけの報酬が懐に入るよう、その仕事（手がけた切石）に印をきざまなければならなかった。石工はそれぞれが「サイン」を選んでいた。幾何学的なものや文字、モノグラムなどである。こうした刻印は、中世の司教座聖堂や城郭、要塞などの壁にみてとることができる。1200年頃にセーヌ右岸に築かれた、フィリップ＝オーギュストの市壁［p.39参照］の場合と同様に、である。モンゴメリの塔と全長60メートルあまりの壁には、目の高さに、石工たちの多くの刻印が残っている。十字、矢、Z、逆さになったNなどである。それはそのまま往時の労働者をしのばせる感動的な証拠といえる。

グリフォンの刻印

著作家であり、倦むことを知らないパリの散策者でもあったニコラ・レチフ・ド・ラ・ブルトンヌ［1734-1806。代表作に『パリの夜』（1788-94年）などがある］は、眠れない夜、マレ地区やサン＝ルイ島を散策した。彼にはちょっとした奇癖、すなわち鍵や鉄片で文字を石にきざむという奇癖があった。当時はまだグラフィティという言葉はなかった（この言葉が生まれたのは19世紀である）。彼は名前や日付、ときには自分の日常生活を想起させるラテン語の略語などをきざんだ。こうした奇癖ゆえに「グリフォン」［p.147参照］や

オテル＝ド＝ヴィル通り89番地、4区（左）。ヴィルアルドゥアン通りとテュレンヌ通りの角、3区（右）

ヴォージュ広場11番地、4区

「ポンチで刻印する者」という異名にいかにもふさわしい人物だった。帰宅すると、自分がきざんだ内容を慎重にノートに書きとめ、このノートが『わが刻印』（1779-85年）として死後刊行されている。だが、彼の刻印は時とともに消え失せ、今ではヴォージュ広場を囲むアーケードの柱に、辛うじて「1764 NICOLAS」と読める署名が残るだけとなっている。

国勢調査

ヴィルアルドゥアン通りとオテル＝ド＝ヴィル通りの石壁に、それぞれ美しい大文字できざまれたDとBについては、ほとんどわかっていない。おそらくそれは、18世紀のパリ市街図から読みとれる国勢調査時の目印と思われる。

成熟した壁

街角の遺物・遺構から見たパリ歴史図鑑

サンシヴの刻印

　1779年、パリ大司教はその影響力を9個所の封地――領主や宗教共同体が所有する領地――にまで広げた。石壁の刻印はそうした封地の境界を示していた。マレ地区にはいまもFCSGの略号が残っているが、これは「サン＝ジェルヴェ耕作封地（フィエフ・デ・クチュール＝サン＝ジェルヴェ）」を示している。この封地はサン＝ジェルヴェ援助修道女会のもので、刻印には十字がみられる。もうひとつの事例はセーヌ左岸にある。FDTの刻印がそれで、「トンブの封地（フィエフ・デ・トンブ）」を意味する。場所は現在のピエール＝ニコラ通り。ガロ・ロマン時代には、ここにはルテティアでもっとも大きな墓地（トンブ）があった。これら石にきざまれた印は「サンシヴの刻印」――サンシヴとは領主からサンス（定額）地代を課せられた土地をさす――とよばれていた。

サン＝ジャック通りとフォセ＝サン＝ジャック通りの角、5区（上）
トリニー通りとクチュール＝サン＝ジェルヴェ通りの角、3区（中）
トリニー通りとドゥベレム通りの角、3区（下）

■ほかに
フォブール＝サン＝タントワヌ通りとシャロンヌ通りの角、11区

スタッコの層

　ヴィヴィエンヌ歩廊の両端には、それぞれ目の高さとコーニスの位置に、壁がさりげなく削りとられている個所がある。じつはこれがきわめて興味深い色見本を明るみに出したのだ。修復家たちが歩廊のこの狭い表面からすべての顔料の層をとりのぞくと、以前に張りつけられたさまざまなスタッコ（化粧漆喰）が現れた。数えみると、その数は褐色から黄土色、レンガ色をへて緑色まで9通りあったのである。そこは1826年の開通から今日まで次々と様相を変えていった歩廊に面した窓だった。歩廊の繋梁部からもまた、同様に昔の多様な文字が出てきた。

ヴィヴィエンヌ歩廊、2区

テキサス共和国大使館

　ヴァンドーム館の外壁にある「テキサス大使館」のプレートを見るには、多少とも集中しなければならない。テキサス、共和国？　そうである。1836年から45年までの短い期間だったが、テキサス共和国は世界各地、とくにその独立を最初に承認したフランスに、大使館を開設した。1836年にメキシコから分離されたテキサスは（アラモ砦の戦いはたんなる西部劇ではない）、合衆国に併合される1845年まで、独立した共和国となった。大使館があった建物は、1858年にホテルに衣替えしている。

ヴェンドーム広場1番地、1区

ロワイヤル通り2番地、8区

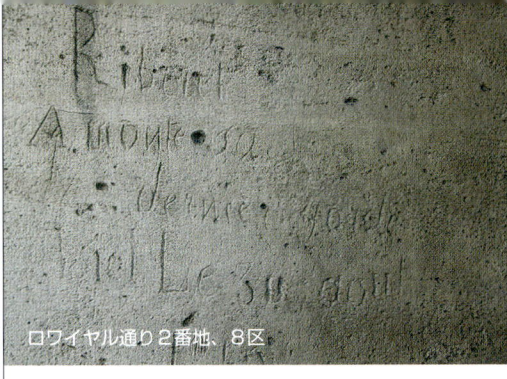

衛兵の満期除隊

　リブレルという名の兵士が海軍省の外壁に最後の歩哨の日をきざんだのは、心の負担を軽くするためだったのか、それともノスタルジーからか。「リブレルは1852年8月30日にここで最後の歩哨に立った」とう文言は、今ではほとんど消えかかっているが、海軍省入口、正面から見れば右手最初の窓の補強石（左脇）にきざまれている。

ルイ、ギュスタヴ、その他

　ベデッカーのガイドブック［ドイツの書店主で作家でもあったカール・ベデッカー（1801-59）が1932年に創刊した］といえば、19世紀から20世紀にかけてヨーロッパをとりあげた旅行ガイドブックのはしりだが、それが推薦するモニュメントにきざまれた、古いグラフィティを探しに出るのも、また一興である。

地方からのお上りさんのみならず、外国人旅行者もまたこのガイドブックを使ったが、彼らはパリに足を踏み入れた記念を好んで遺した。パリ植物園の東屋の円柱には、そんな彼らのサインが草書体や見事な大文字で重なりあってみられる。「ルイ・キネ、1840年」、「ギュスタヴ、1899年」、「ダニンガー、1823年9月」などである。ロワイヤル通り近くのクリヨン館の正面外壁でも同様で、その何もない壁龕のなかでは、1810年から28年までのグラフィティを見ることができる。そこには、解読を待つグラフィティがさらに数多くある。

パリ植物園、5区（左上）
コンコルド広場6番地、8区（左下）

ダイヤモンドか粗悪品か

　グラン＝ゾーギュスタン河岸通りのレストラン・ラペルーズは、その特別なサロンでも知られている。19世紀、これらのサロンは有名な文学者や政治家、法曹家たちの好色な密室として用いられ、彼らはここにおしのびでやってきては、愛人や娼婦たちと愛をかわしていた。あるいはそれゆえか、公共の場所での不倫の証明をすべて無効とする法律が制定されている（現在も存続）。シャルル・ボードレール［1821-67］やジェラール・ド・ネルヴァル［1808-55］、ギ・ド・モーパッサン［1850-93］といった移り気ないし危険な作家や詩人たちは、この店に自分のナプキンリングを置いていた。

　もっともロマンティックなサロンはフルール河岸通りにあるが、一部削除］。巧みに生き残ったこれらのサロンは、いずれも小さなテーブルや深紅色のビロード製ソファーをそなえている。かつてビデは長椅子の下に隠されていたが、今ではそれは昔語りである。壁にかかった水銀製の鏡には、そこを訪れた客たちのイニシャルや名前、さらに日付がびっしりときざみこまれている。ベルエポックの淑女たちは、恋人たちから捧げられたばかりのダイヤモンドの真贋をこうして確認したのである。それがたしかに本物なら、彼女たちは貞節をかなぐりすてたのだろうか。これもまた面白い話ではある。面白いといえばもうひとつ、名前にも流行があるようで、今ではベルトやルネといった名が、ソニアやラエティティアに徐々にとって代わられている。

グラン＝ゾーギュスタン51番地、6区。
グラフィティが左手の鏡に見える。

成熟した壁

ストリート・アート

「ストリート・アート」とは、タグゥールたち［グラフィティ用の名前や出自などを記す者。ライターともいう］が領分を示そうとあちこちにスプレーで落書きした、いささか悪趣味のグラフィティのみをさすわけではない。既成の枠にとらわれない現代の表現法は、コラージュ、シルクスクリーン、モザイク、フレスコなど、まさに際限ないまでに多様化している。それらは周縁的な造形アーティストや詩人、活動家、さらにオーラを育んでいる隠れた男女の作品なのだ。ときには反対側へと、つまり光を浴び、公的な認知を受ける側へと方向転換した者もいる。バリケードから画廊へと、評価が上がったわけである。ネモ、ジェローム・メナジェ、ミス・ティック、さらにインヴェーダー・ゲームの父は、ストリート・アーチストのなかで美術館から認められ、作品が求められるようになった例である。

メニルモンタン通り68番地、20区

メニルモンタン通り38番地、20区

レインコートの男

近くに雨傘やトランク、蝶あるいは赤い風船が描かれていれば、それはネモの男性像である。彼の高尚で堂々たる作品は、とくに20区でみられる。その作品は詩的・夢想的でふんわりとしており、すべてが繊細かつ軽やかである。それはアンリ・ミショー［1899–1984。ベルギー生まれでフランスに帰化した作家・詩人・画家］の『羽』［1938年］や、アレグザンダー・カルダー［1898–1976。合衆国の彫刻家］の動く彫刻「モービル」、あるいはルネ・マグリット［1898–1967。ベルギー出身の画家］をはじめとする、シュールレアリストたちの作品を思わせる。

白い身体

ジェローム・メナジェ［1961–。アルザス地方出身の最初期のストリート・アーティスト］の最初の白い身体は、1983年に登場している。以来、そのクーロンが万里の長城からカタコンベをへて、赤の広場まで、世界各地の壁を這うようになっている。生みの親の考えによれば、この筋肉質の男は光と力と平和の象徴だという。

グランジュ＝オー＝ベル歩道橋、10区。ジェローム・メナジェによる『メドゥーサ号の筏』［1816年に遭難したメドゥーサ号をとりあげたジェリコの作品］を解釈して描いたもの。

ジャングルの動物たち

キリン、シマウマ、トラなど、ジャングルに生息する野生の動物たちのストリート・アートには、モスコ（Mosko）とグループのサインが入っている。これは通称であり、本名は、古くからの仲間で、シルクスクリーンの共同制作者であるモスコヴァ地区（18区）出身のふたり、ミシェル・アルマンとジェラール・ローである。彼らはメナジェやネモないしオンドといったアーティストと一緒に制作をしている。

黒いワンピース

運命の女性のシルエットはもとより、「物としての女性」の元型的イメ

ビエーヴル通り29番地、5区

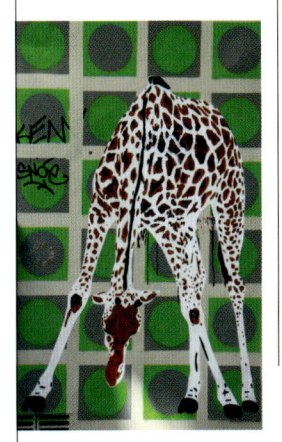

ージを否定したり、ひっくり返したり、あるいは問題視したり、スパイクヒールでふみつぶしたりするような原則ないし行動規範も無視するわけにはいかない。ミス・ティック［ミスティク（神秘的）のもじり］という偽名を用いているラディア・ド・リュイテルは造形芸術家で、みずからストリート・アートの詩人と称したが、たしかにその作品に登場する女性と姿形が似ている。黒いワンピース姿の女性の壁画にそえた彼女の俳句は、かなり以前からそれを見る通行人の脳裏から離れなくなっている。「わたしをほしがるのはむずか

しい」、「ア・ラ・ヴィ・ア・ラモール」［ア・ラ・ヴィ・ア・ラ・モール（永遠に。字義は「生死を賭して」の掛詞］などである［左の写真にある文言は「単純になるのは複雑である」］。

赤い矢印

これはジェフ・アエロゾル［1957–。アエロゾルとは「スプレー」の意］のもうひとつのサインとでもいうべきタグである。ジェフ・アエロゾル、本名ジャン＝フランソワ・ペロワは、プレスリーやガンジー、ジョン・レノン、ジミー・ヘンドリクス、ジャン＝ミシェル・バスキア［1960-88。ニューヨークのスラム街でスプレー・ペインティン

ストラヴィンスキ広場、4区。2011年にポンピドゥー・センターとの協力で制作されたこのフレスコ画が示しているように、ジェフ・アエロゾルはやがてアーティストとして名声を得るようになる。

ムフタール地区（5区）にあるメナジェの白い身体とジェフ・アエロゾルの女性踊り手の壁画。

グ画家として才能を発揮し、アンディ・ウォーホルとも共同制作を行うが、ヘロイン中毒で夭折した］といった有名人の肖像画を壁に描いたが、その仕事の大部分は通りの無名の人々、すなわちストトリート・ミュージシャンや通行人、物乞い、子どもたちを描くことに向けられた。

カスカード通りとサヴィ通りの角。20区。興味深いことに、それぞれほかとは無縁で、多少とも不安げなこの深彫りのグラフィティは、どことなくムンクの『叫び』に似た歪んだ顔を描いている。

街角の遺物・遺構から見たパリ歴史図鑑

インヴェーダーズ

　パリ市内の各所には、一瞬出現してときにすみやかに姿を消す、ピクセル化した小さなモザイク作品がはめこまれている。作品数は1000点以上で、たえず更新されている。これらは1973年に日本で開発され、Atari 2600［合衆国のアタリ社が発売した家庭用ゲーム機］に搭載されたビデオゲーム、スペース・インヴェーダーから着想を得たものである。このモザイク作品の作者はだれか。ひとりなのか、それともグループか［通説では1969年生まれの芸術家］。後者だとすれば、それはいかなるグループか。見張り役や梯子を固定する役といったアシスタントもいるのか。制作法の秘密にかんして、このストリート・アーティストは用心深く口を閉ざして何も語らない。だが、彼はみずからが定めたゲームの規則、つまりできるだけ多くのポイントを稼ぐという規則には従っているのだ。彼はインヴェーダーの作品順や設置・制作日、街区番号、さらに得点（制作の難易度に応じて10、20、30、50点）などを記した得点表をもっている。それぞれのインヴェーダーはユニークなもので、タグ名を有し、写真にとられて巨大なパリの地図上に貼られている。こうしたインヴェーダーのインヴァージョン（侵入）はとくに首都の北西部に多く見られるが、いずれもユーモアに富んでおり、繊細でもある。これら作品の一部は、その形状が通りの呼称（フランセ通りの場合はトリコロール［フランス国旗の3色］、リュヌ（月）通りでは満月）や、地区の特徴（モンマルトルのブドウ園近くではアンフォラ壺、セルジュ・ゲーンスブール［1928–91。驚嘆の愛煙家としても知られたシャンソン歌手・作曲家］の旧宅ではジターヌを吸う男）と直接的に符合している。

キュクロプス

駐車禁止の小支柱の球体が眼球に変形されている。これはキュクロプ[ギリシア神話のキュクロプス（一つ目巨人）から]こと、オリヴィエ・ドン(ト)の作品である。彼は都市のくすんだ備品を、滑稽で生き生きしたNAC（新同伴動物）に好んで変身させている。

モルヴァン通り、11区。キュクロブはこの通りの駐車禁止の小支柱100本を、隣接する学校の子どもたちの協力を得て、おとなしい怪物キュクロプスに変身させた。

■ほかに
「男女カップル」、デュバイル小路9番地真向い、10区

合成モザイク作品

モザイク片や飾り焼結ガラス［粉末状にしたガラスを糊で練り、型入れして焼成したもの］、鏡の欠片などを混ぜあわせた作品を、目の高さに固定する。目立ちはしないが、どこか詩的なこの作品は、造形芸術の上級学校教授資格を有するストリート・アーティスト、ジェローム・ギュロンの洗練された仕事である。彼のきわめて見事な作品には、巧みに構成された肖像画がふくまれる。そこにはなんらかの手がかり（しばしば著作の題名）がそえられており、つねに当該場所と結びついたその人物が特定できるようになっている。たとえば、彫刻家ジャコメッティ［1901-66］の肖像画は、アレジア通り（14区）の彼のアトリエがあった場所、画家モディリアニ［1884-1920］をたたえる肖像画は、ラ・リュシュ（14区）［字義は「蜂の巣」。エコール・ド・パリの芸術家たちは、ダンティグ小路のこの十二角形の建物にアトリエを有していた］の壁、さらに『サクランボの実る頃』の作詞家ジャン＝バティスト・クレマン［1836-1903。パリ・コミューンの闘士・労働運動家で、1866年に作詞されたこのシャンソンは、のちにパリ・コミューンの「血の週間」（1871年）で斃れたひとりの女性看護師に捧げられている］のそれは、ビュット＝オー＝カイユ（13区）［クレマンゆかりの地で、彼の名を冠した広場がある］にある。

シテ・ド・ラムーブルマン、11区

クロワトル＝サン＝メリ通り、4区。一連の肖像画のなかにあるロベール・デスノス［1900-45。シュールレアリスムの代表的な詩人］の顔。レ・アル地区で育った彼は、この通りを一部の詩に登場させている。

---

1 シャトレ広場、1区。パルミエ噴水の柱身に貼られたインヴェーダー・カメレオン。
2 サン＝ヴァンサン通り、18区。アンフォラ［聖ヴァンサンはヴァン（ワイン）の守護聖人］
3 ポワトゥー通り22番地、3区。巨大なモザイク。
4 グランジュ＝オー＝ベル歩道橋、10区。衛生（排水）施設のうえのボニュス
5 サン＝ヴィクトル通りとポワシー通りの角、5区。ルービックキューブ。
6 ポール＝エスキュディエ通り、9区
7 ユシェット通り、5区
8 ヴェルヌイユ通り5番地2号、7区。ゲンスブールの旧宅。
9 リュヌ通り、2区
10 シュザンヌ＝ヴァラドン広場、18区。モンマルトルの地上ケーブルカーの麓にあるこのインヴェーダー作品は、映画『ニコラ小父さん』［ローラン・ティラール監督のホーム・コメディ。2009年封切り］で思いがけなく、だが時代錯誤的に端役を演じている。
11 エティエンヌ＝マルセル通り17番地、2区

街角の遺物・遺構から見たパリ歴史図鑑

スタラヴァンスキ広場、4区

ボナパルト通り15番地、6区

黄色い雄の大猫

ムッシュー・シャ［字義は「猫氏」］は口を耳まで広げて笑う大型の黄色い猫で、建物の外壁や窓のないブラインド・ウォール、あるいは接近不能と思われる場所といった高所を占領している。主人の名は画家のトマ・ヴュイル［1977–］。2000年代、ムッシュー・シャお気に入りの地域は、ポルト・ド・クリニャンクールとポルト・ドルレアンを結ぶ南北軸に広がっていた。だが、その全域を支配するという偉業は未完に終わった。詩人が転居し、大猫もまた彼とともに立ち去ったからである。

スポット

メニルモンタン、ベルヴィル、モンマルトル、サン＝マルタン運河沿い、そしてビュット＝オー＝カイユ（ストリート・アーティスト集団のレ・レザール・ド・ラ・ビエーヴルとともに）は、シルクスクリーン・アーティストやほかの造形アーティストたちのお気に入りのテリトリーである。だが、パリの中心部もまた、長期にわたって彼らの舞台となっている。たとえばリヴォリ通りがそうである。その59番地、奇妙なオブジェでおおわれた建物の正面外壁は、オスマンの都市改造による画一化された風景にあって、いかにも異質といえる。かつては不法占拠されていたこの建物には、

フラン＝ブルジョワ通り60番地、3区。壁の後ろはスビーズ館（国立古文書館・フランス歴史博物館）。その壁には、きわめて強力なジェット噴射で清められたような石の上に、「パリの歴史」というシルクスクリーンによる文言が浮かび上がっている。

今では30人ほどのさまざまなアーティストが、パリ市当局から正式な認可を得て住んでいる。年間8万もの訪問者を数えるここは、現代芸術のきわめて重要な場所となっているのだ。

■ほかに
デノワイエ通り、20番地

グレゴ

舌を出した3Dの仮面。これが多才をもって知られるアーティスト、グレゴ［1972–］の自画像である。彼はとくに複製アートやアクリル絵画を生み出した。そんな彼のユーモアから生み出された

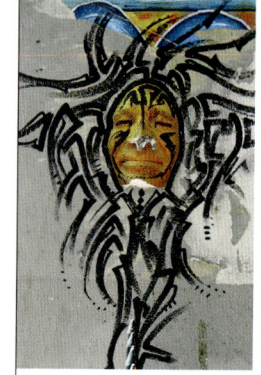

ジェ・ロベール、リヴォリ通り59番地、1区

カルヴェール広場、18区

この仮面は、笑っているようだが、陰気であり、通常は舌を出すという無作法も犯している。制作者は自分の顔の複製をつくって彩色し、それからこれを自分の地区であるモンマルトルやその他の場所に貼りつける。現在までにすでに200点あまりの仮面がこうしてすえられた。だが、そのほとんどは不幸にしてすぐに盗まれてしまった。これらの仮面が人々を魅了したからである。

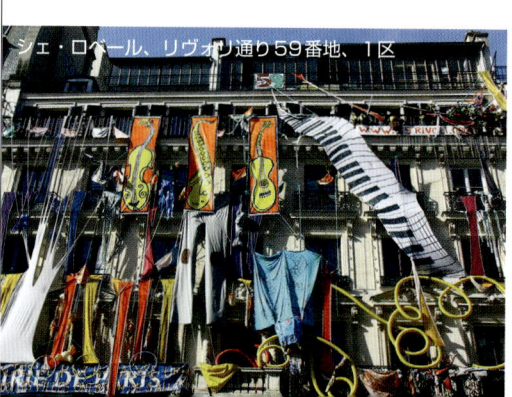

1995年のプロモ作品

1998年プロモ

成熟した壁

プロモの画廊

　1850年代まで、地下の採石場は国立パリ高等鉱山学校（ENSMP）の学生用の理想的な実習場だった。彼らは教授たちとともに定期的にそこに降り、地形測量を行っていた。こうした正式の下降はすでに廃止されているが、学生たちは今でも隠れてそこにおもむいている。そして、1960年代から手間暇のかかる芸術関連事業を立ち上げ、サン＝ジャック通り（6区）の南端付近［270番地］から奥に入った狭い小道を専有して、ひそかに一種のラスコー洞窟をつくり上げている。そして毎年12月4日、鉱山労働者たちの守護聖人である聖女バルブの祝日に、プロモ（同期入学学生）の「代母」であるメディアの女性有名人を招待して、自分たちが制作した壁画の展示会を開いている。

　当初、作品には当該年と代母の名前、さらにENSMPのロゴ（ランプとハンマーと槌）がつけられていただけだったが、1988年以降はそれらに代わって壮麗な代母の大壁画が登場するようになった。1989年のナタリー・ベイエ［1948-。女優］や94年のカトリーヌ・ランジェ［1957-。ロック歌手・女優］などである。とりわけ1995年入学のプロモたちが制作した水彩によるパリの鳥瞰大壁画は、最高傑作のひとつである。そこにはジル・シプレのサインがある。では、代母はだれか。判読はむずかしいが、セゴレーヌ・ロワイヤル［1953-。フランス社会党党首で、2007年の大統領選挙でニコラ・サルコジに敗れた。現オランド大統領の前妻］と記されている。じつは、

2001年のプロモ作品

1998年のプロモ作品

2006年のプロモ作品

彼女が大臣だった1998年、ビジュタージュ［伝統的な大学の新入生しごき。上級生が新入生を下着1枚にして街中を走らせたり、広場や通りにならべて通行人に生卵を投げつけさせたりする］を禁止する法案に賛成した際、若い学士たちがただちにその名前を消したのである。

第26章
最後のモヒカン

彼ら（彼女たち）はパリで目にする最後の最後、あるいは唯一無二の存在である。見かぎられた、もしくは消滅途上にある恐竜とでもいうべきその稀少な存在は、通りを闊歩しているわけではない。だが、少し場所を移動して、彼らに会釈をするだけの価値はある。

セヴィニェ通り9番地
（p.216参照）

サン＝テティエンヌ＝デュ＝モン教会、
サント＝ジュヌヴィエーヴ広場、5区

ユベ・ドミネ・ベネディケーレ

　サン＝テティエンヌ＝デュ＝モン教会には、フランス最後のジュベ（内陣高廊・内陣仕切り）のひとつがある（全土では9個所、パリでは1個所のみ）。ジュベは身廊の上をまたぐ歩廊で、聖職者が聖書を読み上げる場所でもある。フランス語のジュベ（jubé）という呼称は、ラテン語の祈り「ユベ（Jube）・ドミネ・ベネディケーレ（主よ、祝福することをお命じください）」に由来する。こうしたジュベはほとんどが説教壇にとって代わられてしまっているが、前記教会の1545年につくられたそれは、本格的なレース状の石積みで飾られた両側に、螺旋状の階段2基をそなえた壮麗なものである。

聖なるジネット

　タクシーの運転手に「アラゴ」と告げれば、彼はアラゴ大通りにあって、いく度となくその膀胱を軽くしてくれたきわめて古い公衆トイレ（ピソティエール）に感謝の念をいだくだろう。13区のサンテ監獄周辺をつねに巡回する警察官たちもまた、同様である。ヴァスパジェン［男子用共同トイレ。呼称は1世紀のローマ皇帝ウェスパシアヌスがローマに有料の共同トイレを設置したことから］も、巡回を旨とする職業人たちからつとに知られている。そこでなら小用を足して息抜きができるからだ。そんなとき、彼らは慣用的にこう言うのである。「ジネットに会いに行かなきゃ！」。男がふたり入れるこの回転式の男子用トイレは1877年頃に登場し、パリに最後のものが残っている。ほかは1970年代末に風景から姿を消し、男女共用のサニゼット型公衆トイレに代わられている［2006年からパリでも用いられるようになったこのトイレは、現在市内の400個所あまりに設置されているという］。

体重計

　写真に見る体重計は、20世紀中葉まで公共の場所、たとえば地下鉄のプラットフォームや薬局

アラゴ大通り86番地正面、13区

最後のモヒカン

リュクサンブール公園、6区。この公園の体重計は2基、サン＝ミシェル方面口とテニスコート近くに置かれている。

の前、大小の公園などにごくふつうに置かれていた。当時、各家庭にはまだ体重計がなく、体重測定はいわば毎週日曜日の儀礼だった。人々は公園での散策時を利用して体重計の台座に上り、狭い挿入口から硬貨を入れ、針の動きをみつめ、その結果に一喜一憂したものだった。子どもたちはそれを楽しんだが、マダムたちにはちょっとしたダイエットをはじめるきっかけとなった。こうした体重計はいまもなお若干みられるが、もはやそれらは見すてられた存在となっている。この硬貨投入式の機械では、かつてのフラン硬貨が必要だからである［現在は20サンティーム貨で利用可］。

■ほかに
パルヴィ・デュ・サクレ＝クール広場、18区

アラゴ大通り86番地正面、13区

パレ・ド・トキオ、13区 プレジダン＝ウィルソン大通り、16区

手動メリーゴーランド

朝と夜、このメリーゴーランドは一見巨大な蜘蛛の巣のようにも思える。だが、子どもたちの昼寝の時間が終わると、装置が息を吹き返す。木馬が大箱から取り出され、脚が回転台に連結される。こうしていよいよ蜘蛛の巣がメリーゴーランドとなる。だが、このメリーゴーランドはモーター式でも電動式でもない、つまり自動回転式ではない。1870年以来、それは回転木馬をまわす係りの腕力だけで動いているのだ。

火災警報機

パリ市で最初期の公共火災警報機が作動するようになったのは、1886年のことである。セヴィニュ通りの消防署の前に設置されている、燃えるように赤く、状態が完全なまでに保たれた警報機は、公道でみられる最後のモデルで、1947年、精密機械工組合とパリ消防団の技術部門との協力でつくられている。だが、1970年代には、家庭用電話と電話ボックスが普及して、しばしば誤報の原因となった「警報器」にとって代わる。こうして今では、純粋に飾り物となった火災警報器が、パリのいくつかの消防署にごくわずかに残るだけとなっている。

変な奴！

1970年代と80年代、立派だが古い銀色のフォトマトン（スピード写真装置）は、悲しいまでに

セヴィニェ通り9番地、4区

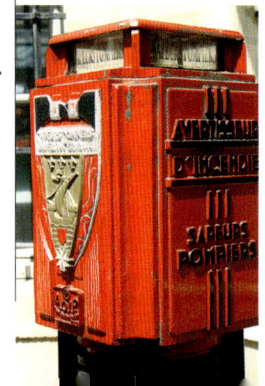

同じ写真4枚を吐き出す、デジタル式のスピード写真ボックスに徐々に取り替えられている。ただ、ヴィンテージもののフォトマトン数機は、2008年に結成されたグループ「ラ・ジョワユーズ・ド・フォトグラフィー」の活動もあって、こうした傾向に抗っている。この写真愛好家グループは、これら骨董品をさがし出して修復し、パリ市内、通常は現代アートの発信場所に再設置することを使命としている。これが写真にあるようなフォト・オートマで、新しい写真ボックスが4ユーロであるのに対し、2ユーロで小さな肖像写真が4ポーズ、縦1列になって出てくる。

■ほかに
メゾン・ルージュ、バスティーユ大通り10番地、12区
シネマテーク・フランセーズ、ベリシー通り51番地、12区

車道をさえぎる地下鉄

地下鉄の車輌をとおすため、踏切の柵を上げる。ラニ通りだけでまのあたりにできるこれは、パリのめずらしい見ものである。交通量がさほど多くなく、柵も毎日下がっているわけではない。だが、ときにそれは上げられる。修理施設に向かう、あるいは1900年に創設されたCMP（パリ首都圏鉄道会社）を前身とするRATP（パリ交通公団）が、1906年に現在の環状鉄道線沿い、ポルト・

ド・ヴァンセンヌ駅の近くに設けた車輛基地に収納される、1号線ないし2号線の電車をとおすためである。その線路は車道と交差するため、踏切の設置が不可欠だった。

STOP

パリにはSTOPの標識がないらしい。これは巷間流布している一種の都市伝説である。これについて、警視庁の担当者はこう主張する。「首都の交通量を考えて、AB4型の標識（停止標識）は伝統的に公道に置かれてはこなかった。それが設置されることで、交通渋滞が起こるのを回避するためである。たしかに一部の私道や駐車場の出口にはAB4型標識があるが、公道にはない」。しかし、アンリ4世港（個人所有の港ではない）の出口路の端、つまりまちがいない公道には、STOP標識がすえつけられているではないか。前記担当者はこの疑問に対して、次のような好意的かつ詳細な説明をしてくれる。「港から出てくる車はさほど多くなく、ほかの車が高速で走るアンリ4世河岸通りに直角に入る。ただ、上流に三色信号機があるおかげで、STOPで一時停止すれば、安全に流れにのれる時間をかせげる。右側優先という法規があるため、状況はいささか危険ではあるが、港からのわずかな数の車のため、信号機をとりつけるというのは間尺に合わない」。だが、ここにのせた写真には古いSTOP標識がみられる。おそらくこれはパリ道路交通局が置いたものではない。にもかかわらず、そこには停止線が引かれている。では、だれが河岸通りないし自由港から信号機をここに設置したのか。詳細は不明とするほかないが、なんであれ規則には例外がつきものではある。

アンリ4世河岸通り10番地2号の真向い、4区

ラニ通りとラニ小路の角、20区

第27章
なんの役に立つのか？

コンティ袋小路、6区

これまでの章ではかなりの数にのぼるオブジェを縷々紹介してきた。これらのオブジェはたしかに興味深いものだが、この最終章ではとりわけ珍奇で意外なもの、用途がにわかにはわからないものをみておこう。本章には壁に組みこまれ、外壁のあいつぐ流し塗りを奇跡的にまぬがれた、錆びた鉄片が数多く登場する。しかし、これら見るにしのびないささやかな遺産の意味をみていけば、読者のさらなる知の形成に役立つことだろう、

223

セバストポル大通り131番地（中庭）、2区

モンジュ通り118番地、5区

シャポン通り1番地2号、3区

なんの役に立つのか？

靴の泥落とし

　靴の泥落としは、歩道が普及し、路面が清掃されるまで、きわめてひろく用いられていた。道路が塵芥や獣糞に公然と彩られた掃溜となっていた頃、人々は家に入る前、あらかじめそなえつけられていた鉄製の刃で、靴についた泥を落とすのが習慣となっていた。それは入口の左右いずれか、あるいは両側に、壁からつき出す形で置かれていた。高さは地面から15センチメートルほど。そこでは泥や土だけでなく、靴底にくいこみ、家の床を傷つけかねない小石もとりのぞいた。こうした泥落としは、教会や衛生面への配慮が不可欠な病院などの入口にもきまって置かれていた。サン＝ロック教会にはそれが2基残っている。左手のも

ムニエ通り67番地、12区

のは、泥落としを使う際により便利なように取っ手がついている。一方、ムニェ通りには、1対の泥落としが1913年に建てられた建物の基部の窪みにある。めずらしいことに、この窪みの上には、デジコードが水平に置かれている。

■ほかに
サン＝シュルピス教会、6区
サン＝ロック教会、サン＝トノレ通り296番地、1区
ビシャ通り、10区（サン＝ルイ病院入口前）
モンパルナス大通り133番地、6区
サン＝ジェルマン大通り140番地、6区

地下室のフック

　写真にあるような地下室のフックは「豚の尻尾（ク・ド・コション）」とよばれるが、その形状はワインの栓抜きに負っている。これはロープを滑らせて、石炭袋や大小の樽といった重い物を上げ下げするための固定点として用いられていた。建物の入口で滑車をつり下げるためのより簡便な役目も果たしていた。ビエーヴル通りは、フックが採光換気窓の脇の外壁にとりつけられているが、これはその用途をはっきりと示している。

■ほかに
サン＝ドゥニ袋小路、1区
レヴィ袋小路、17区

ビエーヴル通り1番地、5区

街角の遺物・遺構から見たパリ歴史図鑑

コンティ袋小路、6区

アンペシュ＝ピピ

　アンペシュ＝ピピとは、通常は都市の各所に置かれた犬［や人間］の排尿避け装置をさすが、ほかにピスパラやボルヌ・サニテール［字義は「衛生石」］、カス＝ピピ［「小便避け」］、カス＝ブレイェット［「ズボンの前ボタン避け」］、エクラブスール・ド・ショセット［「靴下の跳ね返り（避け）」］など、多くのよび名ももっている。周知のように、ひとたび緊急の尿意を覚えれば、ときに手段を気にしたりしない。膀胱が軽くなるまで、通りのもっとも近い片隅が歓迎してくれる。若者たちなら口笛を吹きながら片隅におもむき、あとに悪臭を放つ流れを残して立ち去る。こうした事態に対しては、古くから多くの不平がよせられ、たとえば1850年、ときのパリ警視総監は非難の的となった建物の角にしばしば先がとがった鉄柵や円錐形の石を、壁に押しあてるようにそなえつけることを命じている。後者の石はたしかに抑止力をもっていた。その強さにかかわらず、尿が生産者の足やズボンの裾に跳ね返るのを助長したからである。

救いの縁石

　18世紀末まで、通りの中央には雨水の排水するための溝が軸状に走っていた。そのため、通りの両側は中央に向かって傾斜しており、膝まで泥糞まみれになるのを避けるには、壁伝いに歩かなければならなかった。そこから「通りの高い部分を保つ」［転じて「社会的に高い地位を占める、支配する」］という表現が生まれている。当時はまだ歩道がなく、運悪く馬車と出会った歩行者は、これに轢かれないよう、壁に張りつく以外に救いがなかった。こうして大きな縁石が登場するが、それは軒先を掠めて走る馬車の車体から歩行者を守るためのものであった。雑踏にまきこまれた場合は、この縁石の後ろが避難場所となった。

■ほかに
ベルトン通り、16区
サヴィ通り、20区

止まれ！

　フックが立ちならぶこの棒は、かつて袋小路だった道への侵入をさまたげる車止めを支えていた。袋小路の奥には、ペストないしコレラの犠牲者たちを埋葬したとされる墓地があった。そこはきわめて危険な場所であり、犯罪者たちの頻繁な出入りを防ぐため、袋小路両側の建物を所有していた修道会は、道の入口に鉄柵を設けた。その名残がここにみられる熊手（ラトー）状のものであり、それがラトーという通りの呼称となった。

ラトー通りとロモン通りの角、5区

オピタル大通りの地下鉄高架橋下（13区）。これは感動的なまでの高さに設けられたアンペシュ＝ピピである。

マルシュ＝オー＝シュヴォー袋小路、5区

全階水・ガス・小型冷却庫完備

　1950年代に冷蔵庫が普及するまで、食べ物は地下室や風通しのよい食器戸棚で保存されていた。後者は格子ないし鎧戸のついた小さな戸棚で、大部分が中庭に面した台所の窓下に、少し外壁から張り出して置かれていた。しかし、こうした配置はおそらくポワシー通りの建物では不要だった。そこでは4階までの各階に、イスラーム建築にみられるような張出し格子窓風に彫られた優雅な石の小型冷却庫が、通りの上の外壁にそなえつけられていたからだ。のちに格子窓は、建物の建設当時はなかった室内トイレにとりつけられるようになった。

ポワシー通り1番地、5区

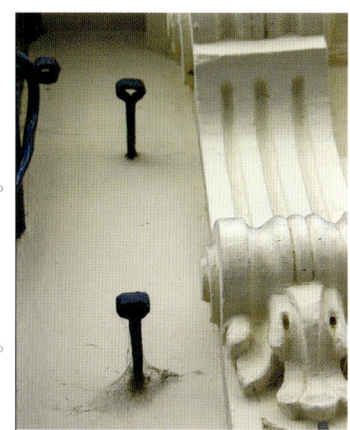

サン＝ブレーズ通りとリブレット通りの角、20区

フラテル通り4番地、5区（左）
ボビヨ通り103番地、13区。原形をとどめるめずらしい看板支え。（下）

旗手の亡霊

　読建物の入口近く、見上げる高さの場所に壁からつき出ている2本の小さな金属棒に気づいたことがあるだろうか。先端に断面が正方形のリングをつけたそれは、賃貸用の部屋やアパルトマン、あるいは商売用の事務所があることを示す看板の一時的な代用品としての旗を支えるために用いられていた。建物の管理人は琺瑯引きの多様な鋼板看板を保管していたが、いざというときには、盗難よけに外壁のあちこちに鉄刺をめぐらしたり、南京錠をとりつけたりもしていた。これらの装置は数多くみられるが、建物の改修工事で徐々にとりのぞかれる傾向にある。それらの伝統的な用途を知らないからである。

■ほかに
ヴィエイユ＝デュ＝タンプル通り24番地、4区
ラマルク通り32番地、18区。アラベスク風の看板支え。

なんの役に立つのか？

歯車

　店舗のシャッターやブラインドの昇降が自動化されるまでは、手でハンドルをまわして歯車を作動させなければならなかった。この装置はいまもところどころでみられる。こうした歯車のなかにはむき出しになっているものや、本体がケースにおさめられ、これに鉄製のハンドルをとりつけて作動させるものもある。

バック通り94番地、7区

街角の遺物・遺構から見たパリ歴史図鑑

実用的なマカロン

　建物の2階部分の外壁に、しばしばライオンの顔をかたどった金属製の円形飾りがみられる。いったいこれはなんのためか。じつはこれはカフェのテラスや商店が店先に出した販台のルーフを支える鉄杭を支えるものだった。一部の場所にはいまもなおそれが用いられている。とりわけ注目に値するのが、オ・ボン・マルシェ百貨店のそれである。そこではライオン像がリングを口にくわえ、そこに結びつけられたケーブルが店舗全体をとり囲むルーフを支えている。ただし、このケーブルを鋼製のつなぎ材と混同してはならない。後者は建物の躯体（骨組み）を内部から補強して、構造物の安定化をはかり、一般的には円形の鉄製の部品で支えられている部材をさす。

ポール=ベール通り、11区

シャロンヌ通り、11区

狂者たちのベンチ

　小さなパヴィリオンの前、小さな扉や小さな窓とともに、小さなベンチが1列に置かれている。人形の家か。むろん違う。だが、実際は悲しい人形たちの家ともいえる。18世紀末、精神が錯乱した、あるいはそうみなされた女性たちが、ここに閉じこめられていたのだ。天気がよい日、監視人たちは狭苦しい部屋に幽閉されていた彼女たちを日光浴のために外に出し、壁にとりつけてある鎖輪（壁にいまもその痕跡がみられる）につないだまま、ベンチに座らせた。毎週日曜日ともなれば、パリ市民たちは、さながら動物園にでも行くかのように、家族づれでここを訪れ、そんな彼女たちを眺めたものだった。

呪われた敷石

　それは道路の上にあって、横断歩道にはみ出しているが、通行人は気づいていない。アスファルトのなかに組みこまれたこれら花崗岩の四角い敷石5枚は、過去にはおぞましいことに用いられていた。1851年から99年にかけての公開処刑日、その上にギロチン台が設けられたのである。ギロチンに「5個の石の大修道院」という異名がつけられた所以だが、死刑囚たちは真向かいにあるプチット=ロケット監獄からつれだされていた。今では監獄跡の小公園入口サルペトリエール病院（ポール=カステニュ館裏）、エトフ小路4番地、13区に、見張り小屋を左右に配したポーチが辛うじて残っているにすぎない。そこでの処刑は夜間に行われ、物見高い野次馬が多数押しかけた。処刑人の仕事が終わると、ギロチン台はフォリ=ルニョー通りの60番地にあった倉庫にしまわれた。ここで処刑された囚人は200人を超えるが、そのなかには無政府主義者のオーギュスト・ヴァイヤン［1861頃-94］。下院議事堂に爆弾を投げて逮捕］やエミール・アンリ［1872-94］。4区のボン=ザンファン通りやサン=ラザール駅近くのカフェで爆弾を爆発させて逮捕］などがいる（p.109参照）。

クロワ=フォーバン通り16番地（上）、ロケット通り164番地、11区（下）

砂箱

　高さ1.5メートルから1.7メートルのこれら金属製の箱は、砂箱である。19世紀から20世紀初頭にかけて、道路が雨氷ないし雪で滑るとき、道路作業員たちが箱の基部にある揚げ蓋を開いて砂をすくい出した。この砂はまた馬の尿と混ぜて一掃するためにも用いられた。馬糞も路上に長くは放棄されていなかった。小さな中庭や庭、あるいはバルコニーの植栽用に肥料として使われたからである。以下では5個所の砂箱を紹介するが、歩道に置かれたそれらは、すぎさった過去を想い起こさせてくれるだろう。

1 サクス大通り22番地、16区。高さ1.7メートルの最大級の砂箱。
2 トリュデーヌ大通り39番地、9区
3 ジョルジュ＝ギヨマン広場、8区

■ほかに
ガブリエル大通り41番地、8区
レーヌ＝アストリ広場2番地、8区

なんの役に立つのか？

街角の遺物・遺構から見たパリ歴史図鑑

ロワイエ＝コラール通り９番地、５区

パトリアルシュ小路１番地２号、５区

滑車つき屋根窓

「豚の尻尾」が地下室についているように（p.223参照）、滑車は屋根裏部屋についている。これを使えば、重い荷物ないし狭い階段ではかさばりすぎる荷物を引き上げることができる。寄棟屋根の窓に設けられた滑車は、一部は原形を保っているが、大部分は新しい金属製のものとなっている。

■ほかに
シャルロ通り26番地、4区
クリスティス通り７番地、6区
セギエ通り16番地、6区

人騒がせなプール

パリの環状道路を車で走ると、ポルト・デ・リラとポルト・ド・バニョレのあいだでラジオの音声がきまって乱れる。いったいなぜなのか。それはモルティエ大通りに本部を置く対外治安総局（DGSE）、別名秘密情報防諜部の防御装置のためである。有刺鉄線が張りめぐらされ、監視カメラをそなえた高い壁の向こうには、職員からは「ボワト（箱）」、パリ市民からは、トゥーレルの複合プール施設に隣接しているところから、「ピスシヌ（プール）」とよばれる巨大な建物がある。
モルティエ大通り141番地、20区

IDCプレート

このプレートは排水渠の蓋とうりふたつだが、これは地下採石場へ降りるための蓋で、それは地下採石場監察官［パリの地下を監視・保全するため、1777年に王令によって創設された職位］を意味するIDCの略号によって見分けがつく。通常、この蓋はいっさいの侵入を防ぐために接着・固定されている。

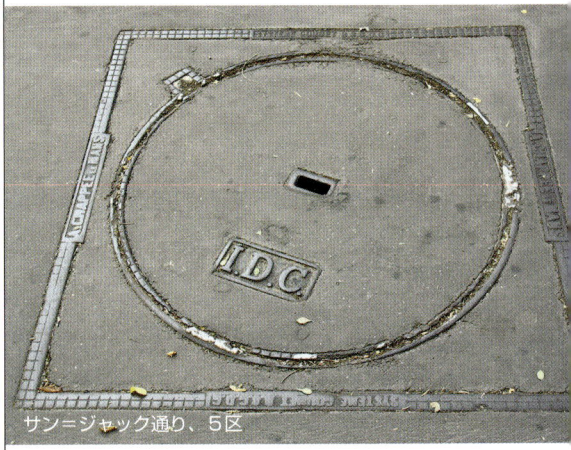

サン＝ジャック通り、５区

ビ・ポップ

スマートフォンの時代、1970年代のジク［オタク］たちの新奇な機器で、携帯電話の祖先とでもいうべきビ・ポップのことを覚えているだろうか。これは一種の携帯用電話ボックスであり、近くに地上アンテナがあれば受信と発信ができた。この分野の先進的な都市であるパリにはそれが数多く設置されており、すくなくとも５分程度歩けばかならず１本はあった。通信可能ゾーンは街灯や軒樋に貼られた青・白・緑３色のステッカーが目印だった。こうして利用者はアンテナから遠く離れすぎないかぎり、交信することができた。

230

街角の遺物・遺構から見たパリ歴史図鑑

掲載地名呼称一覧

1区

アミラル＝コリニ通り（Rue de l'Amiral-Coligny）… 185
アール橋（Pont des Arts）……………………… 135
アルブル＝セック通り（Rue de L'Arbre-Sec）… 71,80,142
ヴァンドーム広場（Place Vendôme）…………… 179,208
ヴィクトリア大通り（Ave nue Victoria）……… 158
ヴィクトワール広場（Place des Victoires）……22
ヴァルム通り（Rue de Viarmes）……………… 178,186
エティエンヌ＝マルセル通り（Rue Étienne-Marcel）…87
オルロージュ河岸通り（Quai de l'Horloge）… 32,55
カスティリオーヌ通り（Rue de Castiglione）…… 32,89
カルーゼル凱旋門（Arc de Triomphe du Carrousel）137
カルーゼル橋（Pont du Carrousel）………………35
コンコルド駅（Station Concorde）……………… 105
コンコルド広場（Place de la Concorde）………35
ゴンブースト通り（Rue Gomboust）……………… 163
サン＝ジェルマン＝ローセロワ教会（Église Saint-Germain-l'Auxerrois）……………………………… 141,143
サン＝トゥスタシュ袋小路（Impasse Saint-Eustache）… 158
サン＝ドゥニ通り（Rue Saint-denis）…………… 167
サン＝ドゥニ袋小路（Impasse Saint-denis）………… 223
サン＝フロランタン通り（Rue Saint-Florentin）…… 149
サン＝トノレ通り（Rue Saint-Honoré）71,87,89,98,111,128,165,166,171,223
サン＝ミシェル橋（Pont Saint-Michel）…………… 180
ジャン＝ジャック＝ルソー通り（Rue Jean-Jacques-Rousseau）………………………………………50
シャンジュ橋（Pont au Change）………………… 182,185
ジェネラル＝ルモニエ大通り（Avenue du Général-Lemmonier）……………………………… 188,195
シーニュ通り（Rue du Cygne）…………………… 167
シャトレ広場（Place du Châtelet）……………… 194,215
シャルトル柱廊（Péristyle de Chartres）……… 194

セバストポル大通り（Boulevard de Sébastopol）…… 167
ダレラック通り（Rue Dalayrac）……………………92
チュイルリー公園（Jardin des Tuileries）　62,63,65,193
デュフォ通り（Rue Duphot）…………………… 98,187
ドゥー＝パヴィヨン小路（Passage des Deux-Pavillons）86
ドーフィヌ広場（Place Dauphine）……………… 180
バイユール通り（Rue Bailleul）……………………80
ブラントーム通り（Rue Brantôme）…………… 187
パレ大通り（Boulevard du Palais）………………55
パレ＝ロワイヤル公園（Jardin du Palais-Royal）………53
パレ＝ロワイヤル広場（Place du Palais-Royal）………32
パレ＝ロワイヤル・ミュゼ＝デュ＝ルーヴル駅（Station Palais-Royal Musée du Louvre）……………… 199
ピエール＝レスコ通り（Rue Pierre-Lescot）………… 167
プティ＝カロー通り（Rue des Petits-Carreaux）………21
ポン・ヌフ（橋）（Pont Neuf）……………… 31,183,185
ミレイユ広場（Place Mireille）……………………72
モントルグイユ通り（Rue Montregueil）… 163,167,169
モンマルトル通り（Rue Montmartre）…… 87,142,153
リヴォリ通り（Rue de Rivoli）………………… 33,216
リシュリュー通り（Rue de Richelieu）……………87
ルーヴル通り（Rue du Louvre）……………… 57,168
ルーヴル広場（Place du Louvre）…………… 54,186
ルーヴル美術館（Musée du Louvre）11,45,115,190,191
ルネ＝カサン広場（Place René-Cassin）………………49
レオポルド＝サンゴール歩道橋（Passerelle Léopold-Senghor）……………………………………… 135

2区

アブキール通り（Rue d'Aboukir）･････････････ 189
ヴィヴィエンヌ歩廊（Galerie Vivienne） ･･･････ 156,210
ヴィド＝グセ通り（Rue du Vide-Gousset） ････････････ 80
エティエンヌ＝マルセル通り（Rue Étienne-Marcel） ･･･ 215
オペラ大通り（Avenue de l'Opéra）･･････････････ 161
ケール小路（Passage du Caire） ･･････････････ 189
ケール通り（Rue du Caire） ･･････････････････ 189
ケール広場（Place du Caire） ･･････････････ 142,189
コロンヌ通り（Rue des Colonnes） ･････････････ 108
サンティエ駅（Station Sentier） ･････････････ 199,200
サンティエ通り（Rue du Sentier）･･････････････････ 26
サント＝アンヌ通り（Rue Sainte-Anne） ･････････ 230
サン＝ドゥニ小路（Impasse Saint-Denis）･･･････････ 84
サン＝ドゥニ通り（Rue Saint-Denis）･････････ 86,171
シェリュビニ通り（Rue Chérubini）････････････････ 230
ショワズル通り（Rue de Choiseul） ･････････････ 114
セバストポル大通り（Boulevard de Sébastopol）････ 223
ダミエット通り（Rue de Damiette）･････････････ 189
ティクトンヌ通り（Rue Tiquetonne） ････････････ 170
デュス―通り（Rue Dussoubs）･･････････････ 77,192
ニル通り（Rue du Nil）････････････････････････ 189
ノートル＝ダム＝ド＝ルクーヴランス通り（Rue Notre-
　Dame-de-Recouvrance）･･････････････････ 158
パノラマ小路（Passage du Panoramas）･････････････ 30
プティ＝カロー通り（Rue des Petits-Carreaux）158,169
プティ＝ペール広場（Place des Petits-Pères）
　････････････････････････････････ 126,128,153
ブール＝ラベ小路（Passage du Bourg-L'Abbé） ････ 184
ボールガール通り（Rue Beauregard）･･･････ 57,98,230
ポール＝ルロン通り（Rue Paul-Lelong）･･････････ 77
ポワント・トリガノ（Pointe Trigano）･････････････ 98
ボン＝ヌーヴェル大通り（Boulevard de
　Bonne-Nouvelle）･･････････････････････ 98,145
マイユ通り（Rue du Mail）･････････････････････ 77
モントルグイユ通り（Rue Montregueil）
　･････････････････････････ 144,163,165,167,169
モンマルトル大通り（Boulevard Montmartre）････ 173
モンマルトル通り（Rue Montmartre）････････････ 113
リュヌ通り（Rue de la Lune）･･････････････････ 215
ロミュール通り（Rue Réaumur）･････････････ 9,48,58

3区

ヴィエイユ＝デュ＝タンプル通り（Rue Vieille-du-
　Temple）･･････････････････････････ 23,85,171
ヴィルアルドゥアン通り（Rue Villehardouin）･･･ 128,209
ヴォルタ通り（Rue Volta）･････････････････････ 93
カトル＝フィス通り（Rue des Quatre-Fils） ･･････････ 22
カファレリ通り（Rue Caffarelli） ････････････････ 86
クチュール＝サン＝ジェルヴェ通り（Rue des Coutures-
　Saint-Gervais） ････････････････････････････ 210
工芸（院）博物館（Musée des Arts et Métiers） ････ 139
シャポン通り（Rue Chapon）･････････････････ 223
セヴィニェ通り（Rue de Sévigné）･････････････ 218
タンプル大通り（Boulevard du Temple）･･････････ 18
ドゥベレム通り（Rue Debelleyme）･･･････････ 210
トリニー通り（Rue de Thorigny）･･････････････ 210
テュレンヌ通り（Rue de Turenne）･･･････････ 128,209
パストゥレル通り（Rue Pastourelle）･･････････ 187
フィユ＝デュ＝カルヴェール通り（Rue des Filles-du-
　Calvaire）･･･････････････････････････････ 18,84
フラン＝ブルジョワ通り（Rue des Francs-Bourgeois）･･･216
ブルターニュ通り（Rue de Bretagne） ････････････ 84
ベルナール＝ド＝クレルヴォー通り（Rue Bernard-de-
　Clairvaux）････････････････････････････････ 58
ペルル通り（Rue de la Perle）･･････････････ 145
ペレ通り（Rue Perré） ････････････････････････ 49
ボーブール通り（Rue Beaubourg）････････････ 177
ポワトゥー通り（Rue de Poitou）･･････････ 170,215
ミシェル＝ル＝コント通り（Rue Michel-le-Comte）････76

4区

- アルコル通り（Rue de l'Arcole） ……… 115
- アルシーヴ通り（Rue des Archives） ……… 185
- アルシュヴェシェ橋（Pont de l'Archevêché） ……… 135
- アルスナル港（Port de l'Arsenal） ……… 16
- アルスナル貯水池（Bassin de l'Arsenal） ……… 182
- アンリ＝ガリ小公園（Square Henri-Galli） ……… 107
- アンリ4世大通り（Boulevard Henri-IV） ……… 25, 106
- アンリ4世河岸通り（Quai Henri-IV） ……… 221
- ヴィエイユ＝デュ＝タンプル通り（Rue Vieille-du-Temple） ……… 18, 19, 21, 79, 147, 157, 225
- ヴェルリ通り（Rue de la Verrerie） ……… 80, 159
- ヴォージュ広場（Place des Vosges） ……… 19, 177, 207
- エクフ通り（Rue des Écouffes） ……… 157
- オテル＝ダルジャンソン袋小路（Impasse de l'Hôtel-d'Argenson） ……… 79
- オテル＝ド＝ヴィル河岸通り（Quai de l'Hôtel-de-Ville） ……… 168, 185
- オテル＝ド＝ヴィル通り（Rue de l'Hôtel-de-Ville） ……… 79, 84, 163, 209
- オブリオ通り（Rue Aubriot） ……… 127
- クロワトル＝サン＝メリ通り（Rue du Cloître-Saint-Merri） ……… 213
- コロンブ通り（Rue de la Colombe） ……… 39
- サン＝クロード通り（Rue Saint-Claude） ……… 165
- サン＝ジェルヴェ広場（Place Saint-Gervais） ……… 39, 62, 140
- サン＝ジャック小路（Cour Saint-Jacques） ……… 147
- サン＝タントワヌ通り（Rue Saint-Antoine） ……… 9, 81, 107, 109, 112, 147, 149, 153, 165, 177, 195, 230
- サント＝クロワ＝ド＝ラ＝ブルトヌリ通り（Rue Sainte-Croix-de-la-Bretonnerie） ……… 127
- サン＝マルタン通り（Rue Saint-Martin） ……… 80, 87, 162
- サン＝ミシェル橋（Pont Saint-Michel） ……… 180
- サン＝ルイ＝ザン＝リル通り（Rue Saint-Louis-en-l'Île） ……… 57
- シャトレ広場（Place du Châtelet） ……… 192
- シャノワネス通り（Rue Chanoinesse） ……… 65, 163
- ジャルダン＝サン＝ポール通り（Rue des Jardins-Saint-Paul） ……… 209
- シャルル5世通り（Rue Charles-V） ……… 128
- シャルロ通り（Rue Charlot） ……… 185, 228
- シャンジュ橋（Pont au Change） ……… 182, 185
- ジョルジュ＝カン小公園（Square Georges-Cain） ……… 101
- ストラヴァンスキ広場（Place Stravinsky） ……… 74, 213, 216
- セヴィニェ通り（Rue de Sévigné） ……… 160, 169, 218, 220, 230
- セレスタン河岸通り（Quai des Célestins） ……… 195
- テュレンヌ通り（Rue de Turenne） ……… 185
- ドゥー＝ポン通り（Rue des Deux-Ponts） ……… 163
- トリニー通り（Rue de Thorigny） ……… 195
- トゥルネル通り（Rue des Tournelles） ……… 130
- ノートル＝ダム司教座聖堂（Notre-Dame-de-Paris） ……… 146, 148
- パヴェ通り（Rue Pavée） ……… 130
- バール通り（Rue des Barres） ……… 39, 62
- バスティーユ駅（Station Bastille） ……… 105
- バスティーユ広場（Place de la Bastille） ……… 106, 191
- パイエンヌ通り（Rue Payenne） ……… 171
- パリ市庁舎（Hôtel-de-Ville） ……… 23
- パルヴィ＝ノートル＝ダム広場（Place du Parvis-Notre-Dame） ……… 123, 136, 140, 179
- フィギエ通り（Rue du Figuier） ……… 111
- ブフ袋小路（Cul-de-Sac de Boeuf） ……… 79
- フランソワ＝ミロン通り（Rue François-Miron） ……… 62, 163
- フラン＝ブルジョワ通り（Rue des Francs-Bourgeois） ……… 9, 89, 185
- フルシー通り（Rue de Fourcy） ……… 161
- ブール＝ティブール通り（Rue du Bourg-Tibourg） ……… 168
- ブルボン河岸通り（Quai de Bourbon） ……… 90, 129, 144, 163
- ブロス通り（Rue de Brosse） ……… 168
- プルティエ通り（Rue Poulletier） ……… 79
- ペルネル通り（Rue Pernelle） ……… 87
- ボートレイイ通り（Rue Beautreillis） ……… 55, 86, 103
- ポワソヌリ袋小路（Impasse de la Poissonnerie） ……… 79
- マリ橋（Pont Marie） ……… 32
- ユルサン通り（Rue des Ursins） ……… 93
- ラ・ルグラティエ通り（Rue La Regrattier） ……… 129
- ラ・レニ通り（Rue La Reynie） ……… 167
- リヴォリ通り（Rue du Rivoli） ……… 147
- ルイ13世小公園（Square Louis-XIII） ……… 137
- ロワ＝ド＝シシル通り（Rue du Roi-de-Sicile） ……… 21

5区

アルシュヴェシェ橋（Pont de l'Archevêché） ……… 135
アルフォンス=ラヴラン広場（Place Alphonse-Laveran）…117
アレーヌ・ド・リュテス小公園（Sauare des Arène de Lutèce） ………………………………………… 61
アンリ=バルビュス通り（Rue Henri-Barbusse）… 90,119
ヴァル=ド=グラス（Val-de-Grâce） ……………… 119
ヴィヴァニ小公園（Square Viviani） ……………… 64,79
ヴォークラン通り（Rue Vauquelin） ……………… 19
エストラパド通り（Rue de l'Estrapade） ……… 74,170
エセ通り（Rue de l'Essai） ………………………… 15
エペ=ド=ボワ通り（Rue de l'Épée-de-Bois） …… 93
エリズ=ドリヴォ袋小路（Impasse Élise-Drivo） … 79
オーステルリッツ橋（Pont d'Austerlitz） ……… 185
ガランド通り（Rue Galande） ………………………… 161
カルディナル=ルモワヌ通り（Rue du Cardinal-Lemoine）
　…………………………………………………………149
キュヴィエ通り（Rue Cuvier） …………… 19,65,71
グザヴィエ=プリヴァ通り（Rue Xavier-Privas） …… 167
サン=ヴィクトル通り（Rue Saint-Victor）……… 158,215
サン=ジャック通り（Rue Saint-Jacques）
　………………………… 50,52,80,83,210,228
サン=セヴラン通り（Rue Saint-Séverin）… 37,80,87,162
サント=ジュヌヴィエーヴ広場
　（Place Sainte-Geneviève）……………………… 219
サン=マルセル大通り（Boulevard Saint-Marcel） …… 33
サン=ミシェル大通り（Boulevard Saint-Michel） …… 61
サン=ミシェル橋（Pont Saint-Michel） ………… 180
サン=ミシェル広場（Place Saint-Michel） …… 200
サン=ミシェル噴水（Fontaine Saint-Michel） … 147
シャ=キ=ペシュ通り（Rue du Chat-qui-Pêche） ……92
ソムラール通り（Rue du Sommerard） …………… 127
ジョフロワ=サン=ティレール通り
　（Rue Geoffroy-Saint-Hilaire）……………… 14,75
トゥアン通り（Rue Thouin） ………………… 43,98
トゥルヌフォール通り（Rue de Tournefort） ……… 127
トロワ=ポルト通り（Rue des Trois-Portes） …… 29
パトリアルシュ小路（Passage des Patriarches） …… 228
パリ植物園（Jardin des Plantes）
　61,63,77,94,102,112,209
パンテオン（Panthéon） …………………………… 183
パンテオン広場（Place du Panthéon） …………… 58
ビエーヴル通り（Rue de Bièvre） ……… 185,213,223

ピエール=ニコル通り（Rue Pierre-Nicole） ……… 93
ピュイ=ド=レルミト広場（Place du Puits-de-l'Ermite） …131
フアール通り（Rue du Fouarre） ………………… 157
フォセ=サン=ジャック通り
　（Rue des Fossés-Saint-Jacques） ……………… 210
フラテール通り（Rue Flatters） ……………… 37,225
フレデリク=ソートン通り（Rue Frédéric-Sauton）… 168
ポール=パンルヴェ広場（Place Paul-Painlevé）… 51,101,133
ポール=ランジュヴァン小公園（Square Paul-Langevin）…101
パワシー通り（Rue de Poissy） ……………… 215,225
マルシェ=オー=シュヴォー袋小路
　（Impasse du Marché-aux-Chevaux） ……… 14,224
ムフタール地区（Quartier Mouffetard） ………… 213
ムフタール通り（Rue Mouffetard）
　………………… 36,112,162,164,165,169,170,172
メートル=アルベール通り（Rue Maître-Albert） …… 183
モベール広場（Place Maubert） ………………… 183
モンジュ駅（Station Monge） …………………… 199
モンジュ通り（Rue Monge） ……………………… 223
モンターニュ=サント=ジュヌヴィエーヴ通り
　（Rue de la Montagne-Sainte-Geneviève） ……… 109
ユシェット通り（Rue de la Huchette） ………… 215
ラグランジュ通り（Rue Lagrange） ……………… 87
ラトー通り（Rue Rataud） ……………………… 224
リネ通り（Rue Linné） …………………………… 71
ロモン通り（Rue Lhomond） ……………………… 224
ロワイエ=コラール通り（Rue Royer-Collard） ……… 228

6区

アベイ通り（Rue de l'Abbaye）…………………… 177
アール橋（Pont des Arts）………………………… 135
ヴァヴァン通り（Rue Vavin）……………………… 156
ヴァノー駅（Station Vaneau）…………………… 199
ヴォージラール通り（Rue de Vaugirard）
　………………………… 18,99,164,179,180
エコル=ド=メドゥシヌ通り
　（Rue de l'École-de-Médecine）………………… 138
エショデ通り（Rue de l'Échaudé）……………… 168
オデオン広場（Place de l'Odéon）…………… 30,115
オノレ=シュヴァリエ通り（Rue Honoré-Chevalier）… 128
オプセルヴァトワール大通り
　（Avenue de l'Observatoire）…………………… 147

カセット通り（Rue Casette） ················ 128
カネット通り（Rue des Cannettes） ··········· 168
ガランシエール通り（Rue Garancière） ········· 83,177
カルーゼル橋（Pont du Carrousel） ············· 35
グラン=ゾーギュスタン河岸通り
　（Quai des Grands-Augustins） ········· 51,82,211
グラン=ゾーギュスタン通り
　（Rue des Grands-Augustins） ············ 29,185
クリスティヌ通り（Rue Christine） ············ 228
グルネル通り（Rue de Grenelle） ··············· 12
クロワ=ルージュ交差点
　（Carrefour de la Croix-Rouge） ········· 139,147
コメルス=サン=タンドレ小路
　（Cour du Commerce-Saint-André） ······· 31,108,158
コンティ河岸通り（Quai de Conti） ········ 54,182,185
コンティ袋小路（Impasse de Conti） ············ 222
サボ通り（Rue du Sabot） ······················ 13
サン=ジェルマン大通り
　（Boulevard Saint-Germain） ············ 33,186,223
サン=ジャン=バティスト=ド=ラ=サル
　（Rue Saint-jean-Baptiste-de-la-Salle） ······· 129
サン=シュルピス教会（Église Saint-Sulpice） ··· 141,223
サン=シュルピス通り（Rue Saint-Sulpice） ····· 85,158
サン=シュルピス広場（Place Saint-Sulpice） ···· 53,126
サン=タンドレ=デ=ザール通り
　（Rue Saint-André-des-Arts） ············ 77,80,129
サン=ブノワ通り（Rue Saint-Benoît） ············ 153
サン=プラシド通り（Rue Saint-Placide） ········· 128
サン=ペール通り（Rue des Saints-Pères） ········ 158
サン=ミシェル大通り（Boulevard Saint-Michel） 114,115
サン=ミシェル橋（Pont Saint-Michel） ··········· 180
シェルシュ=ミディ通り（Rue du Cherche-Midi）
　····························· 51,129,165,185
ジャコブ通り（Rue Jacob） ····················· 108
ジャン=フェランディ通り（Rue Jean-Ferrandi） ····· 185
ジール=クール通り（Rue Gît-le-Cour） ··········· 207
セーヴル通り（Rue de Sèvres） ············ 126,130,161
セギエ通り（Rue Séguier） ··················· 82,228
セーヌ通り（Rue de Seine） ············ 158,169,206
デカルト通り（Rue Descartes） ················· 121
ドラゴン小路（Cour du Dragon） ··············· 148
ノートル=ダム=デ=シャン通り
　（Rue Notre-Dame-des-Champs） ············ 176
パラティヌ通り（Rue Palatine） ················ 177

ビュシ通り（Rue de Buci） ···················· 144
フェリクス=デリュエル小公園
　（Square Félix-Desruelles） ················ 155
フェルー通り（Rue Férou） ···················· 195
フール通り（Rue du Four） ···················· 167
ベルナール=パリシー通り（Rue Bernard-Palissy） ··· 13
ボ・ザール通り（Rue des Beaux-Arts） ··········· 204
ボナパルト通り（Rue Bonaparte） ········· 61,101,216
ポン・ヌフ（橋）（Pont Neuf） ············ 31,183,185
マゼ通り（Rue Mazet） ························ 129
マダム通り（Rue Madame） ····················· 87
モンパルナス大通り（Boulevard du Montparnasse）
　······································ 174,221
リュクサンブール公園
　（Jardin du Luxembourg） ············ 71,138,139,219
レンヌ通り（Rue de Rennes） ················ 84,148
ロアン小路（Cour de Rohan） ················ 14,77
ローラン=プラシュ小公園（Square Laurent-Prache） ··· 101

7区

アナトル=フランス河岸通り（Quai Anatole-France） ··· 195
アルマ橋（Pond de l'Alma） ··················· 182
アレクサンドル3世橋（Pont Alexandre-III） ······· 35
アンヴァリッド大通り（Boulevard des Invalides） ··· 117
アンヴァリッド広場（Place des Invalides） ········ 75
ヴェルヌイユ通り（Rue de Verneuil） ········ 134,215
ウニヴェルシテ通り（Rue de l'Université） ······· 114

オテル・デ・ザンヴァリッド
　　（Hôtel des Invalides） ·················· 19,31,121,141
オルセー美術館（Musée d'Orsay） ················· 22
カルーゼル橋（Pont du Carrousel） ············· 35
グルネル通り（Rue de Grenelle） ·········· 50,158,168
コンコルド橋（Pont de la Concorde） ········· 107
サン＝ジェルマン大通り（Boulevard Saini-Germain） 114
サン＝ドミニク通り（Rue Saint-Dominique） ········· 84
サン＝ペール通り（Rue des Saints-Pères） ········· 83
セーヴル通り（Rue de Sèvres） ··············· 192
ソルフェリノ駅（Station Solférino） ············· 198
バック通り（Rue du Bac） ················ 10,124,149,225
パレ＝ブルボン広場（Place du Palais-Bourbon） ······ 145
ラップ大通り（Avenue Rapp） ················· 99
リール通り（Rue de Lille） ················ 9,24,120,183
レジョン＝ドヌール通り（Rue de la Légion-d'Honneur）··· 56
レオポルド＝サンゴール歩道橋
　　（Passerelle Léopold-Senghor） ·················· 135

8区

アーヴル小路（Cour du Havre） ················ 57
アルベール1世大通り（Cours Albert-Ier） ····· 99
アルマ地下道（Tunnel de l'Alma） ············· 139
アルマ橋（Pont de l'Alma） ················· 182
アレクサンドル3世橋（Pont Alexandre-III） ······ 35,86
アンジュー通り（Rue d'Anjou） ················ 84
ウィンストン＝シュルシル大通り
　　（Avenue Winston-Churchill） ············ 138,156,157
オシュ大通り（Avenue Hoche） ················ 33
オスマン大通り（Boulevard Haussmann） ············· 26
ガブリエル大通り（Avenue Gabriel） ············· 227
クラリジュ歩廊（Galerie du Claridge） ············· 57
コンコルド駅（Station Concorde） ············· 107
コンコルド橋（Pont de la Concorede） ············· 107
コンコルド広場（Place de la Concorde）
　　 ···················· 23,80,83,95,116,190,211
サン＝ラザール通り（Rue Saint-Lazare） ············ 164
シャンゼリゼ大通り（Avenue des Champs-Élysées）
　　 ···················· 23,179
ジョゼフ＝サンブフ通り（Rue Joseph-Sansboeuf） ···· 162
ジョルジュ＝ギヨマン広場（Place Georges-Guillaumin）··· 227
ダリュ通り（Rue Daru） ················· 130

バティニョル大通り（Boulevard des Batignolles） ··· 173
フォブール＝サン＝トノレ通り
　　（Rue du Foubourg-Saint-Honoré） ················ 10
プラス＝ド＝クリシー駅（Station Place-de-Clichy）··· 198
フランクラン＝D＝ルズヴェルト駅
　　（Station Franklin-D.-Roosevelt） ············ 199,200
ペピニエール通り（Rue de la Pépinière） ················ 62
ボワシー＝ダングレ通り（Rue Boissy-d'Anglais） 10,24,80
マドレーヌ駅（Statioon Madeleine） ············· 196
マルゼルブ大通り（Boulevard Malesherbes） ············· 155
メッシヌ大通り（Avenue de Messine） ············· 158
モンソー公園（Parc Monceau）　46,61,64,101,145,190
ラボルド通り（Rue de Laborde） ················ 181
ラ・レーヌ遊歩道（Cours La Reine） ············· 139
リエージュ駅（Station Liège） ············· 155,201
レーヌ＝アストリ広場（Place de la Reine-Astrid） ··· 227
ロシェ通り（Rue du Rocher） ················ 176
ロム通り（Rue de Rome） ················ 176
ロワイヤル通り（Rue Royale） ············· 113,211
ワグラム大通り（Avenue de Wagram） ············· 156
ワシントン通り（Rue Washington） ················ 18

9区

アーヴル通り（Rue du Havre） ················ 177
ヴィクトワール通り（Rue de la Victoire） ············· 130
エドゥアール7世広場（Place Édouard-VII） ··· 16
オスマン大通り（Boulevard Haussmann） ············· 18,151
オペラ・ガルニエ座（Opéra-Garnier） ············· 34,35,148
カデ通り（Rue Cadet） ················ 20
コーマルタン通り（Rue de Caumartin） ············· 177
コンドルセ通り（Rue Condorcet） ················ 142
シテ・マルゼルブ（Cité Malesherbes） ············· 147,154

ドゥエ通り（Rue de Douai）……………………144
トリュデーヌ大通り（Avenue Trudaine）……………227
ノートル＝ダム＝ド＝ロレット通り
　（Rue Notre-Dame-de-Lorette）……………37,86
バリュ通り（Rue Ballu）……………………85,190
ピエール＝アレ通り（Rue Pierre-Haret）……………171
ピガル通り（Rue Pigalle）……………………12
フォブール＝ポワソニエール通り（Rue du Faubourg-
　Poissonière）……………………………56,85
フォブール＝モンマルトル通り
　（Rue du Faubourg-Montmartre）…152,153,168,171
プラス・ド・クリシー駅（Station Place de Clichy）…198
ブランシュ通り（Rue Blanche）……………34,84,195
プロヴァンス通り（Rue de Provence）……………12,36,81
ベルジェール通り（Rue Bergère）……………………56
ポール＝エスキュディエ通り（Rue Paul-Escudier）…215
マテュラン通り（Rue des Mathurins）　82,147,148,149
モーブージュ通り（Rue de Maubeuge）………………87
ラフェリエール通り（Rue Laferrière）………………85
ロシュシュアール通り（Rue de Rochechouart）………96
ロンドル通り（Rue de Londres）……………………157

10区

ヴィネグリエ通り（Rue des Vinaigriers）…………19,84
オートヴィル通り（Rue d'Hauteville）………………19
グランジュ＝オー＝ベル歩道橋
　（Passerelle de la Grange-aux-Belles）………212,215
サンブル＝エ＝ムーズ通り（Rue Sambre-et-Meuse）…86
サント＝マルト通り（Rue Sainte-Marthe）……………84
ジェマプ河岸通り（Quai de Jemmapes）…………86,203
シャトー・ドー駅（Station Château d'Eau）………198
シャトー・ドー通り（Rue du Château d'Eau）……34,92
シャレ通り（Rue du Chalet）
ジャン＝プルマルシュ通り
　（Rue Jean-Poulmarch）……………162,163,171
ジョレス駅（Station Jaurès）………………………105
ストラスブール大通り（Boulevard de Strasbourg）…157
デュバイユ小路（Passage Dubail）……………………215
パラディ通り（Rue de Paradis）………………87,152
東駅（Gare de l'Est）…………………………………113
ビシャ通り（Rue Bichat）……………………30,223

フォブール＝サン＝マルタン通り
　（Rue du Faubourg-Saint-Martin）……………128
フォブール＝ポワソニエール通り
　（Rue du Faubourg-Poissonière）19,77,85,86,163,168
プティ＝ゾテル通り（Rue des Petits-Hôtels）………157
ボン＝ヌーヴェル大通り（Boulevard de Bonne
　-Nouvelle）……………………………………175
マジャンタ大通り（Boulevard Magenta）……………192
ラ・シャペル大通り（Boulevard de La Chapelle）…192
レコレ小路（Passage des Récollets）……………92,98

11区

アムロ通り（Rue Amelot）……………………46,65
イムーブル＝ザンデュストリエル通り
　（Rue des Immeubles-Industriels）………………96
エトワール＝ドール小路（Cour de l'Étoile-d'Or）…52
エミール＝ガレ小公園（Square Émle-Gallé）………52
オーベルカンプ通り（Rue Oberkampf）………………65
クロワ＝フォーバン通り（Rue de la Croix-Faubin）…226
コット通り（Rue de Cotte）…………………………102
サン＝ベルナール通り（Rue Saint-Berbard）……109,120
シテ・ド・ラムーブルマン（Cité de l'Ameublement）…213
シャロンヌ通り（Rue de Charonne）……173,210,226
シルク・ディヴェール（Cirque d'Hiver）……………27
タンプル大通り（Boulevard du Temple）……………77
バスティーユ駅（Station Bastille）…………………105
ピエトン通り（Rue Piéton）…………………………86
ピエール＝ルヴェ通り（Rue de la Pierre-Levée）……151
ピクピュス通り（Rue de Picpus）……………………77
フォブール＝サン＝タントワヌ通り
　（Rue du Faubourg-Saint-Antoine）…………167,210
フォブール＝デュ＝タンプル通り
　（Rue du Faubourg-du-Temple）…………………135
ボーマルシェ大通り（Boulevard Beaumarchais）……46
ポール＝ベール通り（Rue Paul-Bert）………………224
モーリス＝ガルデット小公園（Square Maurice-Gardette）
　…………………………………………………61
モルヴァン通り（Rue du Morvan）…………………215
モントルイユ通り（Rue de Montreuil）………………195
リシャール＝ルノワール大通り（Boulevard Richard
　-Lenoir）………………………………152,170
ロケット通り（Rue de la Roquette）……………171,226

ローシュ小路（Passage Rauch） ……………… 167

12区

AA/12通り（Voie AA/12） ……………………… 82
ヴァンセンヌの森（Bois de Vincennes） …… 26,27,64
オーステルリッツ橋（Pont d'Austerlitz） ……………… 185
サン＝ニコラ通り（Rue Saint-Nicolas） ……………… 129
ジャック＝イレレ小公園（Square Jacques-Hillairet）… 52
シャラントン通り（Rue de Charenton）………… 181,183
ディドゥロ大通り（Boulevard Diderot）………… 34,193
ドーメニル湖環状路（Route circulaire du Lac
　Daumesnil）…………………………………… 131
バスティーユ大通り（Boulevard de la Bastille）… 177,220
ピクピュス通り（Rue de Picpus） ……………… 109
フェルム街道（Route de la Ferme）……………… 26
フォブール＝サン＝タントワヌ通り
　（Rue du Faubourg-Saint-Antoine）…………… 129
ベルシー通り（Rue de Bercy）………………… 127,220
ポルト・ド・ヴァンセンヌ駅
　（Station Porte de Vincennes）………………… 201
ムニエ通り（Rue des Meuniers）……………… 223
ラキュエ通り（Rue Lacuée）…………………… 180
ラペ河岸通り（Quai de la Râpée）……………… 99
リヨン駅（Gare de Lyon）……………………… 55
ルイイ公園（Jardin de Reuilly）………………… 73
ルイイ通り（Rue de Reuilly）…………………… 34
ルドリュ＝ロラン大通り（Avenue Ledru-Rollin）… 145,193

13区

アラゴ大通り（Boulevard Arago） ……………… 219
イヴリー大通り（Avenue d'Ivry）………… 70,76,131
ヴァンドゥルザンヌ小路（Passage Vandrezanne）…… 36
オーギュスタ＝オルメス広場（Place Augusta-Holmes） 148
オーステルリッツ橋（Pont d'Austerlitz） ……………… 185
オピタル大通り（Boulevard de l'Hôpital） …… 13,123,224

ギトン＝ド＝モルヴォー通り（Rue Guyton-de-Moriveau）
　……………………………………………………… 83
ケルマン大通り（Boulevard Kellemann） …………… 47
ジャン＝アヌイ広場（Place Jean-Anouilh） ………… 76
ジャン＝コリー通り（Rue Jean-Colly） ……………… 159
ジャン＝ブルトン通り（Rue Jean-Breton） ………… 193
ジュリャンヌ通り（Rue de Jelienne） ……………… 103
ディスク通り（Rue du Disque） ……………………… 131
トルビャク通り（Rue de Torbiac） …………………… 84
パスカル通り（Rue Pascal） …………………………… 103
バロー小路（Passage Barrault） ……………………… 88
ピエール＝ヴィダル＝ナケ遊歩道
　（Esplana de Pierre-Visal-Naquet） ………………… 78
ビブリオテーク・フランソワ＝ミッテラン駅
　（Bibliothèque François-Mitterrand） …………… 200
ビュット＝オー＝カイユ地区
　（Quartier Buttes-aux-Cailles） …………………… 208
ビュット＝オー＝カイユ通り
　（Rue de la Buttes-aux-Cailles） ………………… 158
フリゴ通り（Rue des Frigos） ………………… 158,176
ベルビエ＝デュ＝メ通り（Rue Berbier-du-Mets）…… 182
ボビヨ通り（Rue Bobillot） …………………………… 225
ポール＝ヴェルレーヌ広場（Place Paul-Verlaine）…73
リコー通り（Rue Ricaut） ……………………………… 105
サルペトリエール病院（Hôpital de la Salpêtrières）61,226

14区

アラゴ大通り（Boulevard Arago） ……………… 149
アレジア駅（Station Alésia）…………………… 200
イル＝ド＝サン広場（Place de l'Île-de-Sein） …… 181
オデッサ通り（Rue d'Odessa）………………… 152
オブセルヴァトワール大通り
　（Avenue de l'Observatoire）………………… 54,59
ガザン通り（Rue Gazan）………………………… 36
カンパーニュ＝プルミエール（Rue Campagne-Première）…205
コシャン病院（Hôpital Cochin）………………… 127
コロネル＝アンリ＝ロワ＝タンギ大通り
　（Avenue de Colonel-Henri-Roi-Tanguy） …… 119
ジェネラル＝ルクレール大通り
　（Avenue du Général-Leclerc）……………… 153,180
ダンフェール＝ロシュロー大通り
　（Avenue Danfert-Rochereau）………………… 12

フェルディナン=ブリュノ広場
　（Place Ferdinand-Brunot）………………56
フォブール=サン=ジャック通り
　（Rue du Faubourg-Saint-Jacques）………155
ポール=ロワイヤル駅（Gare de Port-Royal）………72
ムトン=デュヴェルネ通り（Rue Mouton-Duvernet）…86
モンスーリ公園（Parc de Montsouris）……61,141,187
モンパルナス墓地（Cimetière du Montparnasse）
　………………………………………………37,134
ラスパイユ大通り（Boulevard Raspail）……………91

15区

アラン=シャルティエ通り（Rue Alain-Chartier）………75
アンドレ=シトロエン河岸通り（Quai André-Citroën）139
ヴィオレ小公園（Square Violet）…………………34
エミール=ゾラ大通り（Avenue Émile-Zola）………97
オーギュスト=ドルシャン通り（Rue Auguste-Dorchain）97
カスタニャリ通り（Rue Castagnary）……………170
カルディナル=ヴェルディエ小公園
　（Square du Cardinal-Verdier）…………………77
カンブロンヌ通り（Rue Cambronne）………………20
クロワ=ニヴェール通り（Rue de la Croix-Nivert）……86
コメルス通り（Rue du Commerce）………………171
コンヴァンシオン通り（Rue de la Convention）………84
ジャック=ボードリー通り（Rue Jacques-Baudry）……15
ジョルジュ=ブラッサンス公園
　（Parc Georges-Brassens）………………………24
セーヴル=ルクールヴ駅（Station Sèvres-Lecourbe）…75
ドクトゥール=ルー通り（Rue du Docteur-Roux）……121
パストゥール大通り（Boulevard Pasteur）………173
フィゾー通り（Rue Fizeau）………………………20

ブランシオン通り（Rue Brancion）……………15,21
フランソワ=ボンヴァン通り（Rue François-Bonvin）…125
モリヨン通り（Rue des Mollions）…………………15
ラオス通り（Rue du Laos）…………………………97
ルクールブ通り（Rue Lecourbe）…………65,87,130

16区

アノンシアシオン通り（Rue de l'Annonciation）………24
アルマ橋（Pont de l'Alma）………………………182
ヴィクトル=ユゴー大通り
　（Avenue Victor-Hugo）……………26,82,147,157
ウィレム通り（Rue Wilhem）………………………142
ザ（サ）クス大通り（Avenue de Saxe）……………225
サンジェ通り（Rue Singer）………………………158
シーニュ島（Île aux Cygnes）……………………139
ジャスマン通り（Rue Jasman）……………………195
コスタ=リカ広場（Place de Costa-Rica）……………34
コペルニク通り（Rue Copernic）…………………149
トロカデロ広場（Place du Trocadéro）……………137
バンジャマン=ゴダール通り（Rue Benjamin-Godard）…157
フォシュ大通り（Avenue Foch）………………61,64
フォスタン=エリ通り（Rue Faustin-Hélie）………148
フランソワ=ミエ通り（Rue François-Millet）………34
プレジダン=ウィルソン大通り
　（Avenue du Président-Wilson）………………220
ポソ広場（Place Possoz）…………………………133
ポルト=ドーフィヌ駅
　（Station Porte-Dauphine）……………197,198,201
ポンプ通り（Rue de la Pompe）…………………159
マレシャル=ファヨル大通り
　（Avenue Maréchal-Fayolle）……………………116
マレ=ステヴァン通り（Rue Mallet-Stevens）………220
ミラボー通り（Rue Mirabeau）……………………75
ラ・フォンテーヌ通り（Rue La Fontaine）……123,148
ラマルティヌ小公園（Square Lamartine）…………73
ラ・ミュエット街道（Route de La Muette）…………26
レミュザ通り（Rue de Rémusat）…………………75
ロタ通り（Rue de Lota）……………………………148

街角の遺物・遺構から見たパリ歴史図鑑

17区

アルフレッド=ド=ヴィニ通り（Rue Alfred-de-Vigny）149
ウジェーヌ=フラシャ通り（Rue Eugène-Flachat）… 156
オーギュスト=コレット通り（Rue Auguste-Colette）173
クリシー大通り（Avenue de Clichy）……………… 158
サン=フェルディナン広場（Place Saint-Ferdinand）138
ジュリエット=ランベル通り（Rue Juliette-Lamber）149
ダム通り（Rue des Dames）………………… 150,157
トリスタン=ベルナール広場（Place Tristan-Bernard）…75
トリュフォー通り（Rue Truffaut）………………… 159
ノレ通り（Rue Nollet）……………… 81,150,157
ピエール=ドゥムール通り（Rue Pierre-Demours）91,103
フォルテュニ通り（Rue Fortuny）………………… 143
プラス・ド・クリシー駅（Station Place de Clichy）198
ブルソー通り（Rue Boursault）……………………… 34
ポンスレ通り（Rue Poncelet）……………………… 20
マルゼルブ大通り（Boulevard Malesherbes）……… 175
ルジャンドル通り（Rue Legendre）………… 79,175
レヴィ袋小路（Impasse de Lèvi）………………… 223

18区

アブルヴォワール通り（Rue de l'Abreuvoir）… 13,51,128
アベス駅（Station Abbesses）……………………… 197
カルヴェール広場（Place du Calvaire）…………… 216
コーランクール通り（Rue Caulaincourt）………… 154
サクレ=クール（Sacré-Coeur）………… 112,126,219
サン=ヴァンサン通り（Rue Saint-Vincent）……… 213
シャペル通り（Rue de la Chapelle）……………… 177
ジュアン=リクテュス小公園（Square Jehan-Rictus）155
ジャン=バティスト=クレマン広場
　（Place Jean-Baptiste-Clément）………………… 86
シュザンヌ=ヴァラドン広場（Place Suzanne-Valadon）213
シュザンヌ=ビュイソン小公園（Square Suzanne-Buisson）
　………………………………………………………… 125
ジュノ大通り（Avenue Junot）……………………… 85
ソール通り（Rue des Saules）……………… 98,162
ダムレモン通り（Rue Damrémont）……………… 154
タルデュー通り（Rue Tardieu）…………………… 86
デュランタン通り（Rue Durantin）…………… 95,99
テルトル広場（Place du Tertre）…………………… 88
テルトル袋小路（Impasse du Tertre）……………… 88
トルシー広場（Place de Torcy）…………………… 177
ノルヴァン通り（Rue Norvins）…………………… 87
パジョル通り（Rue Pajol）………………………… 131
プーレ通り（Rue Poulet）………………………… 135
プラス・ド・クリシー駅（Station Place de Clichy）198
フランクール通り（Rue Francoeur）……………… 98
ベリアール通り（Rue Belliard）…………………… 17
マルクス=ドルモワ（Rue Marx-Dormoy）………… 173
マルセル=エーメ広場（Place Marcel-Aymé）…… 139
モンカルム通り（Rue Montcalm）………………… 78
ライブニッツ通り（Rue Leibnitz）………………… 164

ラマルク通り（Rue Lamarck）………………… 225
ラマルク＝コーランクール駅
　（Station Lamarck-Caulaincourt）……… 198,200
ラメ通り（Rue Ramey）………………………… 157
ルイズ＝ミシェル小公園（Square Louise-Michel） 24,35
ルピク通り（RueLepic）…………………………… 96
ロシュシュアール大通り（Boulevard Rochechouart）… 47

19区

オーヴェルヴィリエ通り（Rue d'Aubervilliers）……13
ヴィラ・ベルヴュ（Villa Bellevue）……………… 97
クラヴェル通り（Rue Clavel）………………… 158
クリメ通り（Rue Crimé）………………………… 130
コランタン＝カリウー大通り（Avenue Corentin-Cariou）…164
ジャン＝ジョレス大通り（Avenue Jean-Jaurès）…… 168
ジョレス駅（Station Jaurès）…………………… 105
ジョルジュ＝ラルドゥノワ通り
　（Rue Georges-Lardenois）………………… 143
セーヌ河岸通り（Qaui de la Seine）…………… 120
ビュット＝ショーモン公園
　（Parcs des Buttes-Chaumont）………………… 61
フランドル大通り（Avenue de Flandre）……… 11,129
バルレ＝ド＝リクー通り（Rue Barrelet-de-Ricou）…… 92
マクドナルド大通り（Boulevard Macdonald）…… 26
マドヌ通り（Rue de la Madone）……………… 128
メラング通り（Rue Mélingue）………………… 154
ラ・ヴィレット大通り（Boulevard de La Villette） 135,169
ローズ通り（Rue des Roses）…………………… 128
ロトンド・ド・ラ・ヴィレット（Rotonde de La Villette）… 47

20区

カスカド通り（Rue des Cascades）………… 72,213
ガンベッタ駅（Station Gambetta）…………… 198
ガンベッタ大通り（Avenue Gambetta）………… 86
クール＝デ＝ヌ通り（Rue de la Cour-des-Noues）…72
サヴィ通り（Rue de Savies）……………… 213,224
サン＝ブレーズ通り（Rue Saint-Blaise）……… 225
サン＝ブレーズ広場（Place Saint-Blaise）…… 121
デュレ通り（Rue de la Durée）………………… 72
テレグラフ通り（Rue du Télégraphe）………… 185
ドゥノワイエ通り（Rue Denoyez）……………… 216
ベルヴィル通り（Rue de Belleville）…………… 72
ペール＝ラシェーズ墓地（Cimetière du Père-Lachaise）
　……………………………………… 133,134,190
ポルト・デ・リラ駅（Station Porte des Lilas）……… 155
マール通り（Rue de la Mare）…………………… 72
メニルモンタン大通り（Boulevard de Ménilmontant）… 158
メニルモンタン通り（Rue de Ménilmontant）……… 210
モルティエ大通り（Boulevard Mortier）………… 228
ラニ小路（Passage de Lagny）………………… 221
ラニ通り（Rue de Lagny）……………………… 221
リゴル通り（Rue des Rigoles）………………… 72
リブレット通り（Rue Riblette）………………… 225

パリ市外

ヴァレ＝オー＝ルー公園樹木園
　（Arboretum du Parc de laVallée-aux-Loups）：
シャトゥネ＝マラブリ（Châtenay-Malabry）市 ………63
ティール小路（Sentier du Tir）：マラコフ（Malakoff）市… 31
ベル＝ガブリエル大通り（Avenue de la Belle-Gabrielle）：
ノジャン＝シュル＝マルヌ（Nogent-sur-Marne）市… 102

訳者あとがき

本書は、2012年に刊行されたドミニク・レスブロ著『パリの珍品——小さな宝物の奇異な目録』(Dominique LESBROS: *Curiosités de Paris, Inventaire insolite des trésors minuscules*, Parigramme, Paris, 2012) の全訳である。邦題名を『街角の遺物・遺構から見たパリ歴史図鑑』としたのは、一見好事家趣味的な原題名が招きかねない誤解を避けるための配慮である。と同時に、本書が百科事典のように項目別に編集され、それに数百葉の図版をそえているという体裁にもよる。だが、本書は副題名にあるように、エッフェル塔やノートル゠ダム司教座聖堂、あるいはルーヴル美術館といった歴史的かつ文化的な巨大モニュメントではなく、街角にさりげなく残されている、それゆえしばしば見落とされがちなささやかな「モニュメント」に目を向け、その来歴やかつての存在意義をあらためて問う。この作者の意図を追っていけば、過たず巨大都市パリの隠れた顔が克明に現れてくる。そればかりではない。そこにはパリの住民たちの伝統的な生活や一種の価値観までもが、目をこらせばつぶさに見えてもくるからだ。まさにこれはパリの解読書とよぶにふさわしい。

それにしても、ジャーナリストで作家でもあるこの著者のパリ、とくにその「細部」に対する想いは尋常ではない。「神は細部に宿りたもう」とは、美術史家アビ・ヴァールブルクの有名な言葉だが、レスブロは20点を越える著書の多くを、パリのまぎれもない細部に捧げているのだ。『パリの世界』(*Le Monde à Paris*, Parigramme, Paris, 2002) や『神秘的・奇異的なパリ』(*Paris mystérieux et insolites*, De Borée, 2005)、『パリの村散策』(*Promenades dans les villages de Paris*, Parigramme, 2009)、『パリ周辺の奇異な発見』(*Découvertes insolites autour de Paris*, Parigramme, 2011)、『パリの奇異な博物館』(*Musées insolites de Paris*, Parigramme, 2013)、『パリを歩く』(*Marcher dans Paris*, Parigramme, 2013)、そして最近著の『パリの秘密と奇異』(*Secrets & curiosités des monuments de Paris*, Parigramme, 2014) や、作家ローラン・フリーデルとの共著『戦争をひき起こした男子トイレの狂った歴史』(*La folle histoire de l'urinoir qui déclancha la guerre*, aves Laurent Flieder, J. C-Lattes, 2014) などのようにである。

筆者にとって奇異と神秘とはほとんど同義としてあるが、『神秘的・奇異的なパリ』の序文で、著者は神秘(的なるもの)について、「たんなるゴムボール状の謎」ではなく、人間の理性からのがれているもの、隠れていて理解しがたく、われわれの好奇心をこばみ、あるいはその特性を理解しているひとにぎりのイニシエ(秘儀伝受者)のみが知りうるものだとしている。だとすれば、著者は容易に接近できないパリの神秘(や奇異)を読者に授けてくれる、一種のイニシアトゥール(秘儀伝授者)となるだろうか。訳者は文化理解の手法のひとつとして、かねてより「示標性」という概念を唱えている。あらゆるモノが発する無言のメッセージをさす概念だが、著者は本書に登場するささやかなモニュメントないし事物に見事にその示標性を読みとっている。

訳者は留学期間をふくめてパリで足かけ10年以上の日々をすごし、パリについてこれまで多くのことを語り書いてきた。また、本書と同じ書肆から数点のパリ本、すなわち『図説パリ歴史物語＋パリ歴史小事典』(ミシェル・ダンセル著、2巻、1991年) や、『図説パリの街路歴史物語』(ベルナール・ステファヌ著、2010年)、『パリのメトロ歴史物語』(ロジェ・ミケル著、2011年)、『図説パリ魔界伝説』(フィリップ・カヴァリエ著、2012年) を上梓し、これら著書の原文を確認するべく、パリ市内をいく度となく探索している。にもかかわらず、本書と出会って、自分の目がいかに節穴だったかにあらためて気づかされることしきりであった。「片隅」のもつ示標性への目配せが絶望的なまでに不十分だった。モンパルナスに定宿があり、毎年複数回は界隈を散策しているはずなのに、駅のかたわらにある巨大な看板塔が目に入らなかった。いわんや、街角に残る給水栓やガス灯などにとりたてて注意することもしていない…。本書の一文一文をたどりながら、こうした思いがしだいにつのるのを禁ずることができなかった。

しかし、ありていにいえば、おそらくそれはかならずしも訳者の迂闊さにのみ帰せられるものではないはずだ。まさにそれこそがパリの歴史的・文化的な大きさであり、すぐれて魅惑的な懐の深さなのだろう。この感慨を読

訳者あとがき

者と共有できれば、訳者として望外の喜びとするところである。なお、今秋にはやはり原書房から前出のベルナール・ステファヌ著『パリ地名大事典』（仮題）を訳出刊行する予定である。パリの地名約5000を網羅したこの書もまた、地名に隠されたおびただしい物語からパリのありようを見事に描き出している。いささか膨大な書ではあるが、そこからは芳醇な歴史に彩られたパリの魅力があますところなく立ち現れてくる。ご期待いただきたい。

*　*　*

これまで同様、本書も原書房第一編集部長の寿田英洋氏と編集部の廣井洋子氏のお手を多々わずらわせた。両氏のご配慮には心よりの謝意を表したい。共著・共訳をふくむ同社からの著作はこれで18冊目。まことにありがたい話である。また、衰亡一途の老身を水際で支えていただいている多摩北部医療センター院長上田哲郎先生と、多摩総合医療センター内科部長西田賢司先生にも、深甚なる感謝を捧げなければならない。

2015年春

蔵持識

◆訳者略歴
蔵持不三也（くらもち・ふみや）
1946年栃木県今市市（現日光市）生。早稲田大学文学部仏文専攻卒。パリ大学ソルボンヌ校修士課程・パリ高等社会科学研究院博士課程修了。現早稲田大学人間科学学術院教授。モンペリエ大学客員教授（1999-2000年）。博士（人間科学）。
著書に、『ワインの民族誌』（筑摩書房）、『シャリヴァリ――民衆文化の修辞学』（同文館）、『ペストの文化誌』（朝日新聞社）、『シャルラタン――歴史と諧謔の仕掛人たち』『英雄の表徴――大盗賊カルトゥーシュと民衆文化』（以上、新評論）ほかがある。
共編著に、『ヨーロッパの祝祭』（河出書房新社）、『神話・象徴・イメージ』（原書房）、『エコ・イマジネール――文化の生態系と人類学的眺望』『医食の文化学』『ヨーロッパ民衆文化の想像力』（以上、言叢社）ほか多数がある。
訳書・共訳に、アンドレ・ヴァラニャックほか『ヨーロッパの庶民生活と伝承』（白水社クセジュ文庫）、ミシェル・ダンセル『図説パリ歴史物語＋パリ歴史小事典』（2巻）、ベルナール・ステファヌ『図説パリの街路歴史物語』、ロジェ・ミケル『パリのメトロ歴史物語』、フィリップ・カヴァリエ『図説パリ魔界伝説』、ジャック・アタリ『時間の歴史』、ニコル・ルメートルほか『図説キリスト教文化事典』、バリー・カンリフ『図説ケルト文化史』、フランソワ・イシェ『絵解き中世のヨーロッパ』、エルヴェ・マソン『世界秘儀秘教事典』、アンリ・タンク編『ラルース世界宗教大図鑑』（以上、原書房）、ルロワ・グーラン『インド＝ヨーロッパ諸制度語彙集』『世界の根源』（以上、言叢社）、ラッセル・キング編『図説人類の起源と移住の歴史』、マーティン・ライアンズ『本の歴史文化図鑑』、ジョン・ヘイウッド『世界の民族・国家興亡歴史地図年表』（以上、柊風舎）ほか多数がある。

◆著者略歴
ドミニク・レスブロ（Dominique Lesbros）
　ジャーナリスト、作家。著書に、『パリの世界』『神秘的・奇異的なパリ』『パリの村散策』『パリ周辺の奇異な発見』『パリの奇異な博物館』『パリを歩く』『パリの秘密と奇異』、共著に、『戦争を引き起こした男子トイレの狂った歴史』などがある。

CURIOSITÉS DE PARIS: INVENTAIRE INSOLITE DES TRÉSORS MINUSCULES
by Dominique Lesbros
© 2012 Parigramme/Companie parisienne du Livre (Paris)
Toutes les photographies sont © Dominique Lesbros, sauf mentions.
Japanese translation rights arranged
with Companie Parisienne du Livre/Parisgramme, Paris
throuth Tuttle-Mori Agency, Inc., Tokyo

街角の遺物・遺構から見た
パリ歴史図鑑

●

2015 年 4 月 10 日　第 1 刷

著者………ドミニク・レスブロ
訳者………蔵持不三也
装幀………川島進（スタジオ・ギブ）
本文組版・印刷………株式会社ディグ
カバー印刷………株式会社明光社
製本………東京美術紙工協業組合

発行者………成瀬雅人
発行所………株式会社原書房
〒160-0022　東京都新宿区新宿1-25-13
電話・代表 03(3354)0685
http://www.harashobo.co.jp
振替・00150-6-151594
ISBN978-4-562-05136-6

©2015 FUMIYA KURAMOCHI, Printed in Japan